Die Störung der Geschäftsgrundlage von Betriebsvereinbarungen

Europäische Hochschulschriften
Publications Universitaires Européennes
European University Studies

Reihe II
Rechtswissenschaft

Série II Series II
Droit
Law

Bd./Vol. 4211

PETER LANG
Frankfurt am Main · Berlin · Bern · Bruxelles · New York · Oxford · Wien

Vanessa Reichart

Die Störung der Geschäftsgrundlage von Betriebsvereinbarungen

PETER LANG
Europäischer Verlag der Wissenschaften

Bibliografische Information Der Deutschen Bibliothek
Die Deutsche Bibliothek verzeichnet diese Publikation in der Deutschen Nationalbibliografie; detaillierte bibliografische Daten sind im Internet über <http://dnb.ddb.de> abrufbar.

Zugl.: Potsdam, Univ., Diss., 2004

517
ISSN 0531-7312
ISBN 3-631-53803-0

www.peterlang.de

Vorwort

Die vorliegende Arbeit wurde an der Juristischen Fakultät der Universität Potsdam am Ende des Sommersemesters 2004 als Dissertation eingereicht.

Die Arbeit wurde von Herrn Professor Dr. iur. Detlev W. Belling, M.C.L. (U. of Ill.) betreut. Ihm verdanke ich wertvolle Hinweise für die methodische Bearbeitung dieses komplexen Themas, das ein grundlegendes Rechtsinstitut des Bürgerlichen Rechts mit wesentlichen Fragestellungen des Betriebsverfassungsrechts verknüpft.

Die Arbeit soll einen akademischen Beitrag zur Frage der Anwendbarkeit der Störung der Geschäftsgrundlage auf Betriebsvereinbarungen leisten. Zudem soll sie aber auch eine praktische Hilfestellung für all diejenigen bieten, die sich in ihrer beruflichen Praxis vertiefter mit dem Betriebsverfassungsrecht befassen. Die Arbeit spiegelt den Rechtszustand wieder, wie er am 30. November 2004 bestand.

Für die Anregung des interessanten Themas, die engagierte Unterstützung bei der Entstehung dieser Arbeit sowie für die zügige Durchführung des Promotionsverfahrens danke ich ganz besonders meinem Doktorvater, Herrn Professor Dr. iur. Detlev W. Belling, M.C.L. (U. of Ill.). Frau Hochschuldozentin Dr. iur. Eva Hein möchte ich herzlich für die Erstellung des Zweitgutachtens danken.

Mein Dank gilt außerdem meiner Familie und meinen Freunden, die mich während der Erstellung meiner Arbeit stets unterstützt haben. Vor allem möchte ich Herrn Rechtsanwalt Steven Ritter für viele fachkundige und anregende juristische Gespräche sowie für die von ihm geleistete computertechnische Hilfe herzlich danken. Besonderer Dank gilt zudem Frau Sonja Pachali, die die Arbeit in kurzer Zeit sorgfältig Korrektur gelesen hat und Herrn Roland Seekirchner, der die Arbeit in ihr abschließendes Druckformat gebracht hat.

Berlin, im März 2005 Vanessa Reichart

Inhaltsverzeichnis

Abkürzungsverzeichnis

a. A.	anderer Ansicht
Abl. EG	Amtsblatt der Europäischen Gemeinschaft
AcP	Archiv für die civilistische Praxis (Zeitschrift)
a. F.	alte Fassung
Anh	Anhang
Anm.	Anmerkung
AP	Arbeitsrechtliche Praxis (Nachschlagewerk des Bundesarbeitsgerichts)
ARS	Entscheidungen des Reichsarbeitsgerichts
ArbGG	Arbeitsgerichtsgesetz vom 3. September 1953
AR-Blattei SD	Arbeitsrecht-Blattei Systematische Darstellungen
ArbuR	Arbeit und Recht (Zeitschrift)
Art.	Artikel
AT	Allgemeiner Teil
AuA	Arbeit und Arbeitsrecht (Zeitschrift)
Aufl.	Auflage
BAG	Bundesarbeitsgericht
BAGE	Entscheidungssammlung des Bundesarbeitsgerichts
BArbBl.	Bundesarbeitsblatt (Zeitschrift)
BB	Betriebsberater (Zeitschrift)
Bd.	Band
BetrAVG	Gesetz zur Verbesserung der betrieblichen Altersversorgung vom 19. Dezember 1974
BetrVG	Betriebsverfassungsgesetz vom 15. Januar 1972
BetrVG 1952	Betriebsverfassungsgesetz vom 11. Oktober 1952
BeschFG	Beschäftigungsförderungsgesetz vom 26. April 1985
BGB	Bürgerliches Gesetzbuch vom 18. August 1896
BGB-AT	Allgemeiner Teil des Bürgerlichen Gesetzbuchs
BGBl.	Bundesgesetzblatt
BGH	Bundesgerichtshof

BGHZ	Entscheidungssammlung des Bundesgerichtshofs in Zivilsachen
BPersVG	Bundespersonalvertretungsgesetz vom 14. März 1974
BT-Drucks.	Bundestags-Drucksache
BUrlG	Bundesurlaubsgesetz vom 8. Januar 1963
BVerfG	Bundesverfassungsgericht
BVerfGE	Entscheidungssammlung des Bundesverfassungsgerichts
bzw.	beziehungsweise
can.	Canon
CiC	Codex Iuris Canonici (Kanonisches Recht)
DAG	Deutsche Angestellten-Gewerkschaft
DB	Der Betrieb (Zeitschrift)
ders.	derselbe
DGB	Deutscher Gewerkschaftsbund
dies.	dieselbe, dieselben
DNotZ	Deutsche Notar-Zeitschrift
DZWIR	Deutsche Zeitschrift für Wirtschafts- und Insolvenzrecht
EG	Europäische Gemeinschaft
Einf.	Einführung
EStR 2001	Einkommensteuerrichtlinien 2001
EzA	Entscheidungssammlung zum Arbeitsrecht
f.	folgende
Fn.	Fußnote, Fußnoten
FS	Festschrift
GG	Grundgesetz für die Bundesrepublik Deutschland vom 23. Mai 1949
GK-BetrVG	Gemeinschaftskommentar zum Betriebsverfassungsgesetz
GS	Großer Senat
hrsg.	herausgegeben
Hrsg.	Herausgeber
HS	Halbsatz
InsO	Insolvenzordnung vom 5. Oktober 1994

Jb. J. ZivilRWiss	Jahrbuch Junger Zivilrechtswissenschaftler
Jura	Juristische Ausbildung (Zeitschrift)
JuS	Juristische Schulung (Zeitschrift)
JZ	Juristen-Zeitung (Zeitschrift)
Kap.	Kapitel
KR	Gemeinschaftskommentar zum Kündigungsschutzgesetz und sonstigen kündigungsschutzrechtlichen Vorschriften
KSchG	Kündigungsschutzgesetz vom 25. August 1969
KSchR	Kündigungsschutzrecht
LAG	Landesarbeitsgericht
LPVG BW	Landespersonalvertretungsgesetz Baden-Württemberg vom 1.10.1975
LPVG NW	Landespersonalvertretungsgesetz Nordrhein-Westfalen vom 3.12.1974
MAVO	Rahmenordnung für eine Mitarbeitervertretungsordnung in der Fassung vom 25.11.1985
MBG Schl.-H.	Gesetz über die Mitbestimmung der Personalräte (Mitbestimmungsgesetz Schleswig-Holstein) vom 11.12.1990
Mio.	Millionen
MuSchG	Gesetz zum Schutze der erwerbstätigen Mutter (Mutterschutzgesetz) vom 24.1.1952
m. w. N.	mit weiteren Nachweisen
MVG-EKD	Kirchengesetz über die Mitarbeitervertretungen in der evangelischen Kirche in Deutschland vom 6. November 1992
n. F.	neue Fassung
NJW	Neue Juristische Wochenschrift (Zeitschrift)
NJW-RR	Rechtsprechungsreport der Neuen Juristischen Wochenschrift
Nr.	Nummer(n)
NRW	Nordrhein-Westfalen
n. v.	nicht veröffentlicht

NZA	Neue Zeitschrift für Arbeitsrecht (Zeitschrift)
RAG	Reichsarbeitsgericht
RdA	Recht der Arbeit (Zeitschrift)
RG	Reichsgericht
RGZ	Entscheidungssammlung des Reichsgerichts in Zivilsachen
Rn.	Randnummer, Randnummern
s. a.	siehe auch
SAE	Sammlung arbeitsrechtlicher Entscheidungen
S.	Satz
S.	Seite, Seiten
SGB	Sozialgesetzbuch, Sechstes Buch (VI), Gesetzliche Rentenversicherung, vom 19. Februar 2002
sog.	so genannt
SPD	Sozialdemokratische Partei Deutschlands
Stichw.	Stichwort
TVG	Tarifvertragsgesetz vom 25. August 1969
v.	vor
vgl.	vergleiche
Vorb.	Vorbemerkung
VwVfG 25.5.1976	Verwaltungsverfahrensgesetz vom
WM	Wertpapier-Mitteilungen (Zeitschrift)
WRV	Deutsche Verfassung vom 11.8.191 (Weimarer Reichsverfassung)
z. B.	zum Beispiel
ZfA	Zeitschrift für Arbeitsrecht (Zeitschrift)
Ziff.	Ziffer
ZIP	Zeitschrift für Wirtschafts- und Insolvenzrecht (Zeitschrift)
ZTR	Zeitschrift für Tarifrecht (Zeitschrift)

Einleitung

Die rechtswissenschaftliche Auseinandersetzung mit der Frage, ob das Rechtsinstitut der Störung der Geschäftsgrundlage auf Betriebsvereinbarungen Anwendung finden kann, ist nicht neu. Sowohl die Arbeitsgerichte[1] als auch die zum BetrVG veröffentlichte Literatur[2] haben sich in der Vergangenheit mit der Problematik auseinandergesetzt, ob kollektivarbeitsrechtliche Vereinbarungen mit normativer Wirkung - und speziell Betriebsvereinbarungen - beim Fehlen oder nachträglichen Wegfall bestimmter Umstände oder Vorstellungen der Parteien an die veränderten Verhältnisse angepasst oder sogar beendet werden können.

Zwei Gesichtspunkte sorgen jedoch dafür, dass dieser Fragestellung derzeit wieder besondere Aktualität zukommt. Zum einen ergibt sich die aktuelle Bedeutung aus der durch das Schuldrechtsmodernisierungsgesetz[3] zum 1.1.2002 erfolgten Kodifizierung des Rechtsinstituts der Störung der Geschäftsgrundlage in § 313 BGB. Der Gesetzgeber wollte mit § 313 BGB einen gesetzlichen Anknüpfungspunkt für die von der Rechtsprechung entwickelten, bisher ungeschriebenen Grundsätze des Wegfalls und des Fehlens der Geschäftsgrundlage schaffen[4]. Dabei hat er jedoch auch eine Reihe von Neuerungen geschaffen, die eine erneute Auseinandersetzung mit der Frage erforderlich machen, ob der im bürgerlichen Recht verankerte § 313 BGB ohne weiteres auf Betriebsvereinbarungen übertragbar ist, denen gemäß § 77 Abs. 4 S. 1 BetrVG unmittelbare und zwingende Wirkung zukommt. Zum anderen ist die Frage, ob Betriebsvereinbarungen aufgrund von § 313 BGB an veränderte äußere Umstände angepasst werden können, derzeit auch für viele deutsche Unternehmen von besonderem Interesse. In einer Phase verhaltenen Wachstums, die vielen Unternehmen in unerwarteter Weise zusetzt, stellt sich für viele Arbeitgeber die dringende Frage, ob eine Verringerung finanzieller Verpflichtungen - wie beispielsweise von Bonuszahlungen, Gratifikationen oder Sozialplanleistungen - möglich ist, die durch den Abschluss von Betriebsvereinbarungen eingegangen worden sind. Schließlich haben auch einige kürzlich vorgenommene Reformen im Arbeits- und Sozialrecht

---

[1] Vgl. BAG vom 29.5.1964, AP Nr. 24 zu § 59 BetrVG 1952; BAG vom 10.8.1994, AP Nr. 86 zu § 112 BetrVG 1972; BAG vom 28.8.1996, AP Nr. 104 zu § 112 BetrVG 1972; BAG vom 5.10.2000, AP Nr. 141 zu § 112 BetrVG 1972; LAG München vom 13.1.1989, NZA 1989, S. 512.

[2] So *Fitting/Engels/Schmidt/Trebinger/Linsenmaier*, BetrVG, § 77 Rn. 152; *Berg* in: Däubler/Kittner/Klebe, BetrVG, § 77 Rn. 55; *Hess/Schlochauer/Worzalla/Glock*, BetrVG, § 77 Rn. 222; *Hanau/Kania* in: Erfurter Kommentar, § 77 BetrVG, Rn. 101 ff.; *Kreutz* in: GK-BetrVG, § 77 Rn. 74.

[3] Gesetz zur Modernisierung des Schuldrechts vom 26.11.2001, BGBl. Teil I, S. 3138.

[4] Begründung der Bundesregierung zum Entwurf eines Gesetzes zur Modernisierung des Schuldrechts, BT-Drucks. 14/6857; Die Regierungsbegründung enthält einen vollinhaltlichen Verweis auf die textidentische Begründung der Fraktionen von SPD und Bündnis 90/Die Grünen, BT-Drucks. 14/6040, S. 175, weshalb sich alle folgenden Fundstellennachweise auf BT-Drucks. 14/6040 beziehen.

- wie beispielsweise die Reform des KSchG und des ArbZG zum 1.1.2004[5] - zu Auswirkung auf kollektivarbeitsrechtliche Vereinbarungen geführt.

Diese Arbeit setzt bei einer Analyse von § 313 BGB und den durch die Vorschrift herbeigeführten Neuerungen an, um zunächst das notwendige Verständnis für das Rechtsinstitut der Störung der Geschäftsgrundlage zu schaffen. Auf dieser Grundlage aufbauend, erfolgt die Auseinandersetzung mit der Frage, ob der im bürgerlichen Gesetzbuch verankerte § 313 BGB auch auf Betriebsvereinbarungen anwendbar ist. Sodann wird erörtert, ob die gesetzlichen Tatbestandsmerkmale von § 313 BGB ohne weitere Modifikationen auf Betriebsvereinbarungen übertragen werden können. Dabei wird den bisher von der Rechtsprechung entwickelten Fallgruppen der Störung der Geschäftsgrundlage von Betriebsvereinbarungen - und vor allem der wirtschaftlichen Notlage des Arbeitgebers - besondere Aufmerksamkeit gewidmet. Als weiterer Schritt wird untersucht, ob die in § 313 Abs. 1 und Abs. 3 BGB vorgesehenen Rechtsfolgen der Vertragsanpassung und der Vertragsbeendigung ohne weiteres auf Betriebsvereinbarungen Anwendung finden können oder ob die normative Wirkung von Betriebsvereinbarungen und der Grundsatz der Betriebsautonomie eine Abweichung von den für bürgerlich-rechtliche Verträge entwickelten Rechtsfolgen erforderlich machen. Dabei erfolgt eine vertiefte Auseinandersetzung mit der Frage, ob durch die Anpassung einer Betriebsvereinbarung gemäß § 313 Abs. 1 BGB auch in bereits entstandene Ansprüche und Anwartschaften der Arbeitnehmer aus einer Betriebsvereinbarung eingegriffen werden kann.

Abschließend untersucht diese Arbeit die Frage, ob die zuvor im Hinblick auf Betriebsvereinbarungen entwickelten Grundsätze der Störung der Geschäftsgrundlage auch auf die gemäß § 112 Abs. 1 S. 2 BetrVG in ihrer Wirkung Betriebsvereinbarungen gleichzusetzenden Sozialpläne übertragbar sind.

Ziel dieser Arbeit ist es, anhand des soeben vorgezeichneten Weges sowohl die Gründe dafür aufzuzeigen, warum das Rechtsinstitut der Störung der Geschäftsgrundlage auf Betriebsvereinbarungen anwendbar sein muss, als auch Lösungen für die besonderen Fragestellungen zu bieten, die sich aufgrund einer solchen Anwendung des im bürgerlichen Recht verankerten § 313 BGB auf eine kollektivarbeitsrechtliche Vereinbarung mit unmittelbarer und zwingender Wirkung ergeben.

---

[5] Gesetz zu Reformen am Arbeitsmarkt vom 24.12.2003, BGBl. Teil I, S. 3002

1. Teil: Die Störung der Geschäftsgrundlage im bürgerlichen Recht

Hinter der Frage nach der Anwendbarkeit von § 313 BGB auf Betriebsvereinbarungen verbirgt sich die Problematik der Übertragbarkeit eines ursprünglich für schuldrechtliche Verträge des bürgerlichen Rechts entwickelten Rechtsinstitutes auf kollektivarbeitsrechtliche Vereinbarungen mit normativer Wirkung.

Das Rechtsinstitut des Wegfalls der Geschäftsgrundlage wurde in der Rechtsprechung und Rechtslehre entwickelt, um eine angemessene Reaktion auf Situationen zu ermöglichen, in denen sich die von den Vertragsparteien bei Vertragsschluss vorausgesetzten Umstände oder Vorstellungen im Nachhinein als unzutreffend erwiesen haben[6]. Das ursprünglich aus dem Grundsatz von Treu und Glauben gemäß § 242 BGB hergeleitete Rechtsinstitut diente als rechtliche Handhabe, um eine durch umwälzende und unerwartete Veränderungen der tatsächlichen und rechtlichen Rahmenbedingungen eines Vertrages unzumutbar gewordene Vertragsbindung auf das eigentlich Gewollte zurückzuführen oder diese Bindung sogar zu beenden[7]. Diese Grundsätze haben heute unter der Bezeichnung „Störung der Geschäftsgrundlage" ihren gesetzlichen Anknüpfungspunkt in § 313 BGB gefunden.

Eine Situation, in der ein anfänglicher Irrtum der Vertragspartner oder eine Änderung der äußeren Umstände zu einer Abweichung der getroffenen Vereinbarung von der Realität führt, ist auch bei Betriebsvereinbarungen denkbar. Haben Arbeitgeber und Betriebsrat in einer Betriebsvereinbarung beispielsweise Leistungen zur Erfüllung eines bestimmten Zwecks vorgesehen und fällt dieser Zweck später fort, so kann die durch die Betriebsvereinbarung herbeigeführte Bindung zu einer unverhältnismäßigen Belastung des Arbeitgebers werden. Allerdings handelt es sich bei Betriebsvereinbarungen nicht um zweiseitige Verträge des bürgerlichen Rechts, die nur die beiden Vertragspartner selbst verpflichten. Betriebsvereinbarungen haben vielmehr gemäß § 77 Abs. 4 S. 1 BetrVG unmittelbare und zwingende Wirkung. Sie wirken auf die im jeweiligen Betrieb bestehenden Arbeitsverhältnisse wie ein Gesetz normativ ein[8]. Von Veränderungen der Geschäftsgrundlage betroffen sind daher nicht nur die Betriebsparteien, nämlich Arbeitgeber und Betriebsrat, sondern vor allem die von der Betriebsvereinbarung erfassten Arbeitnehmer.

---

6 *Teichmann* in: Soergel, BGB, § 242 Rn. 199 f.; *Braun*, Jus 1979, S. 692.
7 *Roth* in: Münchener Kommentar, BGB, § 313 Rn. 16; *Brox/Walker*, Allgemeines Schuldrecht, § 27 Rn. 2; *Medicus*, BGB-AT, § 53 Rn. 857; *Eckert*, AR-Blattei SD, Ziff. 1790, Rn. 1.
8 *Hueck/Nipperdey*, Arbeitsrecht, Bd. II/2, S. 1266; *Nikisch*, Arbeitsrecht Bd. III, S. 287; *Fitting/Engels/Schmidt/Trebinger/Linsenmaier*, BetrVG, § 77 Rn. 124-126; *Richardi* in: Richardi, BetrVG, § 77 Rn. 134.

Wegen der normativen Wirkung von Betriebsvereinbarungen ist die Frage, ob und in welchem Umfang die Störung der Geschäftsgrundlage auf Betriebsvereinbarungen Anwendung finden kann, in der rechtswissenschaftlichen Literatur bis heute umstritten[9]. So wird argumentiert, die Grundsätze der Geschäftsgrundlagenstörung ließen sich nicht auf Betriebsvereinbarungen übertragen[10], oder ihnen komme jedenfalls keine eigenständige Bedeutung gegenüber der Möglichkeit zur außerordentlichen Kündigung von Betriebsvereinbarungen zu[11]. Das BAG[12] und der wohl überwiegende Teil der Literatur[13] gehen jedoch davon aus, dass auch Betriebsvereinbarungen nach den Grundsätzen über den Wegfall und das Fehlen der Geschäftsgrundlage an die anfangs unzutreffend eingeschätzten oder später veränderten äußeren Umstände angepasst werden können.

Bevor allerdings die spezielle Frage nach der Anwendbarkeit der Störung der Geschäftsgrundlage auf Betriebsvereinbarungen angegangen werden kann, ist es zunächst erforderlich, sich grundlegend mit § 313 BGB und den durch die Kodifizierung des Rechtsinstituts herbeigeführten Änderungen der bisherigen Rechtsanwendungspraxis auseinanderzusetzen.

A. Grundlagen

Die gesetzliche Kodifizierung der durch die höchstrichterliche Rechtsprechung und Zivilrechtslehre entwickelten ungeschriebenen Grundsätze des Wegfalls und des Fehlens der Geschäftsgrundlage[14] erfolgte durch das zum 1.1.2002 in Kraft getretene Schuldrechtsmodernisierungsgesetz[15]. Der neue § 313 BGB hat das Rechtsinstitut der Störung der Geschäftsgrundlage in der Literatur wieder in

---

[9] LAG München vom 13.1.1989, NZA 1989, S. 512; *Richardi* in: Richardi, BetrVG, § 77 Rn. 196; *Hromadka*, RdA 1992, S. 234, 260; vgl. auch die Ausführungen bei *Eckert*, AR-Blattei SD, Ziff. 1790, Rn. 73-76.

[10] LAG München vom 13.1.1989, NZA 1989, S. 512.

[11] *Henssler*, ZfA 1994, S. 487, 494; ähnlich auch *Hilger* in: FS für Larenz, S. 241, 252 sowie *Hromadka*, RdA 1992, S. 234, 260; *Richardi* in: Richardi, BetrVG, § 77 Rn. 196.

[12] So beispielsweise BAG vom 29.5.1964, AP Nr. 24 zu § 59 BetrVG 1952; BAG vom 10.8.1994, AP Nr. 86 zu § 112 BetrVG 1972; BAG vom 28.8.1996, AP Nr. 104 zu § 112 BetrVG 1972.

[13] *Hess/Schlochauer/Worzalla/Glock*, BetrVG, § 77 Rn. 222 f.; *Kreutz* in: GK-BetrVG, § 77 Rn. 384; *Ascheid* in: *Hromadka*, Arbeitsbedingungen, S. 109, 140-143; *Fitting/Engels/ Schmidt/Trebinger/Linsenmaier*, BetrVG, § 77 Rn. 152; *Eckert*, AR-Blattei SD, Ziff. 1790, Rn. 73-86.

[14] Zur Entwicklung in der Rechtsprechung: BGH vom 15.12.1983, BGHZ 89, S. 226, 231 f.; BGH vom 30.3.1984, BGHZ 91, S. 32, 36; zur Entwicklung in der Zivilrechtslehre: *Teichmann* in: Soergel, BGB, § 242, Rn. 199-222; *Wieling*, Jura 1985, S. 505; *Braun*, Jus 1979, S. 692.

[15] Gesetz zur Modernisierung des Schuldrechts vom 26.11.2001, BGBl. Teil I, S. 3138.

den Vordergrund gerückt[16] und gleichzeitig auch für die besondere Aktualität einer Diskussion über die Anwendbarkeit der Störung der Geschäftsgrundlage auf Betriebsvereinbarungen gesorgt.

Allerdings reicht ein bloßer Rückgriff auf den Wortlaut von § 313 BGB nicht aus, um die für diese Arbeit bedeutsamen Grundprinzipien der Störung der Geschäftsgrundlage vollständig erschließen zu können. Hinter den Tatbestandsmerkmalen der Vorschrift verbergen sich vielmehr die Ergebnisse einer jahrelangen Entwicklung und Diskussion des Rechtsinstitutes durch die höchstrichterliche Rechtsprechung und Zivilrechtslehre. Um Tatbestand und Rechtsfolgen der Störung der Geschäftsgrundlage richtig erfassen zu können, soll daher zunächst die Funktion und Entwicklung der Störung der Geschäftsgrundlage genauer untersucht werden.

I. Funktion der Störung der Geschäftsgrundlage

Schließen zwei oder mehrere Parteien einen Vertrag, so vertrauen sie grundsätzlich darauf, dass der Vertragsschluss eine Bindung aller Beteiligten an den Vertragsinhalt bewirkt. So will beispielsweise der Käufer, der den gewünschten Kaufgegenstand günstig erwerben kann, den Verkäufer an seine Preiszusage gebunden wissen. Gleichermaßen ist es dem Arbeitnehmer wichtig, dass er sich darauf verlassen kann, die ihm vom Arbeitgeber vertraglich zugesagten Leistungen zu erhalten. Allgemeiner lässt sich formulieren, dass jeder Teilnehmer am Rechts- und Wirtschaftsverkehr darauf vertrauen können muss, dass die von ihm eingegangenen vertraglichen Verpflichtungen ordnungsgemäß erfüllt werden[17]. Das Prinzip der strengen Vertragsbindung, „pacta sunt servanda“, stellt daher eines der wichtigsten Grundprinzipien jeder staatlichen Rechtsordnung dar[18].

Das Prinzip der strengen Vertragsbindung ist in Deutschland nicht gesetzlich festgeschrieben, sondern folgt aus der in Art. 2 Abs. 1 GG garantierten Ausübung der Vertragsfreiheit[19]. Das verfassungsmäßig garantierte Recht zum Abschluss von Verträgen erlaubt nicht nur den Abschluss von Rechtsgeschäften, sondern enthält daneben auch eine grundsätzliche Verteilung des Vertragsrisikos: Mit der Ausübung ihres Rechts, Verträge abzuschließen, sind die Parteien eines Vertrages grundsätzlich auch verpflichtet, unabhängig von den gegenwär-

---

[16] So beispielsweise *Lorenz/Riehm,* Schuldrecht, § 9, Rn. 385-411; *Muthers* in: Henssler/v. Westphalen, Schuldrechtsreform, § 313 BGB, Rn. 1-9; *Krebs* in: Dauner-Lieb/Heidel/Lepa/Ring, Schuldrecht, § 313 BGB, Rn. 1-57; *Huber/Faust,* Schuldrechtsmodernisierung, Kap. 9, Rn. 1-9.

[17] *Teichmann* in: Soergel, BGB, § 242 Rn. 199; *Belling/Hartmann,* ZfA 1997, S. 87, 91.

[18] *Teichmann* in: Soergel, BGB, § 242 Rn. 199; *Larenz,* Geschäftsgrundlage, S. 161; *Medicus,* BGB-AT, § 53 Rn. 858; *Braun,* JuS 1979, S. 692.

[19] *Larenz,* Schuldrecht Bd. 1, S. 39, 41 f., *Belling/Hartmann,* ZfA 1997, S. 87, 91.

tigen wirklichen Verhältnissen und der künftigen Entwicklung dieser Verhältnisse am vereinbarten Inhalt des Vertrages festzuhalten[20].

Der dem Grundsatz „pacta sunt servanda" zugrunde liegende Gedanke einer von den äußeren Umständen unabhängigen strengen Vertragsbindung widerspricht jedoch der Lebenswirklichkeit. Kein Vertrag besteht völlig unabhängig von den tatsächlichen Verhältnissen. Vielmehr gehen die Parteien bei Vertragsschluss stets bewusst oder unbewusst vom Bestehen oder zukünftigen Fortbestehen bestimmter tatsächlicher Umstände und Verhältnisse aus. Sind die Vorstellungen der Parteien von Anfang an unzutreffend oder ändern sich die dem Vertrag zugrunde liegenden äußeren Umstände später, so kann die eingegangene Vertragsbindung für zumindest eine die Parteien zur unzumutbaren Belastung werden. Das Rechtsinstitut der Störung der Geschäftsgrundlage ist entwickelt worden, um für solche Fälle eine für beide Vertragsparteien zumutbare, die unterschiedlichen Parteiinteressen soweit wie möglich berücksichtigende Lösung zu ermöglichen[21].

II. Rechtshistorische Entwicklung

Die Störung der Geschäftsgrundlage hat ihre historischen Wurzeln in der im Mittelalter entwickelten Lehre von der „clausula rebus sic stantibus". Diese Lehre besagte, dass jede vertragliche Bindung unter dem Vorbehalt stehe, dass sich die objektiven Verhältnisse und Umstände, die die Vertragsparteien bei Vertragsschluss als bestehend vorausgesetzt hatten, nicht ändern[22]. Die Lehre von der „clausula rebus sic stantibus" unterlag jedoch einem wesentlichen Mangel: Durch die Weite ihrer Formulierung ließ sie praktisch jeden bloßen Motivirrtum eines der Vertragspartner ausreichen, um eine Vertragsauflösung herbeizuführen[23]. Mit dem Aufschwung des Handels im späten Mittelalter gewann die strikte Vertragsbindung immer größere Bedeutung, so dass die clausula-Lehre dem Grundsatz „pacta sunt servanda" weitgehend weichen musste[24].

Im Jahre 1850 wurde der Grundgedanke der clausula-Lehre von *Windscheid* wieder aufgegriffen[25]. *Windscheid* argumentierte, der Wille der Parteien eines

---

[20] *Teichmann* in: Soergel, BGB, § 242 Rn. 199 f.; *Medicus*, BGB-AT, § 53 Rn. 858.

[21] RG vom 21.9.1920, RGZ 100, S. 129, 130 f.; RG vom 3.2.1933, RGZ 103, S. 329, 332; BGH vom 5.12.1983, BGHZ 25, S. 390, 392; BGHZ 89, S. 226, 231; *Larenz*, Schuldrecht Bd. 1, S. 321; *Braun*, JuS 1979, S. 692 f; *Teichmann* in: Soergel, BGB, § 242 Rn. 200; *Heinrichs* in: Palandt, BGB, § 313 Rn. 2.

[22] *Köbler, Ralf*, Clausula, S. 1; *Abas*, Rebus sic stantibus, S. 1; *Braun*, JuS 1979, S. 692, 693; *Wieling*, Jura 1985, S. 505, 506.

[23] *Wieling*, Jura 1985, S. 505, 506; *Teichmann* in: Soergel, BGB, § 242, Rn. 203.

[24] *Teichmann* in: Soergel, BGB, § 242 Rn. 203; *Wieling*, Jura 1985, S. 505, 506; eine detaillierte Darstellung der historischen Entwicklung der clausula-Lehre ist zu finden bei *Köbler, Ralf*, Clausula, S. 43-130.

[25] *Windscheid*, Voraussetzung, S. 1-11; *ders.*, AcP 1978, S. 161.

Rechtsgeschäfts sei stets eingeschränkt, weil die Parteien eine vertragliche Bindung nur wollten, weil sie als „Voraussetzung“ von der Gewissheit der bei Vertragsschluss bestehenden Umstände ausgegangen seien. Komme die von den Parteien gesetzte „Voraussetzung“ nicht zum Tragen, sei der Erklärende im Ergebnis an seine rechtsgeschäftliche Erklärung nicht gebunden, da ihm ein Teil seines (hypothetischen) Willens fehle[26]. Obwohl *Windscheid* erkannt hatte, dass die Lehre von der „clausula rebus sic stantibus“ zu weit formuliert war, gelang es ihm jedoch nicht, mit seiner „Lehre von der Voraussetzung“ eine klare Abgrenzung zwischen der „Voraussetzung“ und den einseitig gebliebenen Motiven einer Vertragspartei zu schaffen. So erfasste *Windscheids* Definition der „Voraussetzung“ auch die stillschweigend erklärte „Voraussetzung“[27] und machte damit erneut die Abgrenzung zum unbeachtlichen, einseitig gebliebenen Motiv unmöglich. Wegen der aus ihnen resultierenden Rechtsunsicherheit fanden daher im Ergebnis weder *Windscheids* Lehre von der Voraussetzung noch die Lehre von der „clausula rebus sic stantibus“ Eingang in das BGB von 1896[28].

Die Grundlage der modernen Geschäftsgrundlagenlehre bildet die Lehre von *Oertmann*, der in seiner bahnbrechenden Schrift „Die Geschäftsgrundlage“ aus dem Jahre 1921 erstmals die auch heute noch maßgebliche Bezeichnung „Geschäftsgrundlage“ verwendete[29]. *Oertmann* hatte verstanden, dass die Lehre *Windscheids* vor allem an ihrer fehlenden Abgrenzung zum unbeachtlichen einseitigen Motiv litt und schuf daher eine solche Abgrenzung. Geschäftsgrundlage konnte nach der auf subjektive Merkmale abstellenden Definition *Oertmanns* nur die gemeinsame Vorstellung aller am Rechtsgeschäft beteiligten Parteien sein. Die bloße Erkennbarkeit der Vorstellungen des Geschäftsgegners sollte nicht ausreichend sein, sondern der Vertragspartner musste zumindest stillschweigend sein Einverständnis zu den Vorstellungen des Geschäftsgegners erteilt haben[30].

Bei *Oertmanns* Lehre blieb jedoch außer Betracht, dass sich die Parteien bei Abschluss eines Rechtsgeschäfts über den Fortbestand der zu diesem Zeitpunkt bestehenden Verhältnisse sehr oft überhaupt keine Gedanken machen. *Oertmann* versuchte, diese Problematik zu erfassen, indem er das gedankenlose Hinnehmen der dem Vertrag zugrunde liegenden Umstände als „abgeblasste“ Vorstellung darüber interpretierte, dass sich diese Umstände in Zukunft nicht ändern[31]. Er eröffnete damit jedoch erneut das Problem der Abgrenzung zum bloßen Mo-

---

[26] *Windscheid*, Voraussetzung, S. 1 f.; 80-86.
[27] *Windscheid*, Voraussetzung, S. 8; *ders.*, AcP 178, S. 161, 197.
[28] *Krebs* in: Dauner-Lieb/Heidel/Lepa/Ring, Schuldrecht, § 313 BGB, Rn. 4; *Teichmann* in: Soergel, BGB, § 424 Rn. 203; *Wieling*, Jura 1985, S. 505, 507.
[29] *Oertmann*, Geschäftsgrundlage, S. 1.
[30] *Oertmann*, Geschäftsgrundlage, S. 27-38.
[31] *Oertmann*, Geschäftsgrundlage, S. 33.

tiv[32]. Trotz dieser Kritikpunkte griff das Reichsgericht als Reaktion auf die durch den 1. Weltkrieg hervorgerufenen Veränderungen des Wirtschafts- und Vertragsgefüges die Lehre *Oertmanns* auf[33], so dass sich die subjektive Terminologie *Oertmanns* bis heute in der Rechtsprechung wieder findet[34].

Nach dem 2. Weltkrieg erhielt die Geschäftsgrundlagenlehre weitere wesentliche Impulse durch *Larenz*, der abweichend von der rein subjektiv geprägten Terminologie *Oertmanns* erstmals eine Unterscheidung zwischen objektiver und subjektiver Geschäftsgrundlage vornahm[35]. Unter der subjektiven Geschäftsgrundlage verstand *Larenz* in Anlehnung an *Oertmann* „die bei beiden Parteien oder doch bei einer von ihnen vorhandenen, von der anderen Partei wenigstens erkannten Vorstellungen, die die betreffende Partei zur Grundlage ihrer Überlegungen oder ihres Entschlusses genommen hat“[36]. Die objektive Geschäftsgrundlage definierte er als „Gesamtheit der Umstände, deren Vorhandensein oder Fortdauer sinngemäß vorausgesetzt werden muss, damit das Rechtsgeschäft im Hinblick auf den Geschäftszweck noch als eine sinnvolle Regelung bestehen kann“[37]. *Larenz* machte damit deutlich, dass die Geschäftsgrundlage eines Vertrages in bestimmten Fällen auch schon nach rein objektiven Maßstäben entfallen kann. Jedoch lässt sich gegen die Lehre *Larenz'* vorbringen, dass eine strenge Trennung zwischen objektiver und subjektiver Geschäftsgrundlage in der Praxis oft nicht möglich ist, weil auch die subjektiven Vorstellungen der Vertragspartner fast immer auf bestimmte objektive Umstände bezogen sind[38].

Nicht alle Rechtslehrer, die zur Entwicklung der Lehre von der Geschäftsgrundlage beitrugen, standen ihr allerdings positiv gegenüber. So plädierte *Flume* für die grundsätzliche Abschaffung der Lehre[39]. Er unterschied im Anschluss an den Rechtslehrer *Kegel*[40] zwischen den als „große Geschäftsgrundlage“ bezeichneten Störungen eines Vertrages durch Krieg, Inflation und Naturkatastrophen und den als „kleine Geschäftsgrundlage“ bezeichneten Störungen innerhalb des Machtbereichs der Vertragsparteien.

Die Fälle der „großen Geschäftsgrundlage“ wollte *Flume* durch eine Billigkeitsentscheidung unter Berücksichtigung der Betroffenheit der Parteien in ihrer jewei-

---

[32] Vgl. die Ausführungen bei *Wieling*, Jura 1985, S. 505, 506; *Braun*, JuS 1979, S. 692, 694.
[33] Vgl. RG vom 3.2.1922, RGZ 103, S. 328, 332; RG vom 6.1.1923, RGZ 106, S. 7, 10; RG vom 3.3.1924, RGZ 108, S. 105, 110.
[34] So beispielsweise BGH vom 23.10.1957, BGHZ 25, S. 390, 392; BGH vom 15.12.1983, BGHZ 89, S. 226, 231.
[35] *Larenz*, Geschäftsgrundlage, S. 184-187.
[36] *Larenz*, Geschäftsgrundlage, S. 184; *Larenz/Wolf*, BGB-AT, § 38 Rn. 20.
[37] *Larenz*, Geschäftsgrundlage, S. 185; *Larenz/Wolf*, BGB-AT, Rn. 21.
[38] Vgl. *Chiotellis*, Rechtsfolgenbestimmung, S. 20; *Krebs* in: Dauner-Lieb/Heidel/Lepa/ Ring, Schuldrecht, § 313 BGB, Rn. 25-28.
[39] *Flume*, BGB-AT, Bd. 2, S. 525-528.
[40] *Kegel*, in: Verhandlungen des 40. Deutschen Juristentags, Bd. 1, S. 135, 139 f.

ligen „Sozialexistenz“[41], die Fälle der „kleinen Geschäftsgrundlage“ dagegen über die jeweils auf den konkreten Vertragstypus Anwendung findende gesetzliche Regelung der Risikoverteilung lösen[42]. *Flumes* Kritik machte deutlich, dass die vertragliche und gesetzliche Risikoverteilung dem Richter wesentliche Kriterien für die Abgrenzung zwischen einer strengen Vertragsbindung und einer Lösung vom Vertrag an die Hand geben kann und führte so unbeabsichtigt zu einer Weiterentwicklung der Geschäftsgrundlagenlehre. Auch der Tatbestand von § 313 BGB enthält heute einen Hinweis auf die gesetzliche und vertragliche Risikoverteilung.

Viele weitere Rechtswissenschaftler haben die Geschäftsgrundlagenproblematik diskutiert, abgehandelt und weiterentwickelt[43]. Vor allem die dargestellten Lehren haben jedoch über die Rechtsprechung des Reichsgerichts[44] und des BGH[45] Eingang in die heutige Gesetzesfassung von § 313 BGB gefunden und sind für das Verständnis der Vorschrift von wesentlicher Bedeutung[46].

III. Kodifizierung der Störung der Geschäftsgrundlage in § 313 BGB

Der Anstoß für eine Kodifizierung der Störung der Geschäftsgrundlage im BGB geht auf die Anfang der neunziger Jahre vom Bundesjustizministerium mit der Überarbeitung des BGB beauftragte Kommission zur Überarbeitung des Schuldrechts zurück. Die Kommission legte im Jahre 1992 den Entwurf eines überarbeiteten BGB vor, der in § 306 auch einen Vorschlag für die gesetzliche Regelung der Störung der Geschäftsgrundlage enthielt[47].

Der von der Kommission zur Überarbeitung des Schuldrechts vorgeschlagene Wortlaut und die Begründung einer Gesetzesnorm zum Wegfall der Geschäftsgrundlage wurden zu Beginn des Gesetzgebungsverfahrens zur Schuldrechtsmodernisierung wieder aufgegriffen. Den konkreten Anstoß für die Schuldrechtsmodernisierung hatten drei europarechtliche Richtlinien aus den Jahren

---

[41] *Flume*, BGB-AT, Bd. 2, S. 525.
[42] *Flume*, BGB-AT, Bd. 2, S. 497-501.
[43] So beispielsweise *Wieacker*, in: FS Wilburg, S. 229; *Enneccerus/Lehmann*, Schuldverhältnisse, § 41; *Fikentscher*, Geschäftsgrundlage, S. 22-47; *Beuthien*, Zweckerreichung, S. 106-130; *Koller*, Risikozurechnung, S. 437-450; *Köhler*, Geschäftsgrundlage, S. 117-185; *Locher*, AcP 121 (1923), S. 1, 23, 66 f.; *Krückmann*, AcP 131 (1929), S. 1 und 257.
[44] RG vom 3.2.1922, RGZ 103, S. 328, 332.
[45] BGH vom 23.10.1957, BGHZ 25, S. 390, 392; BGH vom 15.12.1983, BGHZ 89, S. 226, 231; BGH vom 30.3.1984, BGHZ 91, S. 32, 36.
[46] Vgl. BT-Drucks. 14/6040, S. 174.
[47] Entwurf der Kommission zur Überarbeitung des Schuldrechts, Abschlussbericht, S. 146.

1999 und 2000 gegeben[48]. Wegen ihres auf das Kaufrecht und den Verzug bezogenen Inhalts standen die Richtlinien jedoch der Übernahme eines bereits im Jahre 1992 entwickelten Entwurfs einer Gesetzesnorm über die Störung der Geschäftsgrundlage nicht entgegen. Der Vorschlag der Kommission zur Überarbeitung des Schuldrechts wurde daher sowohl im durch das Bundesjustizministerium vorgelegten Diskussionsentwurf zum Gesetz zur Modernisierung des Schuldrechts vom 4.8.2000[49] als auch in der konsolidierten Fassung des Diskussionsentwurfs vom 6.3.2001[50] fast unverändert übernommen. Allein der im Wortlaut des Diskussionsentwurfs bei den Rechtsfolgen der Störung der Geschäftsgrundlage zunächst noch enthaltene Verweis auf das Recht zur außerordentliche Kündigung nach § 314 BGB wurde in der konsolidierten Fassung auf Anregung der im Dezember 2000 vom Bundesjustizministerium eingesetzten Kommission Leistungsstörungsrecht gestrichen[51]. Im Gegensatz zu anderen Vorschriften des neuen Schuldrechts, die in den verschiedenen Entwürfen zum Schuldrechtsmodernisierungsgesetz und der rechtswissenschaftliche Literatur im Detail diskutiert worden sind[52], spielte die Störung der Geschäftsgrundlage im Gesetzgebungsverfahren deshalb fast keine Rolle[53].

Kaum spektakulär zu nennen ist auch die mit der Kodifizierung der Störung der Geschäftsgrundlage vom Gesetzgeber avisierte Zielsetzung. Der neue § 313 BGB sollte dazu dienen „die zum Rechtsinstitut gewordenen Grundsätze zum Fehlen und zum Wegfall der Geschäftsgrundlage wegen ihrer erheblichen Bedeutung im Bürgerlichen Gesetzbuch zu verankern“[54]. Zur Begründung führt die Regierungsbegründung aus, die Grundsätze über das Fehlen oder den Wegfall der Geschäftsgrundlage stellten ein anerkanntes Rechtsinstitut dar, dessen Anwendung in aller Regel zu übereinstimmenden und befriedigenden Ergebnissen führe. Ein Mangel des geltenden Rechts liege daher nur im Fehlen einer allgemeinen Regelung im Bürgerlichen Gesetzbuch. Dieser Mangel wirke sich

---

[48] Richtlinie 1999/44/EG des Europäischen Parlaments und des Rates vom 25. Mai 1999 zu bestimmten Aspekten des Verbrauchsgüterkaufs und der Garantien für Verbrauchsgüter, ABl. EG Nr. L 171, S. 12; Richtlinie 2000/35/EG des Europäischen Parlaments und des Rates vom 29. Juni 2000 zur Bekämpfung von Zahlungsverzug im Geschäftsverkehr, ABl. EG Nr. L 200, S. 35; Richtlinie 2000/31/EG des Europäischen Parlaments und des Rates vom 28. Juni 2000 über den elektronischen Geschäftsverkehr, ABl. EG Nr. L 178, S. 1.

[49] Diskussionsentwurf des Schuldrechtsmodernisierungsgesetzes, abgedruckt in *Canaris,* Schuldrechtsreform, S. 5, 182 f.

[50] Konsolidierte Fassung des Diskussionsentwurfs eines Schuldrechtsmodernisierungsgesetzes, abgedruckt in *Canaris,* Schuldrechtsreform, S. 349.

[51] Vgl. die Anmerkung in Fn. 1 zu § 313 BGB in der konsolidierten Fassung des Diskussionsentwurfs des Gesetzes zur Modernisierung des Schuldrechts, abgedruckt in *Canaris,* Schuldrechtsreform, S. 349, 373.

[52] So z. B. die umfangreiche Diskussion über die Unmöglichkeitsvorschriften: vgl. *Pick,* ZIP 2001, S. 1173, 1175.

[53] *Roth* in: Münchener Kommentar, BGB, § 313 Rn. 3.

[54] BT-Drucks. 14/6040, S. 175.

zwar nicht auf die Rechtspraxis aus, jedoch müsse es als unbefriedigend angesehen werden, wenn wichtige, seit vielen Jahrzehnten erprobte und bewährte Rechtsinstitute auf Dauer von einer Kodifikation ausgeschlossen blieben[55].

Mit der Schaffung eines gesetzlichen Anknüpfungspunktes für den Wegfall der Geschäftsgrundlage wollte der Gesetzgeber aber keine Änderung der zum Zeitpunkt der Schuldrechtsreform bestehenden Rechtsgrundsätze herbeiführen. Die Regierungsbegründung zu § 313 BGB führt aus, die Vorschrift solle „nur das ohnehin schon Anerkannte" zum Fehlen bzw. Fortfall der Geschäftsgrundlage wiedergeben[56]. Allein im Hinblick auf die Ausgestaltung der in § 313 BGB geregelten Rechtsfolge der Vertragsanpassung in Form eines Anspruchs war ein Abweichen von der bisherigen Praxis ausdrücklich beabsichtigt[57]. In der Literatur ist § 313 BGB deshalb als „nicht viel mehr als eine Art gesetzlicher Merkposten"[58] und als bloßes „Lehrbuchzitat"[59] kritisiert worden. Auch wurde dem Gesetzgeber vorgeworfen, er habe die Voraussetzungen des Wegfalls der Geschäftsgrundlage in § 313 BGB nicht ausreichend präzisiert[60]. Es sei eine unangemessene Ausdehnung des Anwendungsbereichs des Rechtsinstitutes zu befürchten[61]. Eine genaue Analyse von § 313 BGB zeigt jedoch, dass diese Befürchtung weitgehend unzutreffend ist[62].

B. Tatbestand der Störung der Geschäftsgrundlage

Die vom Gesetzgeber als Überschrift von § 313 BGB gewählte Bezeichnung „Störung der Geschäftsgrundlage" bildet heute einen gesetzlichen Oberbegriff, der sowohl den in § 313 Abs. 1 BGB kodifizierten Fall des Wegfalls der Geschäftsgrundlage als auch das in § 313 Abs. 2 BGB geregelte anfängliche Fehlen der Geschäftsgrundlage umfasst[63].

I. Wegfall der Geschäftsgrundlage

Der Wegfall der Geschäftsgrundlage gemäß § 313 Abs. 1 BGB setzt voraus, dass sich Umstände, die zur Grundlage des Vertrages geworden sind, nach Vertragsschluss schwerwiegend verändert haben und die Parteien den Vertrag nicht

---

[55] BT-Drucks. 14/6040, ebenda.
[56] BT-Drucks. 14/6040, ebenda.
[57] BT-Drucks. 14/6040, S. 175 f.
[58] *Canaris*, Schuldrechtsreform, Einführung, S. XX.
[59] *Dauner-Lieb* in: Ernst/Zimmermann, Schuldrechtsreform, S. 305, 322 f.
[60] *Ehmann/Sutschet*, Schuldrecht, S. 161 f.; *Teichmann*, BB 2001, S. 1485, 1491; *Wilhelm*, JZ 2001, S. 861, 867.
[61] *Dauner-Lieb* in: Ernst/Zimmermann, Schuldrechtsreform, S. 233 f.; *Eidenmüller*, Jura 2001, S. 824, 830.
[62] So auch *Rögler* in: Schimmel/Buhlmann, Schuldrecht, D IV, Rn. 8.
[63] Vgl. *Vollkommer* in: Jauernig, BGB, § 313 Rn. 3.

oder mit einem anderen Inhalt geschlossen hätten, wenn sie diese Veränderungen vorausgesehen hätten.

Aus der Tatsache, dass in § 313 BGB von den Umständen die Rede ist, die zur „Grundlage des Vertrages" geworden sind, ergibt sich zunächst, dass die bisherige Rechtsprechung des BGH, wonach weder ausdrücklich in den Vertrag aufgenommene Merkmale, wie beispielsweise eine Bedingung oder ein vereinbarter Rechtsgrund noch durch Auslegung zu ermittelnde Vertragsinhalte, zur Geschäftsgrundlage eines Vertrages werden können[64], auch nach der Schuldrechtsreform weiterhin Gültigkeit hat[65].

Will man jedoch positiv bestimmen, was sich hinter dem in § 313 Abs. 1 BGB verwendeten Begriff „Umstände, die zur Grundlage des Vertrages geworden sind" verbirgt, hilft das Gesetz nicht mit einer Definition weiter. Der Gesetzgeber hat auf die Nennung von Regelbeispielen bewusst verzichtet[66]. Die Absicht des Gesetzgebers, mit § 313 BGB einen gesetzlichen Anknüpfungspunkt für die bisherige Rechtsprechung zu schaffen, legt jedoch nahe, auf die vom Reichsgericht entwickelte und durch den BGH aufgegriffene, auf *Oertmann* zurückgehende Definition zurückzugreifen. Hiernach wird die Geschäftsgrundlage gebildet durch „die nicht zum eigentlichen Vertragsinhalt gewordenen, bei Vertragsschluss aber zutage getretenen gemeinsamen Vorstellungen der Vertragsparteien oder die dem anderen Teil erkennbaren und von ihm nicht beanstandeten Vorstellungen der anderen Partei von dem Vorhandensein oder dem künftigen Eintritt bestimmter Umstände, auf denen sich der Geschäftswille der Parteien aufbaut"[67]. Obwohl im Wortlaut von § 313 Abs. 1 BGB von „Umständen" die Rede ist, die zur Geschäftsgrundlage geworden sind, plädieren daher vereinzelte Stimmen in der Literatur dafür, an der subjektiven Formel der Rechtsprechung festzuhalten und zur Definition der Geschäftsgrundlage allein auf die subjektiven Vorstellungen der Parteien abzustellen[68].

Die Regierungsbegründung zu § 313 BGB zitiert auch tatsächlich Eingangs die subjektive Formel der Rechtsprechung. Sie erwähnt jedoch im gleichen Zusammenhang auch die Lehre *Larenz'*, die im Gegensatz zur Rechtsprechung nicht auf rein subjektive Merkmale abstellt, sondern zwischen der auf objektiven Um-

---

[64] BGH vom 3.6.1981, BGHZ 81, S. 135, 143; BGH vom 1.2.1984, BGHZ 90, S. 69, 74; BGH vom 1.2.1990, NJW-RR 1990, S. 601 f.

[65] So auch *Muthers* in: Henssler/v. Westphalen, Schuldrechtsreform, § 313 BGB, Rn. 16; *Huber/Faust,* Schuldrechtsmodernisierung, Kap. 9, Rn. 4; *Peer,* Jb.J. ZivilRWiss. 2001, S. 61, 65; *Haas/Medicus/Rolland/Schäfer/Wendtland,* Schuldrecht, S. 120.

[66] BT-Drucks. 14/6040, S. 176.

[67] RG vom 3.2.1922, RGZ 103, S. 328, 332; BGH vom 23.10.1957, BGHZ 25, S. 390, 392; BGH vom 15.12.1983, BGHZ 89, S. 226, 231; BGH vom 3.5.1995, BGHZ 129, 297, 309; BGH vom 15.11.2000, NJW 2001, S. 1204 f.

[68] So *Grüneberg* in: Bamberger/Roth, BGB, § 313 Rn. 6.

ständen beruhenden objektiven Geschäftsgrundlage und der auf den subjektiven Vorstellungen der Vertragsparteien basierenden subjektiven Geschäftsgrundlage differenziert[69].

Tatsächlich überrascht es, dass der Gesetzgeber mit der Formulierung „Umstände, die zur Grundlage des Vertrages geworden sind" eine objektivierte Formulierung für § 313 Abs. 1 BGB gewählt hat, obwohl er in die auf die subjektive Formel *Oertmanns* abstellende Rechtsprechung ausdrücklich nicht eingreifen wollte. Die Regierungsbegründung erläutert hierzu, die Formel der Rechtsprechung sei stärker subjektiv geprägt, als die mehr auf objektive Merkmale abstellende Formulierung des Gesetzestextes[70]. Man habe die subjektive Formel der Rechtsprechung nicht übernehmen wollen, da die auf objektive Merkmale abstellende gesetzliche Formulierung die tatsächlichen Ergebnisse der Rechtsprechung zutreffender zum Ausdruck bringe[71]. Durch die Formulierung von § 313 Abs. 1 BGB sei jedoch eine Änderung der Rechtsprechung weder beabsichtigt noch veranlasst[72].

Die Einschätzung der Regierungsbegründung erweist sich bei einer Analyse der Rechtsprechung des BGH zur Störung der Geschäftsgrundlage als zutreffend[73]. Auch die Literatur kritisiert, dass der BGH die subjektive Formel regelmäßig auch in Fällen angewandt hat, in denen die dem Vertrag zugrunde gelegten Vorstellungen auch schon bereits nach rein objektiven Wertungsmaßstäben weggefallen waren[74]. Die Rechtsprechung subsumierte in diesen Fällen objektive Merkmale unter die subjektive Formel, indem sie es als ausreichend erachtete, dass die Parteien das dem Vertrag zugrunde liegende objektive Merkmal subjektiv als selbstverständlich angesehen hatten, ohne sich dies bewusst zu machen[75]. Vor allem bei den grundsätzlich durch Veränderungen der objektiven Umstände hervorgerufenen Äquivalenz- und Zweckstörungen wäre ein Rückgriff auf die subjektive Formel jedoch regelmäßig gar nicht erforderlich gewesen[76].

Die Abweichung des Gesetzeswortlauts von der subjektiven Formel der Rechtsprechung ist daher im Ergebnis bewusst erfolgt. Mit der objektivierten Definition der Geschäftsgrundlage hat der Gesetzgeber der schon als Kritik an der Lehre *Larenz'* vorgebrachten Tatsache Rechnung getragen, dass eine strikte

---

[69] BT-Drucks. 14/6040, S. 174.
[70] BT-Drucks. 14/6040, ebenda.
[71] BT-Drucks. 14/6040, S. 176.
[72] BT-Drucks. 14/6040, ebenda.
[73] *Hey*, in: Beiträge für Canaris, S. 21, 29; *Köhler*, Risikobefreiung, in: 50 Jahre BGH, S. 295.
[74] *Muthers* in: Henssler/v. Westphalen, Schuldrechtsreform, § 313 BGB, Rn. 6; *Heinrichs* in: Palandt, BGB, § 313, Rn. 7; *Teichmann*, BB 2001, S. 1491.
[75] So in BGH vom 5.1.1995, BGHZ 128, S. 230, 237; BGH vom 24.11.1995, BGHZ 131, S. 209, 215.
[76] So auch *Heinrichs* in: Palandt, BGB, § 313 Rn. 7.

Trennung zwischen objektiven Umständen und subjektiven Vorstellungen der Vertragsparteien oft nicht möglich ist[77]. Nach dem objektivierten Wortlaut von § 313 Abs. 1 BGB bezieht sich der Wegfall der Geschäftsgrundlage grundsätzlich auf den Fall einer nachträglichen Änderung bestimmter objektiver Umstände[78]. Er erfasst damit auch die Fälle, in denen ein Wegfall der Geschäftsgrundlage eigentlich schon nach rein objektiven Wertmaßstäben vorgelegen hätte, die aber die Rechtsprechung bisher mit dem Kunstgriff unter ihre subjektive Definition der Geschäftsgrundlage subsumiert hatte, indem sie darauf abstellte, dass die Parteien die relevanten objektiven Umstände subjektiv als selbstverständlich angesehen hatten.

II. Fehlen der Geschäftsgrundlage

§ 313 Abs. 2 BGB stellt es dem Wegfall der Geschäftsgrundlage gleich, wenn sich wesentliche Vorstellungen, die zur Grundlage des Vertrags geworden sind, im Nachhinein als falsch herausstellen. Es handelt sich bei § 313 Abs. 2 BGB um einen kodifizierten Fall der subjektiven Geschäftsgrundlage[79].

Von § 313 Abs. 2 BGB erfasst sind nach der Regierungsbegründung zum einen Fälle des gemeinschaftlichen Motivirrtums und zum anderen solche Fälle, „in denen sich nur eine Partei falsche Vorstellungen macht, die andere Partei diesen Irrtum aber ohne eigene Vorstellungen hingenommen hat“[80]. Die Vorschrift kann zudem auch eingreifen, wenn sich die Parteien bei Vertragsschluss über den Eintritt oder Nichteintritt eines zukünftigen Ereignisses irren[81].

Die Erläuterung der Regierungsbegründung zu § 313 BGB suggeriert, dass auch einseitige Vorstellungen einer Partei allein durch deren Bekanntgabe an die Gegenseite zur Geschäftsgrundlage werden können. Diese Annahme wird jedoch durch einen Rückgriff auf die bisherige Rechtsprechung des BGH relativiert. Hiernach ist für die Aufnahme einer einseitigen Vorstellung in die Geschäftsgrundlage erforderlich, dass die Gegenseite diese Vorstellung erkennen kann und sie nicht beanstandet, wobei sich nach Treu und Glauben das Einverständnis der Gegenseite mit der Aufnahme der Vorstellungen in den gemeinsamen Ge-

---

[77] *Krebs* in: Dauner-Lieb/Heidel/Lepa/Ring, Schuldrecht, § 313 BGB, Rn. 30; *Rögler* in: Schimmel/Buhlmann, Schuldrecht, D IV, Rn. 9, *Vollkommer* in: Jauernig, BGB, § 313 Rn. 3; *Heinrichs* in: Palandt, BGB, § 313 Rn. 3.

[78] *Roth* in: Münchener Kommentar, BGB, § 313 Rn. 43; *Brox/Walker*, Allgemeines Schuldrecht, § 27 Rn. 4.

[79] *Rögler* in: Schimmel/Buhlmann, Schuldrecht, D IV, Rn. 23; *Vollkommer* in: Jauernig, BGB, § 313 Rn. 3.

[80] BT-Drucks. 14/6040, 176; BGH vom 8.11.2001, NJW 2002, S. 292, 294. Zur Abgrenzungsproblematik zwischen dem gemeinsamen Motivirrtum und der Anfechtung gemäß § 119 BGB: *Krebs* in: Dauner-Lieb/Heidel/Lepa/Ring, Schuldrecht, § 313 BGB, Rn. 11, 41.

[81] *Rögler* in: Schimmel/Buhlmann, Schuldrecht, D IV, Rn. 23.

schäftswillen erkennen lassen muss[82]. Es reicht daher nicht aus, dass eine der Parteien der Gegenseite ihre einseitigen Erwartungen und Vorstellungen an den Vertrag mitgeteilt, und die Gegenseite daraufhin keine Reaktion gezeigt hat[83]. Diese Grundsätze müssen auch im Rahmen von § 313 BGB weiterhin Gültigkeit haben.

Das Fehlen der Geschäftsgrundlage gemäß § 313 Abs. 2 BGB ist nach überwiegender Ansicht der zur Schuldrechtsreform veröffentlichten Literatur gleich zu behandeln wie ihr Wegfall gemäß § 313 Abs. 1 BGB[84]. Die Gleichbehandlung der beiden Fälle entspricht auch der bisherigen Rechtsprechung, die zwischen der Behandlung des anfänglichen Fehlens und des nachträglichen Wegfalls der Geschäftsgrundlage keinen Unterschied machte[85]. Vor allem ist auch bei einem anfänglichen Fehlen der Geschäftsgrundlage das Merkmal der Unzumutbarkeit eines Festhaltens am Vertrag zu prüfen. Obwohl dieses Tatbestandsmerkmal nur in § 313 Abs. 1 BGB, nicht jedoch in § 313 Abs. 2 BGB genannt wird, handelt es sich doch um das zentrale Kriterium der Störung der Geschäftsgrundlage, ohne das keine Interessenabwägung zwischen einer strengen Vertragsbindung und einer Lösung vom Vertrag vorgenommen werden kann[86].

III. Erheblichkeit der Störung

Der Tatbestand von § 313 BGB ist nicht in jedem Fall einer Änderung der einem Vertrag zugrunde liegenden Umstände automatisch erfüllt. Gemäß § 313 Abs. 1 BGB muss die Störung „schwerwiegend" sein, um den Tatbestand des Wegfalls der Geschäftsgrundlage zu erfüllen. Dem in § 313 Abs. 1 BGB enthaltenen Merkmal der schwerwiegenden Veränderung entspricht in § 313 Abs. 2 BGB das Erfordernis, dass die falschen Vorstellungen der Vertragsparteien „wesentlich" sein müssen. Die Erforderlichkeit einer erheblichen Störung zeigt sich im Tatbestand der Störung der Geschäftsgrundlage zudem darin, dass gemäß § 313 Abs. 1 BGB stets zu prüfen ist, ob die Vertragparteien den Vertrag nicht oder mit anderem Inhalt geschlossen hätten, wenn sie die Störung vorausgesehen hätten. Die oft auch als „hypothetisches Element"[87] bezeichnete Fragestellung, ob die Parteien den Vertrag bei Kenntnis der veränderten Umstände nicht oder mit anderem Inhalt abgeschlossen hätten, erfordert eine Prüfung, welche

---

[82] BGH vom 16.2.1989, NJW-RR 1989, S. 752 f.; BGH vom 17.2.1993, NJW-RR 1993, S. 773 f.; *Heinrichs* in: Palandt, BGB, § 313 Rn. 5.
[83] BGH vom 17.2.1993, NJW-RR 1993, S.773 f.
[84] *Muthers* in: Henssler/v. Westphalen, Schuldrechtsreform, § 313 BGB, Rn. 22; *Heinrichs* in Palandt, BGB, § 313 Rn. 20; *Vollkommer* in: Jauernig, BGB, § 313 Rn. 25; a. A. *Ehmann/Sutschet,* Schuldrecht, S. 170.
[85] BGH vom 23.10.1957, BGHZ 25, S. 390, 393, BGH vom 13.11.1975, NJW 1976, S. 565 f.; BGH vom 5.2.1986, NJW 1986, S. 1348 f.
[86] Vgl. *Krebs* in: Dauner-Lieb/Heidel/Lepa/Ring, Schuldrecht, § 313 BGB, Rn. 33.
[87] *Muthers* in: Henssler/v. Westphalen, Schuldrechtsreform, § 313 BGB Rn. 18; *Schwab/ Witt,* Schuldrecht, S. 121; *Yushkova/Stolz,* JA 2001, S. 70, 71.

Bedeutung die dem Vertrag zugrunde gelegten Umstände und Vorstellungen für die Vertragsparteien haben und wie sich die Änderung der Umstände auf die gewollte Vertragsbindung auswirkt. Die Prüfung der Erheblichkeit der Störung hängt daher untrennbar mit dem in § 313 Abs. 1 BGB enthaltenen Tatbestandsmerkmal der Unzumutbarkeit eines weiteren Festhaltens am Vertrag zusammen.

Eine allgemeingültige Bewertung, wann eine Änderung erheblich im Sinne von § 313 BGB ist, kann nicht vorgenommen werden. Für die Bewertung der Erheblichkeit der Störung kommt es vielmehr in jedem Einzelfall auf die Besonderheiten des Vertrages sowie Art und Umfang der Störung an. Grundsätzlich liegt jedoch keine schwerwiegende Störung des Vertrages vor, wenn sich durch die Änderung der Umstände oder den anfänglichen Irrtum der Vertragsparteien ein Risiko verwirklicht, das eine der Parteien bereits aufgrund einer vertraglichen oder normativen Risikozuweisung zu tragen hat[88].

IV. Unzumutbarkeit des Festhaltens am Vertrag

Das in § 313 Abs. 1 2. HS BGB enthaltene Tatbestandsmerkmal der Unzumutbarkeit setzt voraus, dass das Festhalten am unveränderten Vertrag unter Berücksichtigung aller Umstände des Einzelfalls, insbesondere der vertraglichen und gesetzlichen Risikoverteilung, zumindest einer der Parteien nicht mehr zugemutet werden kann.

Das Merkmal der Unzumutbarkeit war bereits in der vor der Kodifizierung der Störung der Geschäftsgrundlage ergangenen Rechtsprechung enthalten. So forderte der BGH, dass das Festhalten am Vertrag für die sich auf die Störung der Geschäftsgrundlage berufende Partei zu untragbaren, mit Recht und Gerechtigkeit nicht zu vereinbarenden Ergebnissen führen müsse[89]. In der Unzumutbarkeit spiegelt sich das in § 242 BGB enthaltene Prinzip von Treu und Glauben wider, aus dem sich das Rechtsinstitut des Wegfalls der Geschäftsgrundlage ursprünglich herleitete[90]. Das Tatbestandsmerkmal bildet den normativen Teil von § 313 BGB, in dem die Abwägung zwischen einem Festhalten am Vertrag und der Zulässigkeit einer Lösung von der strengen Vertragsbindung vorgenommen werden muss[91].

Welche Abweichungen der Geschäftsgrundlage von der Wirklichkeit für die Parteien eines Vertrages noch zumutbar und welche bereits unzumutbar sind, lässt sich nicht anhand von einheitlichen Merkmalen festlegen. Wie sich aus

---

[88] *Heinrichs* in: Palandt, BGB, § 313 Rn. 15.

[89] BGH vom 23.5.1980, BGHZ 77, 194, 198 f.; BGH vom 8.2.1984, NJW 1984, 1746 f.; BGH vom 29.4.1982, BGHZ 84, S. 1, 9; BGH vom 26.9.1996, BGHZ 133, S. 316, 321.

[90] *Roth* in: Münchener Kommentar, BGB, § 313 Rn. 77.

[91] *Krebs* in: Dauner-Lieb/Heidel/Lepa/Ring, Schuldrecht, § 313 BGB, Rn. 32; *Rögler* in: Schimmel/Buhlmann, Schuldrecht, D IV, Rn. 31.

dem Wortlaut von § 313 BGB ergibt, der die Unzumutbarkeitsprüfung an „alle Umstände des Einzelfalles und insbesondere der vertraglichen und gesetzlichen Risikoverteilung" anknüpft, kommt es - wie schon bei der Erheblichkeitsprüfung - stets auf Art und Inhalt des Vertrages sowie die besonderen Umstände der Geschäftsgrundlagenstörung an. Ein Rückgriff auf die Störung der Geschäftsgrundlage kommt daher nicht in Betracht, wenn sich durch die Veränderung der Umstände ein gesetzliches oder vertragliches Risiko verwirklicht hat[92].

Die gesetzlichen Grenzen der Risikoverteilung ergeben sich bei bürgerlichrechtlichen Verträgen aus den speziellen Risikotragungsvorschriften des BGB zu den jeweiligen Vertragstypen. Beispielsweise ist die Haftung des Bürgen ein typisches Risiko einer Bürgschaft gemäß § 765 BGB. Gibt es keine besonderen gesetzlichen Risikozuweisungen, ist auf den Sinn und Zweck des Vertrages zu achten. So wohnt Geschäften mit spekulativem Charakter stets ein besonderes Risiko inne, dessen Verwirklichung daher nicht ohne weiteres zum Eingreifen von § 313 BGB führt[93]. Aber selbst wenn ein Vertrag eine solche besondere Risikozuweisung enthält, kann § 313 BGB erfüllt sein, wenn die durch Gesetz oder Vertrag vorgegebenen Grenzen der Risikozuweisung überschritten sind[94].

Bedeutend für die Feststellung der Unzumutbarkeit des Festhaltens am Vertrag ist zudem auch die Vorhersehbarkeit einer Veränderung der dem Vertrag zugrunde gelegten Umstände. So wird in der Literatur zum Teil die Ansicht vertreten, dass vorhersehbare Änderungen der Grundlagen eines Vertrages generell keine Geschäftsgrundlagenstörung herbeiführen können[95]. Begründet wird dieser Ausschluss damit, dass die Unzumutbarkeitsgrenze nicht erreicht wird, wenn sich die Parteien auf das Risiko einer zukünftigen Änderung der Umstände eingelassen haben, obwohl diese Änderung vorhersehbar war[96].

In den Wortlaut von § 313 BGB ist das Merkmal der Vorhersehbarkeit allerdings bewusst nicht aufgenommen worden. Die Regierungsbegründung weist darauf hin, dass die Vorhersehbarkeit einer Änderung der dem Vertrag zugrunde gelegten Umstände zwar regelmäßig, aber nicht ausnahmslos dazu führe, dass die Störung der Geschäftsgrundlage zu verneinen sei[97]. Diese Einschätzung des Gesetzgebers erscheint zutreffend. Während beispielsweise eine fachkundige

---

92 *Rögler* in: Schimmel/Buhlmann, Schuldrecht, D IV, Rn. 32.

93 *Krebs* in: Dauner-Lieb, Heidel/Lepa/Ring, § 313 BGB, Rn. 35; *Grüneberg* in: Bamberger/Roth, BGB, § 313 Rn. 27.

94 *Grüneberg* in: Bamberger/Roth, BGB, BGB, § 313 Rn. 27.

95 *Heinrichs* in: Palandt, BGB, § 313 Rn. 18; ähnlich auch *Rögler* in: Schimmel/Buhlmann, Schuldrecht, D IV, Rn. 31.

96 *Vollkommer* in: Jauernig, BGB, § 313 Rn. 24; zur Vorhersehbarkeit auch BGH vom 29.4.1965, WM 1965, S. 843, 845.

97 BT-Drucks. 14/6040, S. 175; zustimmend *Krebs* in: Dauner-Lieb/Heidel/Lepa/Ring, Schuldrecht, § 313 BGB, Rn. 36.

Vertragspartei wirtschaftliche Schwankungen oft vorhersehen kann, sind solche Veränderungen für einen Laien meist nicht vorher erkennbar. Die Vorhersehbarkeit kann daher nur als Indiz für eine Verschiebung des Vertragsrisikos zulasten der kundigen Partei gewertet werden. Es kann aus ihr jedoch nicht immer geschlossen werden, dass ein Rückgriff auf § 313 BGB ausscheiden muss.

Im Ergebnis bleibt das Tatbestandsmerkmal der Unzumutbarkeit auch nach der Kodifizierung der Störung der Geschäftsgrundlage in § 313 BGB das Merkmal, über das die Besonderheiten des Einzelfalles in die Entscheidung mit einfließen. Es muss sich daher bei jeglicher Rechtsprechung zu § 313 BGB bis zu einem gewissen Grade immer um Einzelfallrechtsprechung handeln. Als Maßstab für die Anwendung von § 313 BGB lassen sich jedoch die bereits seit Jahren von der Rechtsprechung gebildeten Fallgruppen heranziehen, in denen die Grundsätze des Wegfalls und des Fehlens der Geschäftsgrundlage typischerweise Anwendung finden.

V. Typische Fallgruppen der Störung der Geschäftsgrundlage

Der Gesetzgeber hat in § 313 BGB keine Regelbeispiele für Fallgruppen der Störung der Geschäftsgrundlage aufgenommen, weil er der Ansicht war, dass mögliche Formulierungen recht allgemein bleiben müssten, um alle denkbaren Sachverhaltsgestaltungen zu erfassen[98]. Allerdings nennt die Regierungsbegründung eingangs die vor der Kodifizierung des Rechtsinstitutes besonders diskutierten Fallgruppen der Äquivalenzstörungen, Zweckstörungen und der Leistungserschwerung[99].

1. Äquivalenzstörungen

Bei Äquivalenzstörungen handelt es sich um Störungen des von den Vertragsparteien vorausgesetzten Verhältnisses von Leistung und Gegenleistung[100]. Beim Abschluss eines gegenseitigen Vertrages gehört die Gleichwertigkeit von Leistung und Gegenleistung grundsätzlich zu den für die Vertragsparteien wesentlichen Umständen[101]. Das vorausgesetzte Gleichwertigkeitsverhältnis kann jedoch entfallen, wenn eine unvorhergesehene Veränderung der äußeren Umstände eintritt, die den Geldwert oder den Wert der Gegenleistung verändert.

---

[98] BT-Drucks. 14/6040, S. 176.

[99] BT-Drucks. 14/6040, S. 174.

[100] *Roth* in: Münchener Kommentar, BGB, § 313 Rn. 59; *Heinrichs* in: Palandt, BGB, § 313 Rn. 32.

[101] BGH vom 5.2.1958, NJW 1958, S. 906 f.; BGH vom 14.10.1959, NJW 1959, S. 2203 f.; BGH vom 2.11.1961, NJW 1962, S. 250 f.; vgl. auch *Krebs* in: Dauner-Lieb/Heidel/Lepa/Ring, Schuldrecht, § 313 BGB, Rn. 44.

Nach der Rechtsprechung des BGH sind Äquivalenzstörungen nur von Bedeutung für den Tatbestand der Störung der Geschäftsgrundlage, wenn die als Grundlage des Vertrages von den Parteien angenommene Gleichwertigkeit von Leistung und Gegenleistung in ein auffälliges Missverhältnis zueinander geraten ist[102]. Das Verhältnis von Leistung und Gegenleistung muss in einem solchen Maße gestört sein, dass die Grenzen des von der jeweiligen Partei übernommenen vertraglichen Risikos überschritten sind und das Interesse der benachteiligten Partei nicht mehr annährend gewahrt bleibt[103]. Nicht jede Veränderung des Verhältnisses von Leistung und Gegenleistung reicht daher für die Annahme einer Äquivalenzstörung aus. So berechtigt das im Rahmen einer normalen Wirtschaftsentwicklung übliche Sinken der Kaufkraft grundsätzlich nicht zu einer Vertragsanpassung, weil der Gläubiger das Risiko einer normalen Kaufkraftentwertung zu tragen hat[104]. Auch reicht nach der Rechtsprechung ein Anstieg der Lebenshaltungskosten von 120-135% in einem Zeitraum von 25 Jahren nicht aus, um die Anpassung eines Vertrages nach den Grundsätzen der Geschäftsgrundlagenstörung zu rechtfertigen[105]. Auch die Erforderlichkeit zur Anpassung eines vereinbarten Erbbauzinses hat der BGH erst bei einer Steigerung der Lebenshaltungskosten um 150% seit dem Zeitpunkt des Vertragsabschlusses angenommen[106].

Bereits viel früher hat die Rechtsprechung die Voraussetzungen für eine Anpassung von Verträgen mit Versorgungscharakter bejaht, die dem Lebensunterhalt des Versorgungsberechtigten dienen. So hat das BAG die Geschäftsgrundlage einer Ruhegeldvereinbarung schon bei Preissteigerungen von 40% im Zeitraum zwischen dem Abschluss der Vereinbarung und der Auszahlung des Ruhegeldes als weggefallen erachtet[107]. Heute ist der Arbeitgeber gemäß § 16 BetrAVG verpflichtet, alle drei Jahre eine Anpassung der Leistungen der betrieblichen Altersversorgung an gestiegene Löhne und Lebenshaltungskosten zu überprüfen und hierüber nach billigem Ermessen zu entscheiden. § 16 BetrAVG stellt daher eine gesetzliche Regelung einer Äquivalenzstörung dar.

---

[102] BGH vom 23.5.1980, BGHZ 77, 194, 198 f.; BAG vom 30.3.1973, BB 1973, S. 522, 524; vgl. auch die Ausführungen bei *Larenz,* Geschäftsgrundlage, S. 78-91; *Härle,* Äquivalenzstörung, S. 97; *Eckert,* AR-Blattei SD, Ziff. 1790, Rn. 24.

[103] BGH vom 23.5.1980, BGHZ 77, S. 194, 198.

[104] BGH vom 14.10.1959, NJW 1959, S. 2203 f.; BGH vom 17.12.1982, BGHZ 86, S. 167, 169.

[105] BGH vom 27.3.1981, NJW 1981, S. 1668; BGH vom 17.12.1982, BGHZ 86, S. 167, 169.

[106] BGH vom 24.2.1984, BGHZ 90, S. 227, 230; BGH vom 4.5.1990, BGHZ 111, S. 214, 216; BGH vom 18.9.1992, BGHZ 119, S. 220, 222.

[107] BAG vom 30.3.1973, BB 1973, S. 522, 524; vgl. auch BGH vom 17.12.1973, BB 1974, S. 101 f.

2. Zweckstörungen

Die Berufung auf eine Zweckstörung kommt für die Vertragsparteien in Betracht, wenn durch die vertraglich vereinbarte Leistung ein bestimmter, dem Vertrag zugrunde gelegter Zweck erreicht werden soll, der durch den Eintritt unvorhergesehener Ereignisse sinnlos wird[108]. Allerdings hängt die Erfüllung des Tatbestandes von § 313 BGB auch bei einer Zweckstörung stets von der Art des abgeschlossenen Vertrages und dem den Parteien zugewiesenen Vertragsrisiko ab. Nur wenn die vertragliche Risikozuweisung des sich auf die Zweckstörung berufenden Vertragspartners überschritten ist, ist wegen der Störung der Geschäftsgrundlage eine Vertragsanpassung möglich[109]. Hierzu muss dem Vertragspartner die geplante Verwendung jedoch ausdrücklich mitgeteilt worden sein oder sich aus dem Vertrag in eindeutiger Weise ergeben[110].

Bestimmt beispielsweise der Vertragszweck den Kauf- oder Mietpreis mit, so ist grundsätzlich davon auszugehen, dass der den Geschäftswillen bestimmende Zweck auch zur Geschäftsgrundlage des Vertrages geworden ist[111]. Andererseits trägt der Käufer grundsätzlich das Risiko der Verwendbarkeit des mangelfreien Kaufgegenstandes, so dass er sich nicht im Nachhinein darauf berufen kann, er könne diesen nach Abschluss des Kaufvertrages doch nicht mehr verwenden[112]. Auch kann sich ein Darlehensnehmer nicht vom Darlehensvertrag lösen, wenn er die Darlehenssumme aus persönlichen Gründen nicht mehr benötigt[113]. Das BAG hat dagegen die Zweckstörung eines Arbeitsverhältnisses in einem Fall angenommen, in dem ein Arbeitnehmer wegen seiner Ausweisung aus der ehemaligen DDR seine in der DDR geschuldete Arbeitsleistung nicht mehr erbringen konnte[114].

3. Leistungserschwerungen

In Betracht kommt die Anwendung von § 313 BGB auch im Falle des Eintrittes von Leistungserschwerungen[115]. Streng genommen handelt es sich bei der Fallgruppe der Leistungserschwerungen nicht um eine eigene Fallgruppe, sondern um Fälle, in denen sowohl der Vertragszweck als auch das Äquivalenzverhältnis von Leistung und Gegenleistung gestört sein können. Die Leistungserschwerung

---

[108] BGH vom 8.2.1984, NJW 1984, S. 1746 f.; *Vollkommer* in: Jauernig, BGB, § 313 Rn. 18; *Heinrichs* in: Palandt, BGB, § 313 Rn. 42.

[109] *Heinrichs* in: Palandt, BGB, § 313 Rn. 44.

[110] BGH vom 27.9.1991, NJW-RR 1992, S. 182 f.

[111] *Heinrichs* in: Palandt, BGB, § 313 Rn. 44.

[112] BGH vom 16.2.2000, NJW 2000, S. 1714, 1716.

[113] BGH vom 2.11.1989, NJW 1990, S. 981; BGH vom 12.3.1991, NJW 1991, S. 1817 f.

[114] BAG vom 24.8.1995, AP Nr. 17 zu § 242 BGB Geschäftsgrundlage.

[115] *Heinrichs* in: Palandt, BGB, § 313 Rn. 37-39; *Grüneberg* in: Bamberger/Roth, BGB, § 313 Rn. 45-47.

zeichnet sich dadurch aus, dass nicht die Gegenleistung in Geld, sondern die Leistung selbst von der Veränderung der Verhältnisse beeinflusst ist[116].

Nach den Grundsätzen der vertraglichen Risikoverteilung gehen Leistungserschwerungen allerdings prinzipiell zu Lasten des Schuldners der Leistung. Eine Anpassung des Vertrages kommt nur in Betracht, wenn durch die Änderung der dem Vertrag zugrunde liegenden Umstände der Risikobereich der Vertragsparteien überschritten wird und der benachteiligten Partei ein Festhalten am Vertrag nicht mehr zumutbar ist[117]. Die Rechtsprechung ist beispielsweise bei einem übermäßigen Ansteigen der Herstellungskosten auf das 15-fache, bei einer Beschlagnahme der Vorräte oder bei einem Brand im Fertigungsbetrieb von einer Leistungserschwerung ausgegangen[118]. Nicht zur Lösung von einem bürgerlichrechtlichen Vertrag berechtigt dagegen die wirtschaftliche Notlage eines der Vertragspartner[119].

4. Eingriffe von hoher Hand

Unter dem Stichwort der Störung der Geschäftsgrundlage werden in der Literatur auch die Fälle eines Eingriffs von hoher Hand diskutiert[120]. Von dieser Fallgruppe erfasst sind Gesetzes- und Rechtsprechungsänderungen sowie andere Fälle in denen ein hoheitlicher Eingriff des Staates Auswirkungen auf den Vertragszweck und das vertraglicher Leistungsgefüge hat[121]. Wie die Gruppe der Leistungserschwerungen ist auch diese Fallgruppe in Wirklichkeit keine völlig eigenständige Gruppe, sondern kann sowohl zu Zweckstörungen als auch zu Äquivalenzstörungen führen. In der Rechtsprechung des BAG zum Individualarbeitsrecht findet sich die Fallgruppe des hoheitlichen Eingriffs vor allem in einer Reihe von Entscheidungen wieder, in denen eine gesetzliche Einschränkung des ärztlichen Liquidationsrechts zu einem Missverhältnis zwischen der Arbeitsleistung und den Einkünften von Chefärzten geführt hatte[122].

---

[116] Vgl. die Beispiele bei *Krebs* in: Dauner-Lieb/Heidel/Lepa/Ring, Schuldrecht, § 313 BGB, Rn. 48.

[117] *Heinrichs* in: Palandt, BGB, § 313 Rn. 39; BGH vom 15.12.1955, BB 1956, S. 254.

[118] RG vom 15.10.1918, RGZ 94, S. 47; RG vom 10.12.1920, RGZ 101, S. 79, 81.

[119] BGH vom 11.7.1958, NJW 1958, S. 1772. Ob die wirtschaftliche Notlage des Arbeitgebers zur Berufung auf § 313 BGB berechtigt, soll im 3. Teil dieser Arbeit unter C IV untersucht werden.

[120] *Roth* in: Münchener Kommentar, BGB, § 313 Rn. 171-188; *Krebs* in: Dauner-Lieb/Heidel/Lepa/Ring, Schuldrecht, § 313 BGB, Rn. 50; *Heinrichs* in: Palandt, BGB, § 313 Rn. 41; zu Gesetzesänderungen auch BAG vom 23.9.2003, AP Nr. 93 zu § 77 BetrVG.

[121] *Krebs* in: Dauner-Lieb/Heidel/Lepa/Ring, Schuldrecht, § 313 BGB, Rn. 50.

[122] Vgl. BAG vom 30.5.1980, AP Nr. 8 zu § 611 BGB, Arzt-Krankenhaus-Vertrag; BAG vom 4.5.1983, AP Nr. 12 zu § 611 BGB, Arzt-Krankenhaus-Vertrag; BAG vom 25.2.1988, AP Nr. 17 zu § 611 BGB, Arzt-Krankenhaus-Vertrag.

C. Rechtsfolgen der Störung der Geschäftsgrundlage

Die Rechtsfolgen der Störung der Geschäftsgrundlage gemäß § 313 BGB sind in einem Abstufungsverhältnis zueinander geregelt. Die vorrangige Rechtsfolge ist gemäß § 313 Abs. 1 BGB die Anpassung des Vertrages an die veränderten Verhältnisse. Nur wenn eine Vertragsanpassung nicht möglich oder einem der Vertragspartner nicht zumutbar ist, eröffnet § 313 Abs. 3 BGB subsidiär die Möglichkeit zur Beendigung des Vertrages. Der Vorrang der Vertragsanpassung vor der Vertragsbeendigung entspricht auch der bis zur Kodifizierung des Rechtsinstitutes ergangenen Rechtsprechung zum Wegfall der Geschäftsgrundlage[123].

I. Vertragsanpassung

Die Rechtsfolge der Vertragsanpassung zielt darauf ab, die ursprünglich gewollte Vertragsbindung wieder herzustellen, aber dabei den Vertrag soweit wie möglich zu erhalten. Der Maßstab für die Anpassung wird durch die in § 313 Abs. 1 BGB gesetzte Grenze der Unzumutbarkeit eines weiteren Festhaltens am Vertrag vorgegeben. Die inhaltliche Anpassung des Vertrages muss darauf gerichtet sein, die vertragliche Bindung in einer für beide Vertragspartner zumutbaren Weise wieder herzustellen[124]. Maßgeblich für die Beurteilung, wie die Anpassung vorzunehmen ist, sind die Interessen der Vertragsparteien sowie die vertragliche Risikoverteilung im konkreten Einzelfall[125].

1. Ausgestaltung in Form eines Anspruchs

Obwohl die Regierungsbegründung zu § 313 BGB betont, dass die Vorschrift nicht in die bisherige Rechtsprechung zum Wegfall der Geschäftsgrundlage eingreifen sollte, hat der Gesetzgeber die Rechtsfolge der Vertragsanpassung unter gezielter Abweichung von der bisherigen Rechtsprechung in Form eines Anspruchs ausgestaltet[126].

Vor der Kodifizierung der Störung der Geschäftsgrundlage waren der BGH und die herrschende Literaturansicht davon ausgegangen, dass das Vorliegen der tatbestandlichen Voraussetzungen der Störung der Geschäftsgrundlage die Rechts-

---

[123] RG vom 3.2.1922, RGZ 103, S. 338, 333; BGH vom 13.11.1975, NJW 1976, S. 565, 567; BGH vom 8.2.1982, NJW 1984, S. 1746, 1747.

[124] *Grüneberg* in: Bamberger/Roth, BGB, § 313 Rn. 88 f.; *Krebs* in: Dauner-Lieb/Heidel/Lepa/Ring, Schuldrecht, § 313 BGB, Rn. 55.

[125] *Krebs* in: Dauner-Lieb/Heidel/Lepa/Ring, Schuldrecht, § 313 BGB, Rn. 55.

[126] BT-Drucks. 14/6040, S. 175 f.; siehe hierzu die Ausführungen bei *Schwab/Witt*, Schuldrecht, S. 122; *Muthers* in: Henssler/v. Westphalen, Schuldrechtsreform, § 313 BGB, Rn. 24; *Haas/Medicus/Rolland/Schäfer/Wendtland*, Schuldrecht S. 120; *Hey*, in: Beiträge für Canaris, S. 21, 32 ff; *Huber/Faust*, Schuldrechtsmodernisierung, Kap. 9, Rn. 5.

folge der Vertragsanpassung von Gesetz wegen herbeiführe[127]. Eine ausdrückliche Geltendmachung des Wegfalls oder des Fehlens der Geschäftsgrundlage war nach dieser Ansicht nicht erforderlich. Nur ein kleiner Teil der Literatur forderte hiervon abweichend zur Herbeiführung der Vertragsanpassung die Geltendmachung durch eine Einrede oder Gestaltungserklärung der benachteiligten Partei[128]. Dieser Streitigkeit ist jedoch mit der in § 313 Abs. 1 BGB vorgesehenen Anspruchslösung die Grundlage entzogen worden. Nach dem klaren Wortlaut von § 313 Abs. 1 BGB kann nunmehr bei Vorliegen der tatbestandlichen Voraussetzungen des Wegfalls oder des Fehlens der Geschäftsgrundlage „die Anpassung des Vertrages verlangt werden". Um die Folge der Vertragsanpassung herbeizuführen, ist daher nach heute überwiegender Ansicht eine Geltendmachung der Vertragsanpassung durch die sich auf den Wegfall der Geschäftsgrundlage berufenden Partei in Form einer Gestaltungserklärung erforderlich[129].

Die nach der neuen Rechtslage vorgesehene Anspruchslösung trägt zur Vereinheitlichung der Rechtsfolgen von § 313 BGB bei[130]. Nach der vor der Kodifizierung von § 313 BGB ergangenen Rechtsprechung sollte zwar die primäre Rechtsfolge der Vertragsanpassung ipso jure eintreten, die sekundäre Rechtsfolge der Vertragsauflösung aber nur durch eine entsprechende Gestaltungserklärung herbeigeführt werden können[131]. Durch § 313 BGB ist diese uneinheitliche Behandlung beseitigt worden, da nun sowohl für die Vertragsanpassung als auch für die Vertragsbeendigung eine Gestaltungserklärung der sich auf die Störung der Geschäftsgrundlage berufenden Vertragspartei erforderlich ist.

2. Geltendmachung durch auf die angepasste Leistung gerichtete Klage

Die Ausgestaltung der Vertragsanpassung in Form eines Anspruchs wirkt sich auch auf die Möglichkeit zur gerichtlichen Durchsetzung der Anpassung aus. Die Regierungsbegründung zu § 313 BGB führt aus, dass die prozessuale Durchsetzung des Anpassungsanspruchs nunmehr „wie nach der von der Rechtsprechung zur Wandelung beim Kaufvertrag entwickelten Herstellungstheorie"

---

[127] BGH vom 19.11.1971, NJW 1972, S. 152 f; BGH vom 4.6.1996, BGHZ 133, S. 281, 296, BGH vom 7.5.1997, BGHZ 135, S. 333, 338; *Teichmann* in: Soergel BGB, § 242 Rn. 626, *Alff* in: RGRK, BGB, § 313 Rn. 88; *Beathalter*, Gestaltungsmöglichkeiten, S. 202; a. A. *Esser/Schmidt*, Schuldrecht Bd. 1, § 24 III.

[128] *Haarmann*, Dauerrechtsverhältnisse, S. 103 ff; *Medicus*, Bürgerliches Recht, § 7 III 3; *Belling*, NZA 1996, S. 906, 909; in Bezug auf Gesellschaftsverträge s. a. *Horn*, AcP 181, S. 255, 276.

[129] *Roth* in: Münchener Kommentar, BGB, § 313 Rn. 87; *Muthers* in: Henssler/v. Westphalen, Schuldrechtsreform, § 313 BGB, Rn. 33; *Hey* in: Beiträge für Canaris, S. 21, 34; *Schwab/Witt*, Schuldrecht, S. 122; *Grüneberg* in: Bamberger/Roth, BGB, § 313 Rn. 85, 94.

[130] *Hey* in: FS für Canaris, S. 21, 32; *Roth* in: Münchener Kommentar, BGB, § 313 Rn. 84.

[131] BGH vom 12.6.1987, BGHZ 101, S. 143, 150; BGH vom 22.1.1993 NJW 1993, S. 1641 f.; *Beathalter*, Gestaltungsmöglichkeiten, S. 201.

durch eine unmittelbar auf die angepasste Leistung gerichtete Klage erfolgen könne[132].

Die vor der Schuldrechtsreform zur Durchsetzung des Anspruchs auf Wandelung gemäß §§ 462, 465 BGB a. F. entwickelte „Herstellungstheorie" sah vor, dass anstelle der nach der Gesetzessystematik eigentlich zunächst erforderlichen Klage auf das Einverständnis der Gegenseite zur Wandelung oder Minderung direkt auf die Herstellung des Zustandes geklagt werden konnte, der der Wandelung oder Minderung entspricht - also auf Rückzahlung des Kaufpreises oder Befreiung von dem geminderten Teil des Kaufpreises[133]. Durch die Schuldrechtsreform sind allerdings die Regelungen über die Wandelung und Minderung reformiert worden. Es ergibt sich daher die sonderbare Situation, dass die Herstellungstheorie im Kaufrecht entfallen ist, aber ihr Grundgedanke in § 313 BGB weiterlebt[134].

Einige Literaturstimmen kritisieren die in der Regierungsbegründung vorgesehene, direkt auf die angepasste Leistung gerichtete Klage mit der Begründung, dass dem Kläger das Risiko des Umfangs der Vertragsanpassung aufgebürdet werde, weil er in der Klageschrift die Höhe seines angepassten Anspruchs beziffern müsse[135]. Um dieses Risiko zu umgehen, wird von einem Teil der Literatur vorgeschlagen, dass der Kläger im Wege der Stufenklage zunächst den Anspruch auf Anpassung einklagen und dann im nächsten Schritt Leistungsklage auf die durch das Gericht angepasste Leistung erheben solle[136]. Als Alternative zu einer Stufenklage schlagen dagegen *Dauner-Lieb* und *Dötsch* vor, die Erhebung einer unbezifferten Leistungsklage zuzulassen[137]. Gegen den Vorschlag der Erhebung einer Stufenklage ist jedoch einzuwenden, dass die zweistufige Klage die offensichtliche Absicht des Gesetzgebers der Schuldrechtsreform zunichte macht, die Durchsetzung der Vertragsanpassung prozessökonomischer zu gestalten. Auch die Möglichkeit der Erhebung einer unbezifferten Leistungsklage ist von der Rechtsprechung stets sehr restriktiv gehandhabt worden[138], so dass ihre zukünftige Zulassung im Falle der Störung der Geschäftsgrundlage unwahr-

---

[132] BT-Drucks. 14/6070, S. 176. Hierzu auch: *Huber/Faust,* Schuldrechtsmodernisierung Kap. 9, Rn. 5; *Haas/Medicus/Rolland/Schäfer/Wendtland,* Schuldrecht, S. 120; *Muthers* in: Henssler/v. Westphalen, Schuldrechtsreform, § 313 BGB, Rn. 27 f.

[133] *Putzo* in: Palandt, BGB, 61. Aufl. 2002, § 465, Rn. 4; *Hey,* in: Beiträge für Canaris, S. 21, 34; *Muthers* in: Henssler/v. Westphalen, Schuldrechtsreform, § 313 BGB, Rn. 30.

[134] *Hey* in: FS für Canaris, S. 21, 34.

[135] *Peer,* Jb. J. ZivilRWiss. 2001, S. 61, 66; *Muthers* in: Henssler/v. Westphalen, Schuldrechtsreform, § 313 BGB, Rn. 30; *Rögler* in: Schimmel/Buhlmann, Schuldrecht, D IV, Rn. 39; *Dauner-Lieb/Dötsch,* NJW 2003, S. 921, 923.

[136] *Schmidt-Kessel/Baldus,* NJW 2002, S. 2076 f.; *Dauner-Lieb/Dötsch,* NJW 2003, S. 921, 926.

[137] *Dauner-Lieb/Dötsch,* NJW 2003, S. 921, 923.

[138] Hauptanwendungsgebiet unbezifferter Klageanträge sind Schmerzensgeldklagen, vgl. die Beispiele von *Greger* in: Zöller, ZPO, § 253 Rn. 14-14 a.

scheinlich erscheint. Es ist daher nach dem bisherigen Stand davon auszugehen, dass der sich auf § 313 BGB berufende Kläger das Risiko einer Bezifferung des Klageantrags auf sich nehmen muss.

Umstritten ist neben der direkt auf die angepasste Leistung gerichteten Klage auch der Rechtscharakter der gerichtlichen Entscheidung über die Vertragsanpassung. Die bisher zu § 313 BGB veröffentlichte Literatur geht zum Großteil davon aus, dass das Gericht bei seiner Entscheidung über die angepasste Leistung gestaltend tätig wird[139]. Es sei nicht zu übersehen, dass die Vertragsanpassung gemäß § 313 BGB notwendigerweise ein Element der voluntativen Rechtsgestaltung enthalte[140]. Dagegen folgt eine Minderansicht[141] der vor der Kodifizierung von § 313 BGB ergangenen Rechtsprechung. Der BGH ging davon aus, dass das über den Wegfall der Geschäftsgrundlage entscheidende Gericht die bereits ipso jure herbeigeführte Vertragsänderung von Amts wegen nur noch durch den Erlass eines Feststellungsurteils festzustellen habe[142]. Allerdings wurde diese Auffassung bereits früher von einem Teil der Literatur scharf kritisiert. So wurde eingewandt, bei der Vorstellung, dass die Vertragsanpassung von Gesetz wegen erfolge, handele es sich um ein bloßes Konstrukt zur Beruhigung des „Richtergewissens“. Man könne nicht darüber hinwegsehen, dass der Richter bei der Vertragsanpassung eine Neuregelung des Vertrages vornehme und damit gestaltend tätig werde. Das zu erlassende Urteil sei daher richtigerweise ein Gestaltungsurteil[143].

Betrachtet man die Struktur der Störung der Geschäftsgrundlage, so erscheint es zutreffend, die Umgestaltung des Vertrages als maßgebliches Element für die Bestimmung des Rechtscharakters der richterlichen Entscheidung anzusehen. Im Gegensatz zum Feststellungsurteil, das eine schon bestehende Rechtslage feststellt, führt das Gestaltungsurteil eine Rechtslage erst herbei[144]. Zwar muss das Gericht bei der Entscheidung über die Störung der Geschäftsgrundlage zunächst prüfen, ob die Voraussetzungen von § 313 BGB vorliegen, so dass die Entscheidung über die Vertragsanpassung enthält nach der neuen Rechtslage ein feststellendes Element enthält. Jedoch ist in einem zweiten, für die Wiederherstellung

---

139 *Hey* in: Beiträge für Canaris, S. 21, 35 f.; *Rögler* in: Schimmel/Buhlmann, Schuldrecht, D IV Rn. 40; *Huber/Faust*, Schuldrechtsmodernisierung, Kap. 9, Rn. 5; *Roth* in: Münchener Kommentar, BGB, § 313, Rn. 80, 85; wohl auch *Ehmann/Sutschet*, Schuldrecht, S. 175 f.

140 *Roth* in: Münchener Kommentar, BGB, § 313, Rn. 85.

141 *Krebs* in: Dauner-Lieb//Heidel/Lepa/Ring, § 313 BGB, Rn. 57; *Teichmann*, BB 2001, S. 1485, 1491; *Schmidt-Räntsch/Maifeld/Meier-Göring/Röcken*, Schuldrecht, S. 327.

142 BGH vom 14.7.1953, NJW 1953, S. 1585 f.; BGH vom 6.7.1961, BGHZ 35, S. 272, 278; BGH vom 9.4.1970, BGHZ 54, S. 145, 155 f.; vgl. auch *Teichmann* in: Soergel, BGB, § 242 Rn. 265; *Alff* in: RGRK, BGB, § 242 Rn. 88.

143 *Esser/Schmidt*, Schuldrecht Bd. 1, § 24 III; hierzu auch *Hey*, in: Beiträge für Canaris, S. 21, 32 ff.

144 *Vollkommer* in: Zöller, ZPO, § 322 Rn. 3, 6; *Schumann* in: Stein/Jonas, ZPO, § 256 I Rn. 3 und § 253 II Rn. 60; *Baumbach/Lauterbach/Albers/Hartmann*, ZPO, § 322, Rn. 38-40.

der gestörten Vertragsgerechtigkeit maßgeblichen Schritt der Vertrag durch willentliche Umgestaltung an die geänderten Umstände anzupassen. Dabei kann das Gericht auch von dem vom Kläger geltend gemachten Umfang der Anpassung abweichen[145]. Der Schwerpunkt der gerichtlichen Entscheidung liegt daher nicht bei der Feststellung bestimmter Umstände, sondern bei der Gestaltung der Rechtslage.

Bei der Entscheidung über die Vertragsanpassung handelt es sich daher nach zutreffender Ansicht um ein Gestaltungsurteil.

3. Bestehen einer Neuverhandlungspflicht

In der Regierungsbegründung zu § 313 BGB wird ausgeführt, dass die Ausgestaltung der Vertragsanpassung in Form eines Anpassungsanspruchs dazu dienen solle, Neuverhandlungen zwischen den Parteien anzuregen[146]. Diese Anmerkung hat in der zu § 313 BGB veröffentlichten Literatur eine Diskussion darüber ausgelöst, ob der Gesetzgeber allein die Verhandlungsbereitschaft der Vertragsparteien zu Neuverhandlungen fördern[147], oder ob er darüber hinaus eine einklagbare Pflicht oder eine Obliegenheit zur Aufnahme von Neuverhandlungen konstituieren wollte[148].

Bereits vor der Schuldrechtsreform wurde von einer Minderansicht in der Literatur der Standpunkt vertreten, dass den Vertragsparteien bei einer Störung der Geschäftsgrundlage eine Neuverhandlungsverpflichtung zukomme[149]. Ein Teil der Autoren ging dabei vom Bestehen einer echten einklagbaren Pflicht zu Neuverhandlungen aus, deren Verletzung zu einer Schadensersatzpflicht führen sollte[150]. Ein anderer Teil der Literatur nahm hingegen an, den Vertragsparteien käme eine bloße Obliegenheit zu Neuverhandlungen zu, die zwar nicht einklagbar sei, deren Verletzung aber zur sofortigen Beendigung des Vertrages anstelle der

---

[145] *Roth* in: Münchener Kommentar, BGB, § 313 Rn. 94.
[146] BT-Drucks. 14/6040, S. 176.
[147] So *Muthers* in: Henssler/v. Westphalen, Schuldrechtsreform, § 313 BGB, Rn. 25 f.; *Hey,* in: Beiträge für Canaris, S. 21, 39; *Krebs* in: Dauner-Lieb/Heidel/Lepa/Ring, Schuldrecht, § 313 BGB, Rn. 54; *Dauner-Lieb/Dötsch,* NJW 2003, S. 921, 925 f.
[148] Für eine Neuverhandlungspflicht: *Heinrichs* in: Palandt, BGB, § 313 Rn. 29. Für eine Neuverhandlungsobliegenheit, deren Verletzung zu einem Rücktrittsrecht vom Vertrag führen soll: *Ehmann/Sutschet,* Schuldrecht, S. 174 f.
[149] *Horn,* AcP 181, S. 255, 276 ff; *Nelle,* Neuverhandlungspflichten, S. 206 ff.; *Eidenmüller,* ZIP 1995, S. 1063; *Carstensen,* Neuverhandlungspflicht, S. 33-43.
[150] *Horn,* AcP 181, S. 255, 282-287; *Carstensen,* Neuverhandlungspflicht, S. 105-114; vgl. auch die Erörterung bei *Muthers* in: Henssler/v. Westphalen, Schuldrechtsreform, § 313 BGB, Rn. 25.

Vertragsanpassung führen könne[151]. Der überwiegende Teil der Rechtslehre lehnte jedoch eine Pflicht oder Obliegenheit zu Neuverhandlungen ab[152].

Betrachtet man die Ausgestaltung von § 313 BGB, so sprechen deutliche Gründe dagegen, dass sich der Gesetzgeber der Schuldrechtsreform den Lehren von einer Neuverhandlungspflicht oder Neuverhandlungsobliegenheit anschließen wollte. Die von der Regierungsbegründung zur Begründung einer Durchsetzung des Anpassungsanspruchs durch eine direkt auf die angepasste Leistung gerichtete Klage herangezogene „Herstellungstheorie" gewährte zwar einen Anspruch auf die Herstellung des Zustands, der der Wandelung bzw. Minderung entspricht, aber keinen Anspruch auf die Aufnahme von Verhandlungen über die Höhe der Minderung oder die Modalitäten der Wandelung[153].

Zudem liegt das Problem der Anerkennung einer Neuverhandlungspflicht auch schon darin, dass eine Durchsetzung dieser Pflicht in der Praxis schwierig erscheint, wenn eine der Parteien zwar verhandelt, diese Verhandlungen aber tatsächlich allein zu einer Verzögerung der Vertragsanpassung benutzt. Eine Klage vor Gericht ließe sich nicht vermeiden, unklar bliebe aber das „Wann" und „Wie" der Klagemöglichkeit[154]. Auch bei der Annahme einer bloßen Neuverhandlungsobliegenheit würde sich die Frage stellen, bis zu welchem Stadium die Verhandlungen gelangt sein müssten, bevor eine Beendigung des Vertrages herbeigeführt werden könnte. Wegen ihrer erheblichen Folgen hätte eine Neuverhandlungspflicht oder Neuverhandlungsobliegenheit daher in den Wortlaut von § 313 BGB aufgenommen werden müssen. Allein der in der Regierungsbegründung gegebene Hinweis auf Neuverhandlungen kann nicht als ausreichend angesehen werden, um eine Verpflichtung oder Obliegenheit zu Neuverhandlungen zu begründen[155].

Im Ergebnis ist daher eine Neuverhandlungspflicht der Vertragsparteien bei einer Störung der Geschäftsgrundlage abzulehnen[156].

---

[151] *Eidenmüller,* ZIP 1995, S. 1063, 1071; auch *Nelle,* Neuverhandlungspflichten, S. 307 f., 326-328, lehnt einen einklagbaren Anspruch auf Neuverhandlungen ab und befürwortet stattdessen abgestufte Rechtsfolgen, u. a. auch eine Schadensersatzpflicht.

[152] Vgl. die Ausführungen bei *Teichmann* in: Soergel, BGB, § 242 Rn. 626.

[153] *Muthers* in: Henssler/v. Westphalen, Schuldrechtsreform, § 313 BGB, Rn. 26.

[154] So *Hey,* in: Beiträge für Canaris, S. 21, 39.

[155] *Muthers* in: Henssler/v. Westphalen, Schuldrechtsreform, § 313 BGB, Rn. 26; *Hey,* in: Beiträge für Canaris, S. 21, 39; *Krebs* in: Dauner-Lieb/Heidel/Lepa/Ring, Schuldrecht, § 313 BGB, Rn. 54.

[156] So auch: *Rögler* in: Schimmel/Buhlmann, Schuldrecht, D IV, Rn. 37; *Teichmann,* BB 2001, S. 1485, 1491; *Krebs* in: Dauner-Lieb/Heidel/Lepa/Ring, Schuldrecht, § 313 BGB, Rn. 54.

II. Rücktritt vom Vertrag

Die Rechtsfolge des Rücktritts vom Vertrag kommt gemäß § 313 Abs. 3 S. 1 BGB nur in Betracht, wenn die Anpassung des Vertrages nicht möglich oder für die sich auf die Störung der Geschäftsgrundlage berufende Partei unzumutbar ist. Im Umkehrschluss aus § 313 Abs. 3 S. 2 BGB, der bei Dauerschuldverhältnissen ein Kündigungsrecht konstituiert, ergibt sich zudem, dass das Rücktrittsrecht nur auf Verträge Anwendung findet, bei denen es sich nicht um Dauerschuldverhältnisse handelt.

Die Ausübung des Rücktrittsrechts erfolgt - wie auch schon nach der bisherigen Rechtsprechung[157] - durch die rechtsgestaltende Erklärung einer der Vertragsparteien[158]. Geändert hat sich durch die Schuldrechtsreform allerdings die gesetzliche Grundlage der Rückabwicklung nach einem Rücktritt vom Vertrag. Nach früher herrschender Auffassung erfolgte die Rückabwicklung eines Vertrages nach der Erklärung eines gesetzlichen Rücktrittsrechts - und so auch nach einem Rücktritt vom Vertrag wegen des Wegfalls der Geschäftsgrundlage - entsprechend § 327 S. 2 BGB a. F. nach den Vorschriften des Bereicherungsrechts[159]. Nur ausnahmsweise fanden auf ein gesetzliches Rücktrittsrecht die Regeln über die Rückabwicklung eines Vertrages gemäß §§ 346-354 a. F. BGB Anwendung, wenn dies durch das Gesetz ausdrücklich angeordnet wurde - wie beispielsweise in §§ 325, 236 BGB a. F.[160].

Durch die Schuldrechtsreform hat der Gesetzgeber den Anwendungsbereich der Vorschriften über den Rücktritt nach den §§ 346-354 BGB erweitert und § 327 BGB a. F. gestrichen, so dass heute auch gesetzliche Schuldverhältnisse nach den §§ 346-354 BGB rückabgewickelt werden. Auch gesetzliche Rücktrittsrechte führen daher heute zur Entstehung eines gesetzlichen Rückgewährschuldverhältnisses zwischen den Vertragsparteien[161]. Auch nach dem Rücktritt vom Vertrag gemäß § 313 Abs. 3 S. 1 BGB infolge einer Störung der Geschäftsgrundlage erfolgt daher die Rückabwicklung der bereits erbrachten Leistungen nach den §§ 346-354 BGB[162].

---

[157] RG vom 3.2.1922, RGZ 103, S. 328, 332; BGH vom 23.9.1994, DNotZ 96, S. 636, 639.

[158] *Krebs* in: Dauner-Lieb/Heidel/Lepa/Ring, Schuldrecht, § 313 BGB, Rn. 56; *Haas/Medicus/Rolland/Schäfer/Wendtland,* Schuldrecht, S. 121.

[159] BGH vom 25.10.1989, BGHZ 109, S. 139, 144; *Hadding* in: Soergel, BGB, vor § 246 Rn. 10.

[160] *Hadding* in: Soergel, BGB, vor § 246 Rn. 7.

[161] *Vollkommer* in: Jauernig, BGB, vor §§ 346-354 Rn. 2; *Roth* in: Münchener Kommentar, BGB, § 313 Rn. 436.

[162] *Heinrichs* in: Palandt, BGB, § 313 Rn. 30 und Einf. vor § 246 Rn. 10; *Krebs* in: Dauner-Lieb/Heidel/Lepa/Ring, Schuldrecht, § 313 BGB, Rn. 56; a. A. *Yushkova/Stolz,* JA 2003, S. 70, 72.

III. Kündigung

Gemäß § 313 Abs. 3 S. 2 BGB tritt bei Dauerschuldverhältnissen anstelle des Rücktrittsrechts das Recht zur Kündigung des Vertrages. Ebenso wie der Rücktritt ist auch die Kündigung von Gesetzes wegen subsidiär gegenüber der Rechtsfolge der Vertragsanpassung.

Auch für die Ausübung des Kündigungsrechtes ist eine Gestaltungserklärung der sich auf die Störung der Geschäftsgrundlage berufenden Vertragspartei erforderlich[163]. Hat die durch die Geschäftsgrundlagenstörung benachteiligte Partei zunächst die Anpassung geltend gemacht und hat sich diese als unzumutbar erwiesen, so ist daher spätestens jetzt die Kündigung zu erklären. Problematisch ist für die sich auf § 313 BGB berufende Partei allerdings der Zeitverlust, der entsteht, wenn zunächst verhandelt und dann ein Gerichtsverfahren eingeleitet wird, aber das Gericht feststellt, dass die Vertragsanpassung unzumutbar ist. Da die Kündigung nur für die Zukunft wirkt, erfolgt die Vertragsbeendigung erst mit ihrem Zugang und nicht rückwirkend auf den ursprünglichen Zeitpunkt der Berufung auf § 313 BGB. In der Literatur wird daher vorgeschlagen, dass die Kündigung hilfsweise gleichzeitig mit dem Anpassungsbegehren geltend gemacht werden solle[164]. Da die Kündigung als einseitiges Gestaltungsrecht jedoch grundsätzlich bedingungsfeindlich ist[165], spricht viel dafür, dass die sich auf die Störung der Geschäftsgrundlage berufende Partei das Risiko einer Verzögerung zwischen der Geltendmachung der Vertragsanpassung und der späteren Kündigung auf sich nehmen muss.

Umstritten ist zudem, ob bei Ausspruch einer Kündigung gemäß § 313 Abs. 3 S. 2 BGB eine angemessene Frist zur Erklärung der Kündigung gemäß § 314 Abs. 3 BGB eingehalten werden muss[166]. Zwar enthält der Wortlaut der Regierungsbegründung weiterhin den Hinweis, dass bei Dauerschuldverhältnissen anstelle des Rücktrittsrechts das Recht zur Kündigung aus wichtigem Grund gemäß § 314 BGB trete[167]. Wie schon erwähnt[168], wurde jedoch der im ursprünglichen Entwurf von § 313 BGB enthaltene Verweis auf § 314 BGB im Gesetzgebungsverfahren gestrichen, um klarzustellen, dass für die außerordentliche Kün-

---

[163] *Rögler* in: Schimmel/Buhlmann, Schuldrecht, D IV, Rn. 42; *Krebs* in: Dauner-Lieb/Heidel/Lepa/Ring, Schuldrecht, § 313 BGB, Rn. 56.
[164] *Rögler* in: Schimmel/Buhlmann, Schuldrecht, D IV Rn. 43; *Roth* in: Münchener Kommentar, BGB, § 313 Rn. 96 weist darauf hin, dass dies nur möglich ist, wenn man ausnahmsweise von der Möglichkeit zur hilfsweisen Geltendmachung einer Gestaltungserklärung ausgeht.
[165] *Heinrichs* in: Palandt, BGB, Einf. v. § 158, Rn. 12.
[166] Für die Einhaltung einer Kündigungsfrist: *Muthers* in: Henssler/v. Westphalen, Schuldrechtsreform, § 313 BGB, Rn. 37; *Roth* in: Münchener Kommentar, BGB, § 313 Rn. 99.
[167] BT-Drucks. 14/6040, S. 176.
[168] Oben unter A III.

digung nach § 313 Abs. 3 BGB nicht gleichzeitig die Voraussetzungen von § 314 BGB vorliegen müssen[169].

Im Ergebnis ist daher die Notwendigkeit zur Einhaltung der Kündigungsfrist gemäß § 314 Abs. 3 BGB bei einer Kündigung wegen der Störung der Geschäftsgrundlage abzulehnen. Nicht nur liefe die Anwendung der Kündigungsfrist des § 314 Abs. 3 BGB der Streichung des in § 313 BGB enthaltenen Verweises auf § 314 BGB im Gesetzgebungsverfahren zuwider. Da vor der Kündigung gemäß § 313 Abs. 3 S. 2 BGB stets die Anpassungsmöglichkeit des Vertrages zu prüfen ist, wäre zudem auch unklar, ab welchem Zeitpunkt die Kündigungsfrist gemäß § 314 Abs. 3 BGB bei einer Störung der Geschäftsgrundlage Anwendung fände. § 314 BGB findet daher nach hier vertretener Ansicht auf die Kündigung gemäß § 313 Abs. 3 BGB keine Anwendung.

D. Verhältnis von § 313 BGB zu § 314 BGB

Nicht nur die Kündigungsfrist des § 314 Abs. 3 BGB macht das Verhältnis von § 313 BGB zu § 314 BGB problematisch. Vielmehr ist die Abgrenzung zwischen dem ursprünglich ungeschriebenen Rechtsinstitut des Wegfalls der Geschäftsgrundlage und der außerordentlichen Kündigung von Dauerschuldverhältnissen von Anfang an umstritten gewesen[170]. Genau wie der Tatbestand der Störung der Geschäftsgrundlage setzt nämlich der für die außerordentliche Kündigung erforderliche „wichtige Grund“ voraus, dass sich ein weiteres Festhalten am Vertrag nach Abwägung der Interessen der Vertragspartner als unzumutbar erweist[171].

Zwar hat der BGH in einzelnen Entscheidungen ausgeführt, dass nicht notwendigerweise dieselben strengen Anforderungen an das Vorliegen eines außerordentlichen Kündigungsgrundes zu stellen seien, wie an den Wegfall der Geschäftsgrundlage[172]. Es handele sich bei der außerordentlichen Kündigung um ein jedem Dauerschuldverhältnis immanentes Mittel der Vertragsbeendigung, das sich im Allgemeinen nur auf Gründe stützen könne, die im Risikobereich des Kündigungsgegners lägen[173]. Mit diesen Ausführungen macht der BGH jedoch nur deutlich, dass der Tatbestand der außerordentlichen Kündigung weiter ist als der Tatbestand der Störung der Geschäftsgrundlage, weil er nicht wie §

---

[169] Vgl. die Anmerkung in Fn. 1 zu § 313 BGB in der konsolidierten Fassung des Diskussionsentwurfs des Gesetzes zur Modernisierung des Schuldrechts, abgedruckt in: *Canaris,* Schuldrechtsreform, S. 349, 373.
[170] Vgl. die Darstellung bei *Eckert,* AR-Blattei SD, Ziff. 1790, Rn. 34-38,
[171] Haas/Medicus/Rolland/Schäfer/Wendtland, Schuldrecht, S. 123; Ehmann/Sutschet, Schuldrecht, S. 188.
[172] BGH vom 26.9.1996, BGHZ 133, S. 316, 320; BGH vom 27.3.1991, NJW 1991, S. 1828, 1829.
[173] BGH vom 26.9.1996, BGHZ 133, 316, 320 f.

313 BGB notwendigerweise die nachträgliche Änderung bestimmter Umstände oder einen anfänglichen Irrtum der Vertragsparteien über solche Umstände erfordert. Liegt jedoch der Tatbestand von § 313 BGB vor, so sind mit der Unzumutbarkeit des Festhaltens am Vertrag grundsätzlich auch die Voraussetzungen für das Vorliegen eines „wichtigen Grundes" im Sinne von § 314 BGB erfüllt[174]. Zu Recht ist daher anzunehmen, dass zum Beispiel eine Änderung der Rechtlage oder der wirtschaftlichen Verhältnisse sowohl die Voraussetzungen der Störung der Geschäftsgrundlage als auch die Voraussetzungen einer außerordentlichen Kündigung gemäß § 314 BGB erfüllen kann[175].

Wegen der Überschneidung der Tatbestände von § 313 BGB und § 314 BGB wird in der Literatur die Ansicht vertreten, dass die außerordentliche Kündigung gemäß § 314 BGB grundsätzlich Vorrang vor den Grundsätzen der Störung der Geschäftsgrundlage habe[176]. Nach anderer Ansicht ergibt sich aus dem in § 313 BGB vorgesehenen Vorrang der Vertragsanpassung vor der Kündigung, dass auch die außerordentliche Kündigung gemäß § 314 BGB ausgeschlossen sei, solange die Voraussetzungen des Wegfalls der Geschäftsgrundlage vorlägen und eine Vertragsanpassung noch möglich und zumutbar sei[177]. Eine dritte Ansicht vertritt hingegen, dass das Kündigungsrecht gemäß § 313 Abs. 3 BGB ein eigenes, aus § 313 BGB herrührendes Kündigungsrecht darstelle, weshalb die Vorschrift bei Vorliegen ihrer Voraussetzungen die Kündigung gemäß § 314 BGB insgesamt verdränge[178].

Die Ansicht, die § 314 BGB grundsätzlichen Vorrang vor § 313 BGB zubilligen will, ist jedoch bereits deswegen abzulehnen, weil die Störung der Geschäftsgrundlage heute im BGB gleichberechtigt neben der außerordentlichen Kündigung gemäß § 314 BGB steht. Zwar konnte früher ein Vorrang der außerordentlichen Kündigung damit begründet werden, dass der Gesetzgeber den Wegfall der Geschäftsgrundlage im Gegensatz zur außerordentlichen Kündigung nicht

---

174 *Hey* in: Beiträge für Canaris, S. 21, 36; *Teichmann* in: Soergel, BGB, § 242 Rn. 270.

175 So *Stege/Weinspach/Schiefer*, BetrVG, § 77 Rn. 42; vgl. hierzu auch *Beathalter*, Gestaltungsmöglichkeiten, S. 167-190, sowie S. 197, 255.

176 *Ehmann/Sutschet*, Schuldrecht, S. 186 f.; *Eidenmüller*, Jura 2001, S. 824, 832.

177 *Rögler* in: Schimmel/Buhlmann, Schuldrecht, D IV, Rn. 44; *Hey* in: Beiträge für Canaris, S. 21, 36 f.; *Huber/Faust*, Schuldrechtsmodernisierung, Kap. 9, Rn. 16; *Roth* in: Münchener Kommentar, BGB, § 242 Rn. 585; *Oetker/Friese*, DZWIR 2000, S. 397, 408. So bereits vor der Schuldrechtsreform schon *Chiotellis*, Rechtsfolgenbestimmung, S. 162 f; *Haarmann*, Dauerrechtsverhältnisse, S. 130 f; *Oetker*, Dauerschuldverhältnis, S. 418-423.

178 *Muthers* in: Henssler/v. Westphalen, Schuldrechtsreform, § 313 BGB, Rn. 40; *Gotthardt*, Arbeitsrecht, Rn. 200; wohl auch *Haas/Medicus/Rolland/Schäfer/Wendtland*, Schuldrecht, S. 124.

ins Gesetz aufgenommen hatte[179]. Diese Begründung ist aber seit der Schuldrechtsreform hinfällig geworden[180].

Zu weitgehend ist auch die Ansicht, die § 313 BGB als völlig selbständig gegenüber § 314 BGB ansehen will, denn die Überschneidung der Tatbestände beider Vorschriften lässt sich nicht leugnen. Dagegen lassen sich überzeugende Argumente dafür vorbringen, dass 313 BGB gegenüber der außerordentlichen Kündigung gemäß § 314 BGB vor allem wegen der Rechtsfolge der Vertragsanpassung einen selbständigen Anwendungsbereich hat. § 313 BGB sieht als primäre Rechtsfolge die Anpassung an die veränderten Umstände vor, während eine Vertragsbeendigung nur in Betracht kommt, wenn eine solche Anpassung unmöglich oder unzumutbar ist. Die Möglichkeit der Kündigung ist daher bei Erfüllung der Tatbestandsmerkmale von § 313 BGB erst eröffnet, wenn die Vertragsanpassung gescheitert ist. Stünde den Vertragsparteien stattdessen über § 314 BGB sofort die Kündigungsmöglichkeit zur Verfügung, würde die Störung der Geschäftsgrundlage an dieser Stelle leer laufen. Die Rangfolge der Rechtsfolgen von § 313 BGB spricht daher für die Richtigkeit der derzeit wohl herrschenden Ansicht in der Literatur, wonach das Rechtsinstitut der Geschäftsgrundlagenstörung der außerordentlichen Kündigung jedenfalls so lange vorgeht, wie eine Vertragsanpassung noch möglich und zumutbar ist[181].

E. Ergebnis

§ 313 BGB entspricht in seinen wesentlichen Zügen den von der Rechtsprechung und Lehre entwickelten ungeschriebenen Grundsätzen des Wegfalls und des Fehlens der Geschäftsgrundlage. Im Tatbestand erfordert die Vorschrift eine Änderung der einem Vertrag zugrunde liegenden Umstände oder einen anfänglichen Irrtum der Vertragsparteien, mit der Folge, dass ein weiteres Festhalten am Vertrag für mindestens eine der Vertragsparteien unzumutbar geworden ist. Der Tatbestand der Störung der Geschäftsgrundlage ist daher auch nach der Kodifizierung durch die Tatbestandsmerkmale der Geschäftsgrundlage sowie der Unzumutbarkeit geprägt.

Von der bisherigen Rechtslage abgewichen ist der Gesetzgeber allerdings bei der Ausgestaltung der primären Rechtsfolge der Vertragsanpassung in Form eines Anspruchs. Die Anpassung muss nunmehr durch Gestaltungserklärung geltend gemacht werden und die Durchsetzung des Anpassungsanspruchs soll durch eine direkt auf die angepasste Leistung gerichtete Klage erfolgen. Wie bisher kommt als sekundäre Rechtsfolge der Rücktritt vom Vertrag oder bei

---

179 Vgl. hierzu: *Flume*, BGB-AT, Bd. 2, S. 514.

180 So auch *Gotthardt*, Arbeitsrecht, Rn. 200.

181 *Rögler* in: Schimmel/Buhlmann, Schuldrecht, D IV, Rn. 44; *Hey* in: Beiträge für Canaris, S. 21, 36 f.; *Huber/Faust*, Schuldrechtsmodernisierung, Kap. 9, Rn. 16.

Dauerschuldverhältnissen die außerordentliche Kündigung in Betracht. Nach neuer Rechtslage erfolgt die Rückabwicklung nach einem Rücktritt vom Vertrag gemäß § 313 Abs. 3 S. 1 BGB nach §§ 346-354 BGB. Aus dem Vorrang der Rechtsfolge der Vertragsanpassung vor der Vertragsbeendigung ergibt sich zudem, dass § 313 BGB einen eigenen Anwendungsbereich gegenüber der außerordentlichen Kündigung gemäß § 314 BGB hat.

2. Teil: Anwendbarkeit von § 313 BGB auf Betriebsvereinbarungen

Die Kodifizierung der Grundsätze des Wegfalls und des Fehlens der Geschäftsgrundlage in § 313 BGB hat den langjährigen Streit um die Voraussetzungen und die generelle Daseinsberechtigung des Rechtsinstitutes beendet. Kaum neue Anstöße hat sie dagegen für die Frage gegeben, ob das nunmehr als Störung der Geschäftsgrundlage bezeichnete Rechtsinstitut auch auf Betriebsvereinbarungen Anwendung finden kann. So wurde die Problematik einer Anwendbarkeit des neu zu schaffenden § 313 BGB auf Vereinbarungen des kollektiven Arbeitsrechts - wie beispielsweise Tarifverträge, Betriebsvereinbarungen oder Dienstvereinbarungen - im Gesetzgebungsverfahren vollständig außer Acht gelassen[182]. Es ist daher zunächst erforderlich, den Anwendungsbereich von § 313 BGB einer genauen Untersuchung zu unterziehen.

A. Bisherige Positionen der Rechtsprechung und Literatur

Das BAG hatte sich mit der Frage, ob ein Wegfall der Geschäftsgrundlage auch bei Betriebsvereinbarungen möglich ist, zum ersten Mal in einer Entscheidung aus dem Jahre 1964 zu befassen, in der es um die Kürzung von Lohnzulagen ging, die in einer Betriebsvereinbarung vereinbart worden waren[183]. In seiner Entscheidung stellte der 1. Senat des BAG fest, dass auch gegenüber einer Betriebsvereinbarung „unter Umständen eine Berufung auf den Wegfall der Geschäftsgrundlage" zulässig sei. Das auf dem Grundsatz von Treu und Glauben gemäß § 242 BGB beruhende Rechtsinstitut des Wegfalls der Geschäftsgrundlage sei „auf das gesamte Rechtsgebiet anwendbar" und könne bei Vorliegen seiner tatbestandlichen Voraussetzungen zur Herabsetzung der in der Betriebsvereinbarung vereinbarten Lohnzulagen führen[184].

In der Folgezeit äußerte sich das BAG zunächst am Rande in einigen Entscheidungen zur Anwendbarkeit der Grundsätze des Wegfalls der Geschäftsgrundlage auf Betriebsvereinbarungen und Sozialpläne[185]. Sozialpläne dienen gemäß § 112 Abs. 1 S. 2 BetrVG dem Ausgleich oder der Milderung der wirtschaftlichen Nachteile, die den Arbeitnehmern infolge einer geplanten Betriebsänderung entstehen und haben nach § 112 Abs. 1 S. 3 BetrVG die Wirkung von Betriebsvereinbarungen. Als bahnbrechend muss allerdings der Beschluss des 10. Senats des BAG vom 10.8.1994 gelten, in dem sich der Senat mit der Zulässigkeit einer Herabsetzung von Sozialplanleistungen bei der unerwarteten Kürzung von Sub-

---

[182] Vgl. *Gotthardt,* Arbeitsrecht, Rn. 200.
[183] BAG vom 29.5.1964, AP Nr. 24 zu § 59 BetrVG 1952.
[184] BAG vom 29.5.1964, AP Nr. 24 zu § 59 BetrVG 1952.
[185] BAG vom 17.2.1981, AP Nr. 11 zu § 112 BetrVG 1972; BAG GS vom 16.9.1986, AP Nr. 17 zu § 77 BetrVG 1972.

ventionen durch die Treuhandanstalt auseinanderzusetzen hatte[186]. Der 10. Senat lehnte die Möglichkeit einer außerordentlichen Kündigung des Sozialplans ab und berief sich stattdessen auf den Wegfall der Geschäftsgrundlage: Es müsse im Hinblick auf die bisherige Rechtsprechung als anerkannt gelten, dass auch Betriebsvereinbarungen und vor allem Sozialpläne eine Geschäftsgrundlage haben können, bei deren Wegfall die getroffene Regelung den geänderten tatsächlichen Umständen anzupassen sei, wenn dem Vertragspartner das Festhalten an der Vereinbarung nicht mehr zugemutet werden könne[187].

Zuletzt hat der 1. Senat des BAG die Anwendbarkeit der Grundsätze des Wegfalls der Geschäftsgrundlage auf Sozialpläne kurz vor der Schuldrechtsreform noch einmal in einem Urteil vom 10.5.2000 bestätigt[188]. Es kann daher mit Recht davon gesprochen werden, dass zum Zeitpunkt der Schuldrechtsreform eine gefestigte Rechtsprechung bestand, die von einer Anwendbarkeit des Wegfalls der Geschäftsgrundlage auf Betriebsvereinbarungen und Sozialpläne ausging.

Der Rechtsprechung des BAG folgt auch die ganz überwiegende Anzahl der Literaturstimmen, die bereits vor der Schuldrechtsreform gleichfalls eine Anwendung der Geschäftsgrundlagenlehre auf Betriebsvereinbarungen befürwortet hatte und an dieser Auffassung auch weiterhin festhält[189]. Ein nicht unbedeutender Teil der zum Betriebsverfassungsrecht publizierenden Autoren kritisierte jedoch von Anfang an die durch das BAG aufgestellten Grundsätze. So gingen einige dieser Literaturstimmen zwar davon aus, dass es auch bei Betriebsvereinbarungen zu einem Wegfall oder einem Fehlen der Geschäftsgrundlage kommen könne. Die Störung der Geschäftsgrundlage stelle jedoch keinen rechtlich selbständigen Beendigungsgrund, sondern nur einen wichtigen Grund für die außerordentliche Kündigung einer Betriebsvereinbarung dar[190]. Das LAG München hat sich in einer Entscheidung aus dem Jahre 1989 sogar strikt gegen eine Übertragbarkeit der Grundsätze des Wegfalls der Geschäftsgrundlage auf Betriebsvereinbarungen ausgesprochen[191].

Als Argument gegen eine Anwendbarkeit der Grundsätze des Wegfalls und des Fehlens der Geschäftsgrundlage auf Betriebsvereinbarungen wird vor allem die

---

[186] BAG vom 10.8.1994, AP Nr. 86 zu § 112 BetrVG 1972.

[187] BAG vom 10.8.1994, ebenda, unter II 3. c) aa) der Gründe.

[188] BAG vom 5.10.2000, AP Nr. 141 zu § 112 BetrVG, unter II 1 b) und II 2 a) der Gründe.

[189] *Hess/Schlochauer/Worzalla/Glock,* BetrVG, § 77 Rn. 222 f.; *Berg* in: Däubler/Kittner/Klebe, BetrVG, § 77 Rn. 55; *Eckert,* AR-Blattei SD, Ziff. 1790, Rn. 73-79; *Fitting/Kaiser/Heither/Engels/Schmidt,* BetrVG, § 77 Rn. 152; *Stege/Weinspach/Schiefer,* BetrVG, § 77 Rn. 40; *Hromadka,* RdA 1992, S. 234.

[190] *Kreutz* in: GK-BetrVG, § 77 Rn. 384; *Hilger* in: FS für Larenz, S. 241, 252; *Richardi* in: Richardi, BetrVG, § 77 Rn. 196; vgl. auch *Beathalter,* Gestaltungsmöglichkeiten, S. 161-174.

[191] LAG München vom 13.1.1989, NZA 1989, S. 512.

Rechtswirkung von Betriebsvereinbarungen angeführt. So wird vorgebracht, die für bürgerlich-rechtliche Verträge entwickelten Grundsätze könnten auf Betriebsvereinbarungen keine Anwendung finden, weil Betriebsvereinbarungen - genau wie der normative Teil eines Tarifvertrages - unmittelbaren und zwingenden Charakter hätten[192]. Eine Anwendung dieser Grundsätze auf Betriebsvereinbarungen müsse aus Vertrauensschutzgründen ausscheiden, weil die zur Geschäftsgrundlage gemachten Umstände oder Vorstellungen zwar für den Arbeitgeber und den Betriebsrat, nicht jedoch für die Arbeitnehmer erkennbar seien, auf deren Arbeitsverhältnisse sich die Betriebsvereinbarung gesetzesgleich auswirke[193]. Selbst bei Kenntnis von der Geschäftsgrundlage sei den Arbeitnehmern nicht ersichtlich, ab welchem Zeitpunkt die angepasste Betriebsvereinbarung gelte, so dass für die Arbeitnehmer eine erhebliche Rechtsunsicherheit entstehen könne[194]. Das BAG hat die Argumente der Literatur in seinen Entscheidungen über die Störung der Geschäftsgrundlage von Betriebsvereinbarungen nicht erörtert. Das Gericht hat allerdings mit den Argumenten des Vertrauensschutzes und der fehlenden Erkennbarkeit der Geschäftsgrundlage durch die Tarifunterworfenen bisher im Tarifvertragsrecht die Ansicht vertreten, die Grundsätze des Wegfalls und des Fehlens der Geschäftsgrundlage seien auf normativ wirkende Tarifverträge jedenfalls „nicht ohne weiteres" anwendbar[195].

Über die Kritikpunkte der Literatur hinaus hat das LAG München auch die Rechtsfolgen der Störung der Geschäftsgrundlage als unvereinbar mit den Besonderheiten des Betriebsverfassungsrechts angesehen[196]. Die Vertragsanpassung wegen einer Störung der Geschäftsgrundlage werde nach den Grundsätzen des bürgerlichen Rechts im Streitfalle durch das Arbeitsgericht vorgenommen. Eine Entscheidung über die inhaltliche Anpassung einer Betriebsvereinbarung durch das Arbeitsgericht verstoße jedoch gegen den Grundsatz der Betriebsautonomie, wonach die Gestaltung der innerbetrieblichen Ordnung den Betriebsparteien vorbehalten sei[197].

B. Anwendungsbereich von § 313 BGB

Nach der Kodifizierung der Störung der Geschäftsgrundlage in § 313 BGB kann der Anwendungsbereich des Rechtsinstituts nicht mehr durch einen einfachen

---

192 LAG München vom 13.1.1989, NZA 1989, S. 512 f.; *Ascheid* in: *Hromadka,* Arbeitsbedingungen, S. 109, 140 f.

193 LAG München, vom 13.1.1989, NZA 1989, S. 512 f.; vgl. auch *Eckert,* AR-Blattei SD, Ziff. 1790, Rn. 74; *Beathalter,* Gestaltungsmöglichkeiten, S. 199 f.

194 LAG München vom 13.1.1989, ebenda.

195 BAG vom 15.12.1976, AP Nr. 1 zu § 36 BAT; BAG vom 12.9.1984, AP Nr. 135 zu § 1 TVG, Auslegung.

196 LAG München vom 13.1.1989, NZA 1989, S. 512 f.

197 LAG München vom 13.1.1989, ebenda; vgl. zu den Bedenken des LAG München auch *Eckert,* AR-Blattei SD, Ziff. 1790, Rn. 74.

Rückgriff auf die vorher von der Rechtsprechung des BGH und des BAG entwickelten Grundsätze zum Wegfall und zum Fehlen der Geschäftsgrundlage festgelegt werden. Es ist vielmehr erforderlich, den Anwendungsbereich von § 313 BGB durch eine Auslegung der Vorschrift zu ermitteln, die nach dem klassischen Auslegungskanon den Wortlaut, die Gesetzessystematik, die Entstehungsgeschichte und den Sinn und Zweck der Regelung mit einbezieht.

I. Grammatikalische Auslegung

Nach seinem Wortlaut findet § 313 BGB auf Verträge Anwendung. So setzt der Tatbestand des Wegfalls der Geschäftsgrundlage gemäß § 313 Abs. 1 BGB voraus, dass sich Umstände, die zur „Grundlage des Vertrages" geworden sind, schwerwiegend verändert haben müssen. Als primäre Rechtsfolge der Störung der Geschäftsgrundlage kann gemäß § 313 Abs. 1 BGB die „Anpassung des Vertrages" verlangt werden, soweit einem Teil das Festhalten am „unveränderten Vertrag" nicht zugemutet werden kann.

Das Tatbestandsmerkmal des Vertrags ist daher wesentlich für die Bestimmung des Anwendungsbereichs von § 313 BGB.

1. Definition des Vertrags

Die Definition des Vertrags ist im BGB nicht direkt enthalten, sie ergibt sich jedoch aus den Regelungen über den Vertragsschluss in §§ 145-157 BGB. Ein Vertrag ist nach der Definition der herrschenden Literaturansicht als „ein durch übereinstimmende Willenserklärungen der Vertragsparteien zustande gekommenes Rechtsgeschäft" zu definieren[198].

Ganz ähnlich wird der Vertrag in allgemeinen und in rechtswissenschaftlichen Nachschlagwerken als „das durch zwei übereinstimmende (kongruente) Willenserklärungen (Antrag, Angebot oder Offerte einerseits und Annahme andererseits) zwischen zwei oder mehreren sich gegenüberstehenden Beteiligten (Vertragsparteien) zustande gekommenes Rechtsgeschäft" definiert[199]. Keines der Nachschlagwerke bezieht sich aber in seinen unter dem Stichwort „Vertrag" aufgeführten Erläuterungen auf Betriebsvereinbarungen oder überhaupt auf kollektivarbeitsrechtliche Normenverträge. Es ist daher zunächst zu untersuchen, ob es sich bei Betriebsvereinbarungen um Verträge im Sinne von § 313 Abs. 1 BGB handelt.

---

[198] *Brox*, BGB-AT, Rn. 77; *Medicus*, BGB-AT, § 19 Rn. 203; *Köhler*, BGB-AT, § 8 Rn. 3.

[199] *Brockhaus*, Stichw. Vertrag, S. 280; *Köbler, Gerhard*, Juristisches Wörterbuch, Stichw. Vertrag, S. 530; *Kaller*, Juristisches Taschenlexikon, Stichw. Vertrag, S. 352, *Montasser*, Rechtsbegriffe, Stichw. Vertrag, S. 480.

2. Die Rechtsnatur von Betriebsvereinbarungen

Aus den Regelungen, die das BetrVG zum Inhalt und zur Wirkung von Betriebsvereinbarungen trifft, lässt sich die Rechtsnatur von Betriebsvereinbarungen nicht ohne weiteres erschließen. Die für Betriebsvereinbarungen zentrale Vorschrift des § 77 BetrVG regelt zwar die formellen Voraussetzungen, den Regelungsbereich, die Rechtswirkung und die Modalitäten der Beendigung von Betriebsvereinbarungen. Nicht geregelt ist jedoch die Art und Weise des Zustandekommens von Betriebsvereinbarungen, aus der sich möglicherweise Rückschlüsse auf deren Rechtsnatur ziehen ließen.

Gegen eine Einordnung von Betriebsvereinbarungen als Verträge scheint zunächst zu sprechen, dass Betriebsvereinbarungen gemäß § 77 Abs. 4 S. 1 BetrVG unmittelbare und zwingende Wirkung entfalten. Die als „normative Wirkung" oder „Unabdingbarkeit" bezeichnete unmittelbare Wirkung führt dazu, dass die Regelungen der jeweiligen Betriebsvereinbarung auf die von ihrem Anwendungsbereich erfassten Arbeitnehmer ähnlich wie ein Gesetz einwirken[200]. Betriebsvereinbarungen werden nicht zum Bestandteil der Arbeitsverhältnisse im Betrieb, sondern wirken von außen auf diese Arbeitsverhältnisse ein, ohne in ihrer Wirkung vom Willen und von der Kenntnis der Arbeitsvertragsparteien abzuhängen[201]. Weder müssen die betroffenen Arbeitnehmer die Betriebsvereinbarung anerkennen, noch sich ihr nachträglich unterwerfen[202]. Die zwingende Wirkung von Betriebsvereinbarungen äußert sich dagegen darin, dass Betriebsvereinbarungen grundsätzlich nicht durch verschlechternde einzelvertragliche Vereinbarungen abdingbar sind[203].

Die unmittelbare und zwingende Wirkung von Betriebsvereinbarungen lässt jedoch keinerlei Rückschlüsse auf die Rechtsnatur von Betriebsvereinbarungen zu. Um Gesetze kann es sich bei Betriebvereinbarungen, die nicht vom Gesetzgeber erlassen, sondern durch die Betriebsparteien vereinbart werden, nicht handeln. Dementsprechend ist die Rechtsnatur von Betriebsvereinbarungen bis heute umstritten.

Nach einer von einer kleinen Anzahl von Autoren vertretenen, als „Satzungstheorie" bezeichneten Ansicht, sind Betriebsvereinbarungen als durch übereinstimmende Beschlüsse der Organe der Betriebsverfassung zustande gekommene

---

[200] *Hueck/Nipperdey,* Arbeitsrecht, Bd. II/2, S. 1266; *Nikisch,* Arbeitsrecht Bd. III, S. 287; *Richardi* in: Richardi, BetrVG, § 77 Rn. 134; *Kreutz* in: GK-BetrVG, § 77 Rn. 213.

[201] Fitting/Engels/Schmidt/Trebinger/Linsenmaier, BetrVG, § 77 Rn. 125; Weiss/Weyand, BetrVG, § 77 Rn. 12; Hess/Schlochauer/Worzalla/Glock, BetrVG, § 77 Rn. 181.

[202] *Fitting/Engels/Schmidt/Trebinger/Linsenmaier,* BetrVG, § 77 Rn. 124; *Berg* in: Däubler/Kittner/-Klebe, BetrVG, § 77 Rn. 19; *Wlotzke,* BetrVG, § 77, Ziff. II 1.

[203] *Hess/Schlochauer/Worzalla/Glock,* BetrVG, § 77 Rn. 182; *Berg* in: Däubler/Kittner/Klebe, BetrVG, § 77 Rn. 42.

Normenordnungen anzusehen[204]. Die Satzungstheorie hat ihre Wurzeln im Wortlaut von § 77 Abs. 2 S. 1 BetrVG, wonach Betriebsvereinbarungen von Betriebsrat und Arbeitgeber „gemeinsam zu beschließen" sind. Die Schaffung einer inneren Normenordnung durch den Beschluss einer Satzung ist ein kennzeichnendes Merkmal juristischer Personen des öffentlichen Rechts, wie beispielsweise der Verbände, Anstalten und Gemeinden[205]. Die Vertreter der Satzungstheorie betrachten dementsprechend auch den Betrieb als eine verbandsähnlich strukturierte Quasi-Körperschaft, in der Betriebsrat und Arbeitgeber als Organe einer übergeordneten Betriebsgemeinschaft tätig werden[206], und die Betriebsvereinbarung als eine durch Beschluss dieser „Organe des Betriebes" herbeigeführte Satzung[207].

Eine Berufung auf die Satzungstheorie hätte bedeutende Konsequenzen für die Anwendbarkeit von § 313 BGB auf Betriebsvereinbarungen. Verstünde man Betriebsvereinbarungen als Satzungen oder zumindest als satzungsähnliche Normenordnungen, so könnte § 313 BGB bereits von seinem Wortlaut her auf Betriebsvereinbarungen nicht angewendet werden. Eine Betriebsvereinbarung würde das von § 313 Abs. 1 BGB vorausgesetzte Tatbestandsmerkmal des „Vertrages" nicht erfüllen. Zudem kann ein gemeinsames organschaftliches Handeln von Betriebsrat und Arbeitgeber auch nur eine gemeinsame Zielrichtung ausdrücken. Die Schaffung eines Ausgleichs für eine unvorhergesehene Risikoverschiebung zwischen den Interessen zweier Parteien, wie sie § 313 BGB zugrunde liegt, wäre daher gar nicht erforderlich.

Dagegen steht die gemeinhin als „Vertragstheorie" bezeichnete herrschende Literaturansicht einer Anwendbarkeit der Störung der Geschäftsgrundlage auf Betriebsvereinbarungen grundsätzlich nicht entgegen. Die „Vertragstheorie" geht davon aus, dass es sich bei Betriebsvereinbarungen um privatrechtliche kollektive Normenverträge handelt, die zwischen Arbeitgeber und Betriebsrat abgeschlossen werden und die kraft staatlicher Ermächtigung die im Betrieb bestehenden Arbeitsverhältnisse mit normativer Wirkung gestalten[208]. Nach dieser Ansicht kommt eine Betriebsvereinbarung durch die Abgabe zweier überein-

---

[204] *Herschel,* RdA 1948, S. 47; ders. BArbBl. 1954, S. 731; *Nebel,* Normen, S. 162; ähnlich auch *Radke,* RdA 1950, S. 338.

[205] Vgl. *Stern,* Staatsrecht, S. 820; *Meyn* in: v. Münch/Kunig, GG, Bd. 2, Art. 65 Rn. 18.

[206] *Herschel,* RdA 1948, S. 47, 49;

[207] *Herschel,* RdA 1948, S. 47, 50.

[208] Kreutz in: GK-BetrVG, § 77 Rn. 35-37; Fitting/Engels/Schmidt/Trebinger/Linsenmaier, BetrVG, § 77 Rn. 14; Hess/Schlochauer/Worzalla/Glock, BetrVG, § 77 Rn. 5; Galperin/Löwisch, BetrVG, § 77 Rn. 6; Weiss/Weyand, BetrVG, § 77 Rn. 11; v. Hoyningen-Huene, Betriebsverfassungsrecht, S. 218.

stimmender Willenserklärungen der beiden Betriebsparteien nach den §§ 145-157 BGB zustande[209].

Vergleicht man die Argumente der Vertrags- und der Satzungstheorie, so erweist sich die Einordnung der Betriebsvereinbarung als Vertrag als überzeugend. Die Vertreter der Satzungstheorie gehen in unzutreffender Weise von der Annahme aus, dass der Betrieb einen umfassenden Betriebsverband darstellt, in dem die Organe Betriebsrat und Arbeitgeber gleichberechtigt zusammenwirken. Ein Betrieb hat jedoch keine Verbandsstruktur, sondern bildet eine arbeitsorganisatorische Einheit[210]. Der Arbeitgeber verfolgt im Betrieb vorrangig bestimmte wirtschaftliche Interessen, während der Betriebsrat die Interessen der Arbeitnehmer wahrnimmt, die ihre Tätigkeit im Regelfall zur Finanzierung ihres Lebensunterhalts ausüben. In der Praxis treffen Betriebsrat und Arbeitgeber daher grundsätzlich keine gemeinsamen Beschlüsse zur Erreichung eines gemeinsamen Ziels. Sie verfolgen keine gleichen, einem übergeordneten allgemeinen „Verbandswohl" dienende, sondern meist entgegengesetzte Interessen[211]. Dem Abschluss von Betriebsvereinbarungen gehen daher oft langwierige Verhandlungen voraus, die im Normalfall durch eine Einigung zwischen den Betriebsparteien enden. Betriebsvereinbarungen sind deshalb richtigerweise nicht als Satzungen, sondern als privatrechtliche kollektive Normenverträge anzusehen.

Stellt man allein auf den Wortlaut von § 313 BGB ab, so sind Betriebsvereinbarungen daher vom Anwendungsbereich der Vorschrift erfasst.

II. Gesetzessystematische Auslegung

Bei einer Analyse der Stellung von § 313 BGB im Gesetz ergeben sich dagegen zunächst Zweifel an einer Übertragbarkeit der Vorschrift auf Betriebsvereinbarungen. § 313 BGB ist unter der Abschnittsüberschrift „Schuldverhältnisse aus Verträgen" im 2. Buch des BGB mit dem Titel „Recht der Schuldverhältnisse" zu finden. Unter diesem Abschnitt ist die Vorschrift gemeinsam mit der in § 314 BGB geregelten „Kündigung von Dauerschuldverhältnissen aus wichtigem Grund" in einem durch die Schuldrechtsreform neu in das BGB eingefügten Untertitel mit der Bezeichnung „Anpassung und Beendigung von Verträgen" zusammengefasst.

Der Anwendungsbereich der Störung der Geschäftsgrundlage erfasst aufgrund der Stellung von § 313 BGB im Gesetz alle schuldrechtlichen Verträge des bür-

---

[209] *Koch* in: Schaub, Arbeitsrechts-Handbuch, § 231 Rn.6; *Kreutz* in: GK-BetrVG, § 77 Rn. 35.
[210] *Kreutz* in: GK-BetrVG, § 77 Rn. 36; *Richardi* in: Richardi, BetrVG, § 77 Rn. 23, 68.
[211] *Kreutz* in: GK-BetrVG, § 77 Rn. 36.

gerlichen Rechts[212]. Betriebsvereinbarungen sind jedoch nicht mit schuldrechtlichen Verträgen des bürgerlichen Rechts gleichzusetzen. Schuldrechtliche Verträge sind dadurch gekennzeichnet, dass sie individualrechtliche Leistungs- und Gegenleistungspflichten zwischen den Vertragsparteien begründen. Betriebsvereinbarungen wirken dagegen normativ gegenüber den Arbeitnehmern des Betriebes.

Zwar wird von einem Teil der Literatur die Ansicht vertreten, dass auch schuldrechtliche Abreden zwischen Arbeitgeber und Betriebsrat zum Inhalt einer Betriebsvereinbarung gemacht werden können[213]. Überzeugender erscheint jedoch die Gegenansicht, die davon ausgeht, dass solche rein schuldrechtlichen Abreden zwischen den Betriebsparteien zwar ohne weiteres vereinbart werden können, aber nicht den Rechtscharakter einer Betriebsvereinbarung, sondern nur den Charakter einer einfachen Regelungsabrede haben[214]. Für die Einordnung von schuldrechtlichen Abreden zwischen den Betriebsparteien als einfache Regelungsabreden spricht vor allem der klare Wortlaut von § 77 Abs. 4 S. 1 BetrVG, der Betriebsvereinbarungen unmittelbare und zwingende Wirkung auf die Arbeitsverhältnisse zuspricht. Solche Wirkung können rein schuldrechtliche Abreden zwischen den Betriebsparteien nicht entfalten, denn sie sollen ja nur Betriebsrat und Arbeitgeber, nicht jedoch die Arbeitnehmer des Betriebes verpflichten. Ein Leistungs- und Gegenleistungsverhältnis zwischen den Betriebsparteien kann daher nach zutreffender Ansicht nicht Inhalt einer Betriebsvereinbarung sein[215].

Auch durch die Auslegung ihres Regelungsinhalts unterscheiden sich Betriebsvereinbarungen von bürgerlich-rechtlichen Verträgen. Betriebsvereinbarungen sind nach herrschender Ansicht nach den Regeln auszulegen, die auch für die Auslegung kollektiver Normen gelten[216]. In erster Linie ist daher bei der Auslegung von Betriebsvereinbarungen der Wortsinn von Bedeutung, der Wille der Betriebsparteien analog § 157 BGB spielt dagegen nur ausnahmsweise eine Rolle, falls der Wortsinn nicht klar ermittelt werden kann[217]. Für die Auslegung schuldrechtlicher Verträge des bürgerlichen Rechts ist dagegen gemäß §§ 133,

---

[212] *Vollkommer* in: Jauernig, BGB, § 313 Rn. 6; *Heinrichs* in: Palandt, BGB, § 313 Rn. 10; *Krebs* in: Dauner-Lieb/Heidel/Lepa/Ring, Schuldrecht, § 313 BGB, Rn. 22.

[213] *v. Hoyningen-Huene,* Betriebsverfassungsrecht, S. 222 f.; *Richardi* in: Richardi BetrVG, § 77 Rn. 59; *Fitting/Engels/Schmidt/Trebinger/Linsenmaier,* BetrVG, § 77 Rn. 50.

[214] *Kreutz* in: GK-BetrVG, § 77 Rn. 187-189; *Hanau/Kania* in: Erfurter Kommentar, § 77 BetrVG, Rn. 31; *Hanau,* AuA 1995, S. 401, 402; *Birk,* ZfA 1986, S. 73, 79.

[215] *Kreutz* in: GK-BetrVG, § 77 Rn. 187-189; *Hanau/Kania* in: Erfurter Kommentar, § 77 BetrAVG, Rn. 31, *Hanau,* AuA 1995, S. 401 f.; *Birk,* ZfA 1986, S. 73, 79.

[216] BAG vom 11.6.1975, AP Nr. 1 zu § 77 BetrVG, Auslegung; BAG vom 8.11.1988, AP Nr. 48 zu § 112 BetrVG 1972, unter II a der Gründe; BAG vom 17.11.1989, AP Nr. 6 zu § 77 BetrVG, Auslegung; *Hess/Schlochauer/Worzalla/Glock,* BetrVG, § 77 Rn. 60-66; *Fitting/Engels/Schmidt/Trebinger/Linsenmaier,* BetrVG, § 77 Rn. 15.

[217] Hess/Schlochauer/Worzalla/Glock, BetrVG, § 77 Rn 60.

157 BGB der wirkliche Wille der Vertragsparteien von vorrangiger Bedeutung. Aufgrund dieser Besonderheiten überrascht es nicht, dass Betriebsvereinbarungen in der Literatur als eigenständige Regelungselemente der Betriebsverfassung angesehen werden, die sich nicht in das traditionelle Modell der Privatautonomie einordnen lassen[218].

Bereits die vor der Schuldrechtsreform ergangene Rechtsprechung des BGH hat jedoch die Störung der Geschäftsgrundlage nicht nur auf schuldrechtliche Verträge wie den Vergleich, die Schenkung, die Bürgschaft und das Schuldanerkenntnis[219], sondern darüber hinaus auch auf Gesellschaftsverträge sowie familien- und erbrechtliche Verträge angewandt[220]. Mit dem Familien-, Erb- und Gesellschaftsrecht haben die Grundsätze des Wegfalls der Geschäftsgrundlage daher schon lange einen Anwendungsbereich gefunden, der über die im schuldrechtlichen Teil des BGB geregelten Vertragsformen hinausgeht. Auch das BAG hatte den Wegfall der Geschäftsgrundlage bereits lange vor dessen Kodifizierung in § 313 BGB in ständiger Rechtsprechung nicht nur auf Betriebsvereinbarungen sondern auch auf Arbeitsverträge angewandt[221]. Diese Rechtsprechung zum Wegfall der Geschäftsgrundlage von Arbeitsverträgen führt das Gericht seit der Schuldrechtsreform unter Berufung auf § 313 BGB fort[222].

Für eine weite Auslegung des Anwendungsbereichs von § 313 BGB spricht auch die Begründung des Gesetzgebers für die Wahl von § 313 BGB als Standort für die Störung der Geschäftsgrundlage im BGB. Laut der Regierungsbegründung war als Alternative zu der schließlich gewählten Einfügung der Vorschrift über die Störung der Geschäftsgrundlage als neuen § 313 BGB in den schuldrechtlichen Teil des Gesetzbuches eine Anfügung im Anschluss an § 242 BGB in Betracht gezogen worden[223]. Zur Begründung der schließlich getroffenen Wahl führt die Regierungsbegründung aus, der Wegfall der Geschäftsgrundlage bilde zwar einen besonderen Anwendungsfall von § 242 BGB und sei „nicht nur für Verträge von Bedeutung". § 313 BGB sei jedoch deshalb als bes-

---

[218] *Richardi* in: Richardi, BetrVG, § 77 Rn. 25.
[219] Zum Vergleich: BGH vom 8.2.1984, NJW 1984, S. 174, 176 f; zur Bürgschaft: BGH vom 20.12.1965, NJW 1966, 448 f.; BGH vom 28.4.1988, NJW 1988, S. 2173 f.; zur Schenkung: BGH vom 3.12.1971, NJW 1972, S. 248.
[220] Zu Gesellschaftsverträgen: BGH vom 13.5.1957, BGHZ 10, S. 45, 51; BGH vom 23.1.1967, NJW 1967, S. 1081 f.; zu familienrechtlichen Verträgen: BGH vom 13.7.1994, NJW 1994, S. 2545 f.; zu erbrechtlichen Verträgen: BGH vom 19.11.1996, BGHZ 134, S. 152, 157 f.
[221] BAG vom 30.5.1980, AP Nr. 8 zu § 611 BGB, Arzt-Krankenhaus-Vertrag; BAG vom 4.5. 1983, AP Nr. 12 zu § 611 BGB, Arzt-Krankenhaus-Vertrag; BAG vom 24.8.1995, AP Nr. 17 zu § 242 BGB, Geschäftsgrundlage.
[222] BAG vom 18.2.2003, AP Nr. 15 zu § 41 SGB VI.
[223] BT-Drucks. 14/6040, S. 175.

ser geeigneter Standort erschienen, weil das Problem der Störung der Geschäftsgrundlage in der Regel bei Verträgen auftrete[224].

Aus der Anmerkung der Regierungsbegründung, die Störung der Geschäftsgrundlage sei „nicht nur für Verträge von Bedeutung“, wird deutlich, dass sich der Gesetzgeber bei der Kodifizierung von § 313 BGB der von der Rechtsprechung vorgenommenen Ausdehnung des Anwendungsbereichs der Störung der Geschäftsgrundlage durchaus bewusst war. Offensichtlich wollte der Gesetzgeber mit der Wahl von § 313 BGB als Standort des Rechtsinstitutes kein Signal für eine Beschränkung des Anwendungsbereichs der Störung der Geschäftsgrundlage auf die im schuldrechtlichen Teil des BGB geregelten Vertragstypen setzen, sondern die Vorschrift in dem Kontext ansiedeln, in dem sie am häufigsten Anwendung findet. Der Hinweis des Gesetzgebers lässt sich daher als Hinweis darauf versteht, dass die Störung der Geschäftsgrundlage „nicht nur für schuldrechtliche Verträge des bürgerlichen Rechts“ von Bedeutung ist, sondern es darüber hinaus auch auf alle andere Arten von privatrechtlichen Verträgen Anwendung finden kann.

Der gesetzgeberische Hinweis ist jedoch leider nicht konkret genug, um eindeutig auf eine Anwendbarkeit von § 313 BGB auf Betriebsvereinbarungen schließen zu können. Für eine genauere Bestimmung des Anwendungsbereichs von § 313 BGB muss daher in einem weiteren Schritt auf die in der Regierungsbegründung geschilderten Absichten des Gesetzgebers bei der Kodifizierung des Institutes der Störung der Geschäftsgrundlage zurückgegriffen werden.

III. Gesetzeshistorische Auslegung

Für eine Einbeziehung von Betriebsvereinbarungen in den Anwendungsbereich von § 313 BGB lassen sich die hinter der Kodifizierung der Störung der Geschäftsgrundlage im BGB stehenden Intentionen des Gesetzgebers anführen. Der Gesetzgeber wollte die von der Rechtsprechung entwickelten Grundsätze des Fehlens und des Wegfalls der Geschäftsgrundlage wegen ihrer erheblichen Bedeutung im Bürgerlichen Gesetzbuch verankern, ohne dabei verändernd in die Rechtsprechung einzugreifen[225]. Die Absicht des Gesetzgebers, die Rechtsprechung unberührt zu lassen, spricht dafür, dass der durch den BGH und das BAG entwickelte weite Anwendungsbereich der Grundsätze des Wegfalls und des Fehlens der Geschäftsgrundlage auch nach der Schuldrechtsreform weiter besteht.

Allenfalls ließe sich gegen eine weite, auch Betriebsvereinbarungen einbeziehende Auslegung des Anwendungsbereichs von § 313 BGB einwenden, dass die

[224] BT-Drucks. 14/6040, S 174 f.
[225] BT-Drucks. 14/6040, S. 174 f.

Regierungsbegründung zwar stets von der Kodifizierung der „anerkannten Grundsätze zum Fehlen und zum Wegfall der Geschäftsgrundlage" spricht[226], diese anerkannten Grundsätze jedoch nur mit einem Hinweis auf die bis zur Kodifizierung von § 313 BGB ergangene Rechtsprechung des BGH untermauert. Die arbeitsgerichtliche Rechtsprechung zur Störung der Geschäftsgrundlage wird dagegen an keiner Stelle erwähnt.

Auch diese Bedenken lassen sich jedoch aus dem Weg räumen. So zitiert der Gesetzgeber in der Regierungsbegründung auch die Rechtsprechung des BGH keinesfalls umfassend. Es werden vor allem Grundsatzentscheidungen genannt, um die rechtliche Entwicklung und aktuelle Bedeutung des Wegfalls und des Fehlens der Geschäftsgrundlage darzustellen. Es erschiene aber absurd, aus diesen Zitaten schließen zu wollen, dass der Gesetzgeber eine Beschränkung des Anwendungsbereichs von § 313 BGB auf die von ihm genannten Grundsatzfälle beabsichtigte. Die unterlassene Nennung der Rechtsprechung des BAG zur Anwendung der Grundsätze des Wegfalls und des Fehlens der Geschäftsgrundlage im Arbeitsrecht durch die Regierungsbegründung dürfte vielmehr mit dem großen Umfang der Schuldrechtsreform zu begründen sein, der eine Auseinandersetzung mit Detailfragen verhindert hat.

Geht man davon aus, dass der Gesetzgeber in die bisherige Rechtsprechung zum Wegfall und zum Fehlen der Geschäftsgrundlage nicht eingreifen wollte, muss sich diese Intention auch auf die Rechtsprechung des BAG zur Störung der Geschäftsgrundlage von Betriebsvereinbarungen und Sozialplänen beziehen. Jegliche andere Absicht des Gesetzgebers hätte einen konkreten Hinweis in der Gesetzesbegründung erfordert. Auch aus der Auslegung der Motive des Gesetzgebers des Schuldrechtsmodernisierungsgesetzes ergibt sich daher, dass § 313 BGB auf Betriebsvereinbarungen anwendbar ist.

IV. Teleologische Auslegung

Obwohl der Wortlaut und die gesetzeshistorische Auslegung von § 313 BGB deutlich für eine Anwendbarkeit der Vorschrift auf Betriebsvereinbarungen sprechen, verbleiben letzte Zweifel an diesem Ergebnis, wenn man in Betracht zieht, dass sich weder das BAG noch der Gesetzgeber des Schuldrechtsmodernisierungsgesetzes näher mit den von der Mindermeinung in Literatur und Rechtsprechung gegen eine Anwendbarkeit der Störung der Geschäftsgrundlage auf Betriebsvereinbarungen geäußerten Bedenken auseinandergesetzt haben. Es soll daher noch einmal in einem weiteren Schritt die Vereinbarkeit des § 313 BGB zugrunde liegenden Zwecks mit den von der Mindermeinung zur Untermauerung ihrer Kritik angeführten rechtlichen Besonderheiten von Betriebsvereinbarungen durchleuchtet werden.

---

[226] Vgl. BT-Drucks. 14/6040, ebenda

1. Vereinbarkeit des Sinns und Zwecks von § 313 BGB mit den Besonderheiten von Betriebsvereinbarungen

§ 313 BGB dient denselben Prinzipien, die auch schon ab der Mitte des 19. Jahrhunderts zur Entwicklung des Rechtsinstituts des Wegfalls der Geschäftsgrundlage geführt hatten. Die Vorschrift soll den Ausgleich einer unzumutbaren Verschiebung des Vertragsrisikos durch die nachträgliche Veränderung oder das anfängliche Fehlen bestimmter einem Vertrag zugrunde gelegter Umstände oder Vorstellungen ermöglichen[227]. Durch den gesetzlich vorgesehenen Vorrang der Rechtsfolge der Vertragsanpassung kann das Ziel eines Risikoausgleichs mit hoher Flexibilität und unter Beachtung der Interessen beider Vertragsparteien herbeigeführt werden.

Ohne weiteres mit dem Rechtscharakter von Betriebsvereinbarungen vereinbar erscheint der Gedanke, dass Verträgen bestimmte Umstände zugrunde gelegt werden können, die nicht zum Vertragsinhalt geworden sind, aber die von den Vertragsparteien bei Vertragsabschluss als wesentlich angesehen wurden. Da es sich bei Betriebsvereinbarungen nach zutreffender Ansicht um Verträge handelt, die durch übereinstimmende Willenserklärungen der Betriebsparteien zustande kommen[228], können die Betriebsparteien ihren Erklärungen auch bestimmte Umstände oder Vorstellungen zugrunde legen, die zwar keine Aufnahme in die Vereinbarung selbst gefunden, aber den Abschluss der Betriebsvereinbarung wesentlich beeinflusst haben[229]. So ist es beispielsweise denkbar, dass die Betriebsparteien beim Abschluss einer Betriebsvereinbarung bestimmte Vorstellungen über die Verhältnisse im Betrieb oder die Finanzierung der in der Vereinbarung zugesagten Leistungen hatten. Haben Arbeitgeber und Betriebsrat beispielsweise für die für einen begrenzten Zeitraum erforderliche Fahrt der Arbeitnehmer zu einer weit vom vertraglich vereinbarten Arbeitsort entfernt liegenden Arbeitsstätte die monatliche Zahlung eines pauschalen Wegegeldes vereinbart, so liegt der Vereinbarung die Vorstellung zugrunde, dass ein Ausgleich für die besonders belastende, lange Wegstrecke geschaffen werden soll[230].

Daneben findet sich auch der Gedanke der Unzumutbarkeit nicht nur in § 313 BGB, sondern auch im Betriebsverfassungsrecht wieder. Der Unzumutbarkeitsgrundsatz leitet sich aus dem die gesamte Rechtsordnung prägenden

---

[227] Vgl. die Ausführungen zur Störung der Geschäftsgrundlage in BT-Drucks. 14/6040, S. 175.

[228] *Kreutz* in: GK-BetrVG, § 77 Rn. 35-37; *Hess/Schlochauer/Worzalla/Glock*, BetrVG, § 77 Rn. 5; *Galperin/Löwisch*, BetrVG, § 77 Rn. 6; *Weiss/Weyand*, BetrVG, § 77 Rn. 11; *v. Hoyningen-Huene*, Betriebsverfassungsrecht, S. 218.

[229] Vgl. die Ausführungen in BAG vom 10.8.1994, AP Nr. 86 zu § 112 BetrVG 1972; BAG vom 28.8.1996, AP Nr. 104 zu § 112 BetrVG 1972.

[230] Vgl. den Sachverhalt in BAG vom 24.3.1981, AP Nr. 12 zu 112 BetrVG 1972, wo in einem Sozialplan ein Wegegeld zum Ausgleich des längeren Fahrtwegs an eine neue Arbeitsstätte vereinbart worden war.

Verhältnismäßigkeitsgrundsatz her, der seine Wurzeln wiederum in Art. 20 Abs. 3 GG hat[231]. Gemäß Art. 20 Abs. 3 GG ist die Gesetzgebung an die verfassungsmäßige Ordnung, die vollziehende Gewalt und die Rechtsprechung an Gesetz und Recht gebunden. Als Teil dieser Bindung stellt der Verhältnismäßigkeitsgrundsatz eine übergreifende Leitregel für jegliches staatliche Handeln dar[232]. Rechtliche Beeinträchtigungen sind hiernach zwar grundsätzlich in jeder Art menschlichen Zusammenlebens hinzunehmen, sie müssen jedoch für die Betroffenen zumutbar sein. Ist die Zumutbarkeitsgrenze überschritten, sind die beeinträchtigenden Regelungen, Vereinbarungen oder Rechtsakte als unwirksam anzusehen[233].

Das Bestehen einer Unzumutbarkeitsgrenze im Betriebsverfassungsrecht ergibt sich daraus, dass jede Betriebsvereinbarung in ihrer Wirkung durch die Geltung zwingenden staatlichen Rechts begrenzt wird[234]. Die Betriebsautonomie steht unter dem Vorbehalt des Gesetzes[235]. Betriebsvereinbarungen dürfen daher nicht gegen zwingendes Gesetzes- und Richterrecht verstoßen[236]. So darf durch Betriebsvereinbarungen beispielsweise nicht von allseits zwingenden Arbeitnehmerschutzvorschriften, wie beispielsweise dem MuSchG, abgewichen werden. Eine Abweichung von gesetzlichen Regelungen ist zwar möglich, wenn diese Regelungen dispositiv gestaltet sind[237]. Darüber hinaus wird jedoch eine allgemeine Grenze für den zulässigen Inhalt von Betriebsvereinbarungen durch die grundsätzlichen Wertentscheidungen des Grundgesetzes und vor allem durch den Grundsatz der Verhältnismäßigkeit gesetzt[238].

Die Grenze der Unzumutbarkeit hat zudem auch konkrete Anknüpfungspunkte im BetrVG gefunden. Die überwiegende Ansicht in der Literatur nimmt an, dass der Grundsatz der Verhältnismäßigkeit einen der Grundsätze darstellt, die gemäß § 75 Abs. 1 BetrVG von den Betriebsparteien bei der Ausübung ihrer Tä-

---

[231] *Sachs* in: Sachs, GG, Art. 20 Rn. 149-157; *Stern,* Staatsrecht, S. 861, 866; *Sommermann* in: v. Mangoldt/Klein/Starck, GG, Art. 20 Rn. 298.

[232] BVerfG vom 15.12.1965, BVerfGE 19, S. 342, 348 f., BVerfG vom 12.5.1987, BVerfGE 76, S. 1, 50 f.

[233] *Sachs* in: Sachs, GG, Art. 20 Rn. 154.

[234] BAG vom 17.1.1974, AP Nr. 3 zu § 1 BUrlG; *Wlotzke,* BetrVG, § 77 Ziff. II 6 c; *Fitting/Engels/Schmidt/Trebinger/Linsenmaier,* BetrVG, § 77 Rn. 53-55; *Richardi* in: Richardi, BetrVG, § 77 Rn. 91.

[235] *Richardi* in: Richardi, BetrVG, § 77 Rn. 91.

[236] BAG vom 17.1.1974, AP Nr. 3 zu § 1 BUrlG; *Fitting/Engels/Schmidt/Trebinger/Linsenmaier,* BetrVG, § 77 Rn. 53.

[237] *Richardi* in: Richardi, BetrVG, § 77 Rn. 91; *Hess/Schlochauer/Worzalla/Glock,* BetrVG, § 77 Rn. 70

[238] *Fitting/Engels/Schmidt/Trebinger/Linsenmaier,* BetrVG, § 77 Rn. 53, *Kreutz* in: GK-BetrVG, § 77 Rn. 306; *Travlos-Tzanetatos,* Regelungsbefugnis, S. 75-77.

tigkeit im Verhältnis zu den Arbeitnehmern zu beachten sind[239]. Gemäß § 75 Abs. 1 1. HS BetrVG haben Arbeitgeber und Betriebsrat darüber zu wachen, dass alle im Betrieb tätigen Personen nach den Grundsätzen von Recht und Billigkeit behandelt werden. Nach anderer Ansicht leitet sich die Bindung der Betriebsparteien an den Verhältnismäßigkeitsgrundsatz dagegen aus § 75 Abs. 2 BetrVG her[240]. § 75 Abs. 2 S. 1 BetrVG verpflichtet Arbeitgeber und Betriebsrat, die freie Entfaltung der Persönlichkeit der Arbeitnehmer im Betrieb zu schützen und zu fördern. Die Streitigkeit über die Herleitung einer Bindung der Betriebsparteien an den Verhältnismäßigkeitsgrundsatz bleibt jedoch in der Praxis ohne Auswirkungen, da sich die Literatur über das grundsätzliche Bestehen einer solchen Bindung einig ist.

Der Verhältnismäßigkeitsgrundsatz verbietet den Betriebsparteien, durch Betriebsvereinbarungen in grundrechtlich geschützte Positionen der Arbeitnehmer einzugreifen, ohne dass dieser Eingriff zur Erreichung des gewünschten Ziels geeignet, erforderlich und angemessen ist[241]. Die Vereinbarkeit einer Betriebsvereinbarung mit höherrangigem Recht und speziell die Einhaltung des Verhältnismäßigkeitsgrundsatzes kann daher auch durch die Arbeitsgerichtsbarkeit umfassend überprüft werden[242].

Daneben gilt der Verhältnismäßigkeitsgrundsatz aber auch im Verhältnis der Betriebsparteien zueinander, indem er deren Regelungskompetenz zum Abschluss einer Betriebsvereinbarung begrenzt. Der Grundsatz der vertrauensvollen Zusammenarbeit gemäß § 2 Abs. 1 BetrVG verpflichtet die Betriebsparteien, beim Abschluss einer Betriebsvereinbarung das Wohl der Arbeitnehmer und des Betriebes zu beachten[243]. Ist jedoch die durch eine Betriebsvereinbarung herbeigeführte Bindung des Arbeitgebers oder der Arbeitnehmer für eine der beiden Parteien unzumutbar, so sind Betriebswohl oder Arbeitnehmerwohl nicht mehr gewahrt.

---

[239] *Kreutz* in: GK-BetrVG, § 77 Rn. 306; *Biberacher*, Rechtssetzungsmacht, S. 129; *Canaris*, JuS 1989, S. 161, 169; *Hess/Schlochauer/Worzalla/Glock*, BetrVG, § 77 Rn. 20, 70.

[240] *Hammer, Michael*, Schutzpflicht, S. 114 ff.

[241] *Richardi* in: Richardi, BetrVG, § 77 Rn. 100-102 und 170; siehe auch *Ahrens*, NZA 1999, S. 686, 689 ff; *Kallrath*, Kontrolle, S. 155 f.

[242] Nach der Rechtsprechung umfasst die gerichtliche Überprüfung auch eine Billigkeitskontrolle der getroffenen Regelungen: BAG vom 30.1.1970, AP Nr. 142 zu § 242 BGB, Ruhegehalt; BAG vom 1.12.1992, AP Nr. 3 zu § 77 BetrVG 1972, Tarifvorbehalt; *Fitting/Engels/Schmidt/Trebinger/Linsenmaier*, BetrVG, § 77 Rn. 231. Für eine reine Rechtskontrolle dagegen: *Richardi* in: Richardi, BetrVG, § 77 Rn. 118; *Kreutz* in: GK-BetrVG, § 77 Rn. 299-306; *v. Hoyningen-Huene*, BB 1992, S. 1640, 1641; *Blomeyer*, DB 1984, 927, 928; *Jobs*, ArbuR 1986, S. 147.

[243] *Fitting/Engels/Schmidt/Trebinger/Linsenmaier*, BetrVG, § 2 Rn. 56; *Richardi* in: Richardi, BetrVG, § 2 Rn. 15 f.

Die Unzumutbarkeit begrenzt daher die Regelungskompetenz der Betriebsparteien zum Abschluss einer Betriebsvereinbarung sowohl im Verhältnis zu den Arbeitnehmern als auch im Verhältnis der Betriebsparteien zueinander. Aus dieser Grenzziehung lässt sich folgern, dass die Betriebsparteien auch bei der durch eine Änderung der äußeren Umstände oder einen anfänglichen Irrtum hervorgerufenen Unzumutbarkeit einer Betriebsvereinbarung die Möglichkeit haben müssen, eine Anpassung der Vertragsbindung an die geänderten Umstände herbeizuführen. Zwar bietet sich zur Reaktion auf die Unzumutbarkeit einer Betriebsvereinbarung auch die Ausübung eines ordentlichen oder außerordentlichen Kündigungsrechts an. Für eine Anwendung von § 313 BGB anstelle der Kündigung der Vereinbarung spricht jedoch die flexible Rechtsfolge der Vertragsanpassung[244]. Durch die Anpassung einer Betriebsvereinbarung wird es den Betriebsparteien möglich, auf die Unzumutbarkeit zu reagieren, ohne hierdurch eine vollständige Beendigung der vereinbarten Regelungen herbeizuführen. Der Inhalt der Betriebsvereinbarung entfällt nicht, sondern bleibt soweit wie möglich erhalten. Für die Arbeitnehmer bedeutet die Möglichkeit der Vertragsanpassung die weitmöglichste Kontinuität der innerbetrieblichen Normenordnung, für die Betriebsparteien den weitmöglichsten Erhalt eines möglicherweise erst nach langwierigen Verhandlungen zustande gekommenen Verhandlungsergebnisses. Auch das BAG hat die Flexibilität der Rechtsfolge der Vertragsanpassung als einen wesentlichen Gesichtspunkt für die Anwendung des Wegfalls der Geschäftsgrundlage auf Betriebsvereinbarungen angesehen[245].

Im Ergebnis spricht daher sowohl der vertragliche Charakter von Betriebsvereinbarungen als auch die Geltung der Unzumutbarkeitsgrenze im Betriebsverfassungsrecht deutlich für eine Anwendbarkeit von § 313 BGB auf Betriebsvereinbarungen. Die Rechtsfolge der Vertragsanpassung gemäß § 313 Abs. 3 BGB bietet zudem eine Handhabe zur Reaktion auf die Unzumutbarkeit des Festhaltens an einer Betriebsvereinbarung, die die Interessen der Betriebsparteien und der Arbeitnehmer besser wahrt als die Kündigung der Betriebsvereinbarung gemäß § 314 BGB.

2. Bedenken aufgrund der normativen Wirkung von Betriebsvereinbarungen

Bedenken gegen die Übertragbarkeit von § 313 BGB auf Betriebsvereinbarungen ergeben sich allenfalls daraus, dass Betriebsvereinbarungen gemäß § 77 Abs. 4 S. 1 BetrVG unmittelbare und zwingende Wirkung haben[246]. Obwohl sich das Zustandekommen von Betriebsvereinbarungen nach den Regeln des

---

[244] So im Ergebnis auch *Eckert*, AR-Blattei SD, Ziff. 1790, Rn. 75, sowie *Fitting/Engels/Schmidt/Trebinger/Linsenmaier*, BetrVG, § 77 Rn. 152.

[245] BAG vom 10.8.1994, AP Nr. 86 zu § 112 BetrVG 1972, unter II 3 c) aa) der Gründe.

[246] Vgl. die Bedenken des LAG München in seiner Entscheidung vom 13.1.1989, NZA 1989, S. 512, 513.

allgemeinen Teils des BGB über das Zustandekommen von Verträgen richtet, entfalten sie im Gegensatz zu bürgerlich-rechtlichen Verträgen gesetzesgleiche Wirkung gegenüber den am Abschluss der Betriebsvereinbarung nicht beteiligten Arbeitnehmern.

Bei erstem Hinsehen begründet erscheint daher das von der Mindermeinung in Literatur und Rechtsprechung vorgebrachte Argument, die Anwendung der Störung der Geschäftsgrundlage auf Betriebsvereinbarungen verstoße gegen Vertrauensschutzgesichtspunkte, weil die Arbeitnehmer weder von der Geschäftsgrundlage einer Betriebsvereinbarung, noch von dem Zeitpunkt Kenntnis hätten, ab dem die abgeänderte Vereinbarung gelte[247].

Das Prinzip der Rechtssicherheit und des Vertrauensschutzes besagt, dass Unsicherheiten bei der Anwendung des Rechtes prinzipiell vermieden werden müssen. Der Normadressat muss stets die Möglichkeit haben zu erkennen, welche Normvorgaben von ihm zu beachten sind[248]. Nicht schutzwürdig sind die Betroffenen jedoch, wenn sie objektiv nicht mit dem Fortbestand der Regelung rechnen können, und vor allem, wenn deren weitere Geltung zweifelhaft war[249].

Bei einer Störung der Geschäftsgrundlage liegt jedoch regelmäßig eine Situation vor, in der die Arbeitnehmer objektiv mit der unveränderten Fortgeltung einer Betriebsvereinbarung für die Zukunft nicht mehr rechnen konnten. Selbst wenn die Arbeitnehmer keine Kenntnis von der Geschäftsgrundlage hatten, können sie ab dem Zeitpunkt, in dem sich eine der Betriebsparteien auf § 313 BGB berufen hat, nicht mehr auf das unveränderte Fortbestehen einer Betriebsvereinbarung für die Zukunft vertrauen. Die Beschränkung des Vertrauensschutzes zeigt sich auch darin, dass die Betriebsparteien nach der herrschenden Literaturansicht bei Vorliegen eines wichtigen Kündigungsgrundes auch die Möglichkeit der außerordentlichen Kündigung einer auf Dauer angelegten Betriebsvereinbarung für die Zukunft haben[250]. Die Störung der Geschäftsgrundlage mit ihrer Rechtsfolge der Vertragsanpassung stellt aber gegenüber der außerordentlichen Kündigung sogar einen weniger starken Eingriff in die bisher gültigen Regelungen dar, weil sie vorrangig zur Abänderung der Vereinbarung führt[251].

---

247 Vgl. *Eckert*, AR-Blattei SD, Ziff. 1790, Rn. 74; LAG München vom 13.1.1989, NZA 1989, S. 512.

248 *Stein/Frank*, Staatsrecht, § 20 II 4; *Sachs* in: Sachs, GG, Art. 20 Rn. 131; *Sommermann* in: v. Mangoldt/Klein/Starck, GG, Art. 20 Rn. 282 f.

249 *Stern*, Staatsrecht, S. 833 f.; *Sachs* in: Sachs, GG, Art. 20 Rn. 134.

250 *Fitting/Engels/Schmidt/Trebinger/Linsenmaier*, BetrVG, § 77 Rn. 151; *Richardi* in: Richardi, BetrVG, § 77 Rn. 201; *Berg* in: Däubler/Kittner/Klebe, BetrVG, § 77 Rn. 54.

251 Vgl. auch die Ausführungen in BAG vom 10.8.1994, AP Nr. 86 zu § 112 BetrVG 1972, unter II 3 c) aa) der Gründe.

Von Bedeutung erscheint der Vertrauensschutz der Arbeitnehmer allerdings, wenn die Anpassung einer Betriebsvereinbarung gemäß § 313 Abs. 1 BGB dazu führt, dass rückwirkend in Arbeitnehmeransprüche eingegriffen wird, deren Entstehensvoraussetzungen die Arbeitnehmer in der Vergangenheit bereits vollständig erfüllt hatten. In diesem Fall hatten die Arbeitnehmer grundsätzlich Anlass, auf das unveränderte Fortbestehen ihrer erworbenen Besitzstände zu vertrauen. Die Frage, inwieweit bei der Störung der Geschäftsgrundlage einer Betriebsvereinbarung auch in bereits entstandene Ansprüche der Arbeitnehmer eingegriffen werden kann, stellt sich jedoch erst bei der Vertragsanpassung, die stets eine Abwägung erfordert, ob eine zumutbare Vertragsbindung unter der Beachtung der Parteiinteressen wieder hergestellt werden kann[252]. Der Gesichtspunkt des Schutzes des Vertrauens der Arbeitnehmer in den Fortbestand bereits erworbener Besitzstände steht daher der Anwendbarkeit von § 313 BGB auf Betriebsvereinbarungen grundsätzlich nicht entgegen.

Schließlich muss auch der Einwand, den Arbeitnehmern sei der Zeitpunkt des Eintritts der Störung der Geschäftsgrundlage nicht erkennbar, nach der heutigen Rechtslage als überholt gelten. Die frühere Rechtslage, wonach die Rechtsfolgen des Wegfalls bzw. Fehlens der Geschäftsgrundlage ipso jure eintraten[253], führte dazu, dass der genaue zeitliche Anknüpfungspunkt des Wegfalls der Geschäftsgrundlage oft unklar war. Da § 313 BGB aber nach zutreffender Ansicht die Geltendmachung der Vertragsanpassung in Form einer Gestaltungserklärung erfordert, ist der zeitliche Anknüpfungspunkt der Störung der Geschäftsgrundlage heute für alle Beteiligten klar ersichtlich. Die normative Wirkung von Betriebsvereinbarungen steht daher im Ergebnis einer Anwendung von § 313 BGB auf Betriebsvereinbarungen nicht entgegen.

3. Bedenken aufgrund der Rechtsfolge der Vertragsanpassung

Bedenken gegen die Anwendbarkeit von § 313 BGB auf Betriebsvereinbarungen ergeben sich auch aus den Rechtfolgen der Störung der Geschäftsgrundlage. So scheint die von der Regierungsbegründung vorgesehene Durchsetzung der Vertragsanpassung durch eine direkt auf die angepasste Leistung gerichtete Klage zum einen der normativen Wirkung von Betriebsvereinbarungen und zum anderen auch dem Grundsatz der Betriebsautonomie zu widersprechen.

---

[252] Vgl. zum Eingriff in bereits entstandene Ansprüche der Arbeitnehmer die Ausführungen im 5. Teil.

[253] BGH vom 9.4.1970, BGHZ 54, S. 145, 155; BGH vom 19.11.1971, NJW 1972, S. 152 f.; *Teichmann* in: Soergel, BGB, § 242 Rn. 262; vgl. auch die Erläuterung in BT-Drucksache 14/6040, S. 175.

a. Bedenken gegen die direkte Geltendmachung einer angepassten Leistung

Bei einer Analyse des Inhalts und des Rechtscharakters von Betriebsvereinbarungen zeigt sich, dass die Geltendmachung einer angepassten Leistung durch die Betriebsparteien, wie sie die Regierungsbegründung zu § 313 BGB bei bürgerlich-rechtlichen Verträgen vorsieht, bei Betriebsvereinbarungen nicht möglich ist. Ein vereinbartes Austauschverhältnis von Leistung und Gegenleistung zwischen den Betriebsparteien kann nicht zum Gegenstand einer Betriebsvereinbarung werden[254], denn schuldrechtliche Verpflichtungen zwischen Arbeitgeber und Betriebsrat können nach zutreffender Ansicht nur die Form von einfachen Regelungsabreden annehmen[255].

Durch Betriebsvereinbarungen können allerdings Leistungsverpflichtungen des Arbeitgebers an die Arbeitnehmer vereinbart werden. Zu beachten ist jedoch, dass auch die Vereinbarung solcher Leistungen nicht unbegrenzt möglich ist. Nur in wenigen Fällen kann der Abschluss einer Betriebsvereinbarung über die Gewährung von finanziellen Leistungen an die Arbeitnehmer vor der Einigungsstelle erzwungen werden. So hat der Betriebsrat ein erzwingbares Mitbestimmungsrecht bei der Festsetzung von Akkord- oder Prämienlöhnen und vergleichbaren leistungsbezogenen Entgelten gemäß § 87 Abs. 1 Nr. 11 BetrVG. Gleichermaßen besteht ein solches Mitbestimmungsrecht bei der Aufstellung einer Lohnordnung[256]. Wegen des in § 87 Abs. 1 S. 1 BetrVG geregelten Tarifvorrangs bestehen diese Mitbestimmungsrechte jedoch nach der Rechtsprechung des BAG und einem bedeutenden Teil der Literaturstimmen nur, wenn der jeweilige Regelungsgegenstand nicht bereits durch Tarifvertrag geregelt ist[257].

Aber auch durch freiwillige Betriebsvereinbarungen ist die Vereinbarung von Leistungspflichten des Arbeitgebers gegenüber den Arbeitnehmern nur begrenzt möglich. Gemäß § 77 Abs. 3 S. 1 BetrVG können Arbeitsentgelte, die durch Tarifvertrag geregelt sind oder üblicherweise geregelt werden, nicht zum Inhalt

---

[254] *Beathalter,* Gestaltungsmöglichkeiten, S. 229 f.

[255] *Kreutz* in: GK-BetrVG, § 77 Rn. 187-189; *Hanau/Kania* in: Erfurter Kommentar, § 77 BetrVG, Rn. 31; *Hanau,* AuA 1995, S. 401, 402; *Birk,* ZfA 1986, S. 73, 79; a. A. *v. Hoyningen-Huene,* Betriebsverfassungsrecht, S. 222 f., *Richardi* in: Richardi, BetrVG, § 77 Rn. 55; *Fitting/Engels/Schmidt/Trebinger/Linsenmaier,* BetrVG, § 77 Rn. 50.

[256] Fitting/Engels/Schmidt/Trebinger/Linsenmaier, BetrVG, § 87 Rn. 50.

[257] BAG GS vom 3.12.1991, AP Nr. 51 zu § 87 BetrVG, Lohngestaltung; BAG vom 14.2.1989, AP Nr. 40 zu § 77 BetrVG; *Berg* in: Däubler/Kittner/Klebe, BetrVG, § 87 Rn. 32; *Löwisch/Kaiser,* BetrVG, § 77 Rn. 61; *Zachert,* NZA 1988, S. 185, 188; *Heinze,* NZA 1989, S. 41, 47 (sog. „Vorrangtheorie"). Nach der Gegenansicht macht auch die reine Tarifüblichkeit einer Regelung den Abschluss einer Betriebsvereinbarung über diesen Regelungsinhalt unzulässig: *Hess/Schlochauer/Worzalla/Glock,* § 87 BetrVG, Rn. 62; *Richardi* in: Richardi, BetrVG, § 87 Rn. 167; *Wiese* in: BK-BetrVG, § 87 Rn. 52 f.; *Zöllner/Loritz,* Arbeitsrecht, S. 571 f.; *Wank,* RdA 1991, S. 129, 137 f.; *Walker,* ZfA 1996, S. 353, 357; *Thüsing,* ZTR 1996, S. 146, 150.

einer Betriebsvereinbarung gemacht werden. Bei Arbeitsentgelten handelt es sich um jede Art von zahlbarer Vergütung oder Sachleistung des Arbeitgebers, wie beispielsweise Lohn, Prämien, Gratifikationen, Familienzulagen, Gewinnbeteiligungen oder ähnliche Leistungen[258]. Die Sperrwirkung des § 77 Abs. 3 S. 1 BetrVG gilt dabei auch, wenn Regelungen über bestimmte Arbeitsentgelte nur tarifüblich sind. Von der Tarifüblichkeit einer Regelung ist nach herrschender Ansicht auszugehen, wenn in Tarifverträgen, die für den räumlichen, betrieblichen und fachlichen Tätigkeitsbereich des Betriebes gelten, üblicherweise eine Regelung über die jeweiligen Arbeitsbedingungen geschlossen wird[259]. Da in einer großen Anzahl von Branchen Lohntarifverträge existieren und auch Gratifikationen, Zulagen und sonstige Versorgungsleistungen regelmäßig zum Gegenstand von Tarifverträgen gemacht werden, bleibt daher wegen der Regelungssperre des § 77 Abs. 3 S. 1 BetrVG oftmals nur ein begrenzter Spielraum zur Vereinbarung freiwilliger arbeitgeberseitiger Leistungen in Betriebsvereinbarungen.

Sind solche freiwilligen Leistungen vereinbart, so ergibt sich jedoch aus der normativen Wirkung von Betriebsvereinbarungen, dass nur die Arbeitnehmer selbst die vereinbarten Leistungen gerichtlich durchsetzen können. Der Betriebsrat ist dagegen nicht Gläubiger der Leistungen und daher auch nicht dazu befugt, aus eigenem Recht auf die Erfüllung von Ansprüchen zu klagen, die den Arbeitnehmern aufgrund der in einer Betriebsvereinbarung getroffenen Regelungen zustehen[260]. Kommt es zur Störung der Geschäftsgrundlage einer Betriebsvereinbarung, so können die Betriebsparteien daher nicht die Erbringung der angepassten Leistungen an die Arbeitnehmer geltend machen. Umgekehrt sind die Arbeitnehmer als Adressaten der Normwirkung von Betriebsvereinbarungen zwar Gläubiger der Leistungen, sie können jedoch nicht die Anpassung einer Betriebsvereinbarung gemäß § 313 BGB herbeiführen, weil sie selbst nicht Vertragspartner der Betriebsvereinbarung sind[261]. Um die Rechtsfolgen von § 313 BGB sinnvoll durchsetzen zu können, müssen daher die Betriebsparteien statt der angepassten Leistung die eigentliche Anpassung der Betriebsvereinbarung geltend machen können.

Betrachtet man den Wortlaut von § 313 BGB, so ergibt sich jedoch, dass die bloße Geltendmachung der Anpassung des Wortlauts der Betriebsvereinbarung nicht gegen zwingende gesetzliche Vorgaben verstößt. Die direkt auf die ange-

---

[258] *Hess/Schlochauer/Worzalla/Glock*, BetrVG, § 77 Rn. 130; *Richardi* in: Richardi, BetrVG, § 77 Rn. 253; *Fitting/Engels/Schmidt/Trebinger/Linsenmaier,* BetrVG, § 77 Rn. 70; *Berg* in: Däubler/Kittner/Klebe, BetrVG, § 77 Rn. 63.

[259] Hess/Schlochauer/Worzalla/Glock, BetrVG, § 77 Rn. 146; Richardi in: Richardi, BetrVG, § 77 Rn. 267-273; Fitting/Engels/Schmidt/Trebinger/Linsenmaier, § 77 Rn. 90.

[260] BAG vom 17.10.1989, AP Nr. 53 zu § 112 BetrVG; *Hanau/Kania* in: Erfurter Kommentar, § 77 BetrVG, Rn. 12.

[261] Vgl. BAG vom 17.2.1981, AP Nr. 11 zu § 112 BetrVG 1972, unter II 2 c der Gründe.

passte Leistung gerichtete Klage wird nur in der Regierungsbegründung genannt, sie hat jedoch keinen Eingang in den Wortlaut von § 313 BGB gefunden. Es besteht daher in § 313 BGB eine Regelungslücke zur Durchsetzung des Anspruchs auf Vertragsanpassung. Füllt man diese Regelungslücke sinnvoll aus, so ergibt sich, dass die auf die angepasste Leistung gerichtete Klage zwar bei bürgerlich-rechtlichen Verträgen im Regelfall einen sinnvollen Weg zur Beschleunigung und Vereinfachung einer Durchsetzung des Anpassungsanspruchs bietet. Es gibt jedoch auch Fälle, in denen die direkte Geltendmachung einer angepassten Leistung aufgrund der Besonderheiten des Vertrages nicht sinnvoll oder sogar nicht möglich ist. So macht auch bei bürgerlich-rechtlichen Verträgen eine direkt auf die angepasste Leistung gerichtete Klage nicht immer Sinn. Handelt es sich bei dem Vertrag, dessen Geschäftsgrundlage gestört ist, beispielsweise um ein Darlehen, dessen erste Rückzahlungsrate erst nach Ablauf eines Jahres fällig wird, so kann es sinnvoll sein, bereits vor Fälligkeit eine Anpassung des gesamten Vertragsinhalts herbeizuführen, um von Anfang an Rechtssicherheit zu schaffen. Bei Betriebsvereinbarungen ist es dagegen nicht nur sinnvoll, sondern auch zwingend notwendig, die Durchsetzung des Anpassungsanspruchs auf die Anpassung des Wortlauts der Betriebsvereinbarung zu richten. Die Durchsetzung des Anpassungsanspruchs muss daher anstelle einer direkt auf die angepasste Leistung gerichteten Klage auch durch die Geltendmachung der Anpassung des Wortlauts des Vertrags erfolgen können, wenn dies prozessökonomisch sinnvoll ist oder die Interessen der Parteien nicht anders gewahrt werden können.

Die bei Betriebsvereinbarungen erforderliche Geltendmachung einer inhaltlichen Anpassung des Wortlauts der jeweiligen Betriebsvereinbarung widerspricht daher nicht einer Anwendbarkeit von § 313 BGB auf Betriebsvereinbarungen.

b. Bedenken gegen die Durchsetzung der Vertragsanpassung vor Gericht

Bedenken gegen die Anwendung von § 313 BGB auf Betriebsvereinbarungen könnten sich allerdings deshalb ergeben, weil die Vertragsanpassung im bürgerlichen Recht gerichtlich durchsetzbar ist, während im Betriebsverfassungsrecht mit der gemäß § 76 Abs. 1 BetrVG zu bildenden Einigungsstelle eine besondere Institution zur Beilegung von Meinungsverschiedenheiten zwischen Arbeitgeber und Betriebsrat, Gesamtbetriebsrat oder Konzernbetriebsrat besteht.

Die Einigungsstelle ist nach der überwiegend in der Literatur vertretenen Ansicht kein Gericht, Schiedsgericht oder eine öffentlich-rechtliche Behörde, sondern ein eigenständiges Organ der Betriebsverfassung und als solches eine Institution der betrieblichen Schlichtung[262]. Sie dient von Gesetzes wegen dazu, bestehende Konflikte zwischen den Betriebsparteien zu lösen, um eine Behinderung der Arbeitsabläufe im Betrieb zu vermeiden[263]. Gemäß § 76 Abs. 2 S. 1 BetrVG ist die Einigungsstelle mit der gleichen Anzahl von Beisitzern, die vom Arbeitgeber und Betriebsrat bestellt werden, sowie einem unparteiischen Vorsitzenden besetzt, auf den sich die Betriebsparteien einigen müssen und der im Streitfall durch das Arbeitsgericht bestellt wird.

Das BetrVG enthält mehr als zwanzig Fälle, in denen der Spruch der Einigungsstelle eine Einigung zwischen Arbeitgeber und Betriebsrat ersetzt. Eine erzwingbare Durchsetzung von Mitbestimmungsrechten vor der Einigungsstelle sehen beispielsweise § 37 Abs. 6 und 7 BetrVG (Schulung von Betriebsratsmitgliedern), § 87 Abs. 2 BetrVG (Mitbestimmung in sozialen Angelegenheiten), § 94 Abs. 1 und 2 BetrVG (Mitbestimmung über Personalfragebögen und Beurteilungsgrundsätze), § 109 BetrVG (Auskunft an den Wirtschaftsausschuss bzw. Betriebsrat) und § 112 Abs. 4 BetrVG (Aufstellung eines Sozialplanes bei Betriebsänderungen) vor. Im Rahmen dieser gesetzlichen Zuweisungen ist die Entscheidung der Einigungsstelle für die Betriebsparteien verbindlich. Es handelt sich beim Einigungsstellenverfahren gemäß § 76 Abs. 5 BetrVG mithin um ein gesetzliches Verfahren der Zwangsschlichtung.

Aber auch in anderen als den ihr gesetzlich zur verbindlichen Entscheidung zugewiesenen Angelegenheiten kann die Einigungsstelle schlichtend tätig werden. Voraussetzung eines Tätigwerdens der Einigungsstelle im Rahmen dieser freiwilligen Mitbestimmung ist nach § 76 Abs. 6 S. 1 BetrVG das Einverständnis der Betriebsparteien mit dem Tätigwerden der Einigungsstelle. Die Betriebsparteien müssen sich dem Spruch der Einigungsstelle gemäß § 76 Abs. 6 S. 2 BetrVG im Voraus unterwerfen oder ihn nachträglich annehmen.

Die Entscheidungskompetenz der Einigungsstelle in Angelegenheiten erzwingbarer Mitbestimmung umfasst ohne Einschränkung die Entscheidung von Regelungsstreitigkeiten zwischen den Betriebsparteien[264]. Bei Regelungsstreitigkeiten handelt es sich um Streitigkeiten, wie eine bestimmte betriebsverfassungsrechtliche Angelegenheit am besten sachgerecht und zweckmäßig geregelt werden kann[265]. Maßgeblich ist dabei stets die Frage, „was künftig im Betrieb rech-

---

[262] *Pünnel/Isenhardt,* Einigungsstelle, S. 4, Rn. 5; *Gaul,* Einigungsstelle, B I, Rn. 11; *Oechsler/Schönfeld,* Konfliktlösungsmechanismus, S. 10 f.

[263] *Neft/Ocker,* Die Einigungsstelle, Rn. 2 f.; *Oechsler/Schönfeld,* Konfliktlösungsmechanismus, S. 3.

[264] *Gaul,* Einigungsstelle, C II, Rn. 8; *Weber/Ehrich,* Einigungsstelle, S. 66 f.; *Schönfeld,* Verfahren, S. 27, 38 f.; *Kreutz* in: GK-BetrVG, § 76 Rn. 23; *Fitting/Engels/Schmidt/Trebinger/Linsenmaier,* BetrVG, § 76 Rn. 81;

[265] *Neft/Ocker,* Die Einigungsstelle, Rn. 23; *Richardi* in: Richardi, BetrVG, § 76 Rn. 26. *Fitting/Kaiser/Heither/Engels/Schmidt,* BetrVG, § 76 Rn. 81.

tens sein soll“[266]. Kennzeichnend für Regelungsstreitigkeiten ist vor allem, dass es stets mehrere Lösungen für die der Einigungsstelle vorgelegten Fragestellung gibt, von denen die Einigungsstelle die sinnvollste und sachgerechteste finden muss[267]. Über ihre Kompetenz zur Entscheidung von Regelungsstreitigkeiten hinaus kann die Einigungsstelle allerdings nach herrschender Ansicht im erzwingbaren Einigungsstellenverfahren auch über Rechtsfragen entscheiden, die mit den ihr zugewiesenen Regelungsfragen in notwendigem Zusammenhang stehen[268]. Rechtsstreitigkeiten sind im Gegensatz zu Regelungsstreitigkeiten dadurch gekennzeichnet, dass ihre Entscheidung stets nur zu einem zutreffenden Ergebnis führen kann. Es geht bei Rechtsstreitigkeiten allein um die Feststellung, „was rechtens ist“[269]. So erfasst die Entscheidungskompetenz der Einigungsstelle über Rechtsfragen beispielsweise stets die Entscheidung über die eigene Zuständigkeit[270]. Zudem ist es auch die Aufgabe der Einigungsstelle zu überprüfen, ob ein geltend gemachtes erzwingbares Mitbestimmungsrecht überhaupt besteht und ob sich ihr Spruch in den durch das BetrVG sowie durch das höherrangige zwingende Gesetzesrecht gezogenen Grenzen hält[271].

In Angelegenheiten freiwilliger Mitbestimmung kann die Einigungsstelle dagegen nach herrschender Ansicht sowohl über Regelungs- als auch über Rechtsstreitigkeiten entscheiden, wobei die Entscheidungskompetenz über Rechtsstreitigkeiten allerdings auf Angelegenheiten beschränkt ist, die in den Zuständigkeitsbereich der Betriebsparteien fallen[272].

Im Gegensatz zur Einigungsstelle können die Arbeitsgerichte nicht gleichermaßen über Rechts- und Regelungsfragen aus dem BetrVG entscheiden. Zwar erstreckt sich die Zuständigkeit der Arbeitsgerichte im Beschlussverfahren gemäß § 2 a Abs. 1 Nr. 1 ArbGG auch auf Angelegenheiten aus dem BetrVG. Diese Zuständigkeitszuweisung umfasst jedoch allein die Entscheidung von Rechts-

---

[266] *Jacobi,* Grundlehren, S. 148 f.; *Hess/Schlochauer/Worzalla/Glock,* BetrVG, § 76 Rn. 7; *Gaul,* Einigungsstelle, A II, Rn. 3; *Richardi* in: Richardi, BetrVG, § 76 Rn. 26; *Ostrowicz/Künzl/Schäfer,* Arbeitsgerichtsprozess, Rn. 317; *Germelmann/Matthes/Müller-Glöge/Prütting,* ArbGG, § 2 a Rn. 87; *Schaub,* Arbeitsgerichtsverfahren, § 57 Rn. 2.

[267] *Gaul,* Einigungsstelle, C I, Rn. 9 und C II, Rn. 8.

[268] *Rieble,* BB 1991, S. 471; *Richardi* in: Richardi, BetrVG, § 76 Rn. 27; *Berg* in: Däubler/Kittner/Klebe, BetrVG, § 76 Rn. 14; *Hess/Schlochauer/Worzalla/Glock,* BetrVG, § 76 Rn. 7-12.

[269] *Jacobi,* Grundlehren, S. 148 f.; *Richardi* in: Richardi, BetrVG, § 76 Rn. 26.

[270] BAG vom 22.1.1980, DB 1980, S. 1895; BAG vom 3.4.1979, AP Nr. 2 zu § 87 BetrVG 1972; *Weber/Ehrich,* Einigungsstelle, S. 65; *Gaul,* Einigungsstelle, C II, Rn. 9-12; *Fitting/Engels/Schmidt/Trebinger/Linsenmaier,* BetrVG, § 76 Rn. 83 f.

[271] *Neft/Ocker,* Die Einigungsstelle, Rn. 25; *Kreutz* in: GK-BetrVG, § 76, Rn. 14; *Germelmann/Matthes/Müller-Glöge/Prütting,* ArbGG, § 2 a Rn. 87.

[272] *Fitting/Kaiser/Heither/Engels/Schmidt,* BetrVG, § 76 Rn. 79; *Neft/Ocker,* Die Einigungsstelle, Rn. 20.

streitigkeiten[273]. Die regelnde Ausgestaltung der innerbetrieblichen Rechtsbeziehungen ist dagegen nach der Intention des BetrVG originäre Aufgabe der Betriebsparteien[274]. Sie ist Ausdruck der Betriebsautonomie und bleibt der Arbeitsgerichtsbarkeit verschlossen[275].

Bei der Entscheidung über die Anpassung einer Betriebsvereinbarung gemäß § 313 BGB handelt es sich jedoch schwerpunktmäßig um eine Regelungsfrage. Zwar muss die Einigungsstelle bei der Vertragsanpassung vorab auch über die Rechtsfrage des Vorliegens der Voraussetzungen von § 313 BGB mit entscheiden. Für die Kompetenz der Einigungsstelle zur Mitentscheidung über diese Vorfrage spricht, dass die Einigungsstelle auch bei der Entscheidung über Angelegenheiten der erzwingbaren Mitbestimmung nach ganz herrschender Ansicht[276] über vorab zu klärende Rechtsfragen mit entscheiden darf. Von wesentlicher Bedeutung für die Anpassungsentscheidung ist jedoch die Umgestaltung des Vertragsinhalts. Auch die zu § 313 BGB überwiegend vertretende Literaturansicht geht davon aus, dass das Gericht bei der Entscheidung über die Vertragsanpassung heute nicht mehr eine ipso jure veränderte Rechtslage feststellt, sondern selbst gestaltend tätig wird[277]. Weil der Schwerpunkt der Anpassungsentscheidung bei der Rechtsgestaltung liegt, würde die Annahme einer Entscheidungszuständigkeit des Arbeitsgerichts für die Vertragsanpassung gemäß § 313 Abs. 1 BGB dem Grundsatz der Betriebsautonomie entgegenstehen, der die innerbetriebliche Rechtsgestaltung den Betriebsparteien, bzw. im Streitfall der Einigungsstelle zuweist[278]. Richtigerweise ist daher die Entscheidung über die Anpassung einer Betriebsvereinbarung gemäß § 313 BGB nicht durch das Arbeitsgericht, sondern durch die Einigungsstelle vorzunehmen[279].

---

[273] *Gaul,* Einigungsstelle, C I, Rn. 12; *Rieble,* BB 1991, S. 471; *Kreutz* in: GK-BetrVG, § 76, Rn. 12; *Germelmann/Matthes/Müller-Glöge/Prütting,* ArbGG, § 2 a Rn. 87; *Fitting/Engels/Schmidt/Trebinger/Linsenmaier,* BetrVG, § 76 Rn. 82.

[274] *Fitting/Engels/Schmidt/Trebinger/Linsenmaier,* BetrVG, § 77 Rn. 12; *Richardi* in: Richardi, BetrVG, § 77 Rn. 64-67.

[275] Fitting/Engels/Schmidt/Trebinger/Linsenmaier, BetrVG, § 77 Rn. 228 f; Grunsky, ArbGG, § 2 a Rn. 22; Germelmann/Matthes/Müller-Glöge/Prütting, ArbGG, § 2 a Rn. 87.

[276] So unter anderem *Weber/Ehrich,* Einigungsstelle, S. 65; *Gaul,* Einigungsstelle, C II, Rn. 9-12; *Fitting/Engels/Schmidt/Trebinger/Linsenmaier,* BetrVG, § 76 Rn. 83 f.

[277] *Rögler* in: Schimmel/Buhlmann, Schuldrecht, D IV, Rn. 40; *Ehmann/Sutschet,* Schuldrecht, S. 174 f.; *Krebs* in: Dauner-Lieb/Heidel/Lepa/Ring, Schuldrecht, § 313 BGB, Rn. 53; *Hey,* in: Beiträge für Canaris, S. 21, 35 f.

[278] *Hilger* in: FS für Larenz, S. 241, 251; *Winderlich,* BB 1994, S. 2483, 2487.

[279] So auch: BAG vom 10.8.1994, AP Nr. 86 zu § 112 BetrVG; BAG vom 28.8.1996, AP Nr. 104 zu § 112 BetrVG; *Eckert,* AR-Blattei SD, Ziff. 1790, Rn. 81; *Beathalter,* Gestaltungsmöglichkeiten, S. 230-234; *Kreutz* in: GK-BetrVG, § 77 Rn. 358; für Sozialpläne: *Hess/Schlochauer/Worzalla/Glock,* BetrVG, § 112 Rn. 123 a; *Fitting/Engels/Schmidt/Trebinger/Linsenmaier,* BetrVG, § 76 Rn. 83.

Aus der Zuständigkeit der Einigungsstelle für die Entscheidung von Regelungsstreitigkeiten lässt sich aber nicht schließen, die Störung der Geschäftsgrundlage könne auf Betriebsvereinbarungen überhaupt keine Anwendung finden[280]. Wie bereits festgestellt, enthält § 313 BGB zur Durchsetzung der Vertragsanpassung eine Regelungslücke. Auch ein Organ, das die Entscheidung über die Vertragsanpassung treffen muss, ist gesetzlich nicht festgelegt. Maßgeblich ist allerdings, dass die Entscheidung über die Vertragsanpassung durch eine neutrale Instanz ergehen muss, die die von § 313 Abs. 1 BGB geforderte Interessenabwägung bei der Feststellung der Unzumutbarkeit unparteiisch vornehmen kann[281]. Eine abschließende Entscheidung darf im Streitfall nicht durch eine der Vertrags- bzw. Betriebsparteien selbst getroffen werden, da diese im Zweifel allein in ihrem eigenen Interesse entscheiden würden[282].

Mit der Einigungsstelle wird jedoch im Betriebsverfassungsrecht eine neutrale Instanz zur Entscheidung von Streitigkeiten zwischen den Betriebsparteien zur Verfügung gestellt. Die Einigungsstelle dient weder den Interessen des Arbeitgebers noch denjenigen des Betriebsrats oder der Arbeitnehmer, sondern soll durch ihre Besetzung mit Repräsentanten beider Seiten sowie einem neutralen Vorsitzenden eine unparteiische Entscheidung ermöglichen. Sie kann als gegenüber den Betriebsparteien und den Gewerkschaften verselbständigte Schlichtungsstelle Entscheidungen über die Anpassung einer Betriebsvereinbarung treffen, ohne dabei Voreingenommenheit für eine der Betriebsparteien zu zeigen[283]. Gleichzeitig hat sie durch ihre Besetzung einen besonderen Einblick in die Gegebenheiten des Betriebs, die ihr ein schnelles Verständnis der in einer Betriebsvereinbarung zu regelnden Inhalte ermöglicht. Die Einigungsstelle erfüllt daher das erforderliche Kriterium einer Unabhängigkeit von den Betriebsparteien und bietet sich als Entscheidungsgremium über die Vertragsanpassung gemäß § 313 BGB geradezu an.

Allein im Hinblick auf die Anpassung freiwilliger Betriebsvereinbarungen wirft die Annahme einer Entscheidungszuständigkeit der Einigungsstelle weitere Fragen auf. Da die Einigungsstelle über das Zustandekommen freiwilliger Betriebsvereinbarungen gemäß § 76 Abs. 6 BetrVG nicht ohne Einverständnis der Betriebsparteien entscheiden kann, stellt sich die Frage, ob ein solches Einverständnis auch bei der Anpassung einer Betriebsvereinbarung erforderlich ist. Die Entscheidungskompetenz der Einigungsstelle für die Anpassung freiwilliger Betriebsvereinbarungen soll deshalb noch einmal bei den Rechtsfolgen der Störung der Geschäftsgrundlage von Betriebsvereinbarungen genauer durchleuchtet wer-

---

280 So jedoch LAG München vom 13.1.1989, NZA 1989, S. 512 f.

281 *Beathalter*, Gestaltungsmöglichkeiten, S. 229; vgl. auch *Lörcher*, DB 1996, S. 1269, 1271.

282 Vgl. *Beathalter*, Gestaltungsmöglichkeiten, S. 229.

283 *Gaul*, Einigungsstelle, A II, Rn. 1 f.; *Neft/Ocker*, Die Einigungsstelle, Rn. 2 f.; *Schönfeld*, AuA 1990, S. 249; *Kreutz* in: GK-BetrVG, § 76 Rn. 5, *Richardi* in: Richardi, BetrVG, § 76 Rn. 6.

den[284]. An dieser Stelle bleibt jedoch festzuhalten, dass die Entscheidungskompetenz der Einigungsstelle für die Vertragsanpassung einer Anwendung von § 313 Abs. 1 BGB auf Betriebsvereinbarungen grundsätzlich nicht entgegensteht.

4. Bedenken aufgrund des Verhältnisses von § 313 BGB zur außerordentlichen Kündigung von Betriebsvereinbarungen

Bedenken gegen die Anwendung von § 313 BGB auf Betriebsvereinbarungen ergeben sich zudem aus dem Verhältnis der Störung der Geschäftsgrundlage zur Kündigung von Betriebsvereinbarungen[285].

Gemäß § 77 Abs. 5 BetrVG können Betriebsvereinbarungen – soweit nichts anderes vereinbart ist – mit einer Kündigungsfrist von drei Monaten ordentlich gekündigt werden. In der Literatur und Rechtsprechung ist daneben anerkannt, dass Betriebsvereinbarungen, die Dauerregelungen enthalten, bei Vorliegen eines wichtigen Grundes auch außerordentlich fristlos gekündigt werden können[286]. Früher wurde dieses Kündigungsrecht mit dem unter anderem aus § 626 BGB hergeleiteten allgemeinen Grundsatz begründet, dass ein Rechtsverhältnis, das auf dem gegenseitigen Vertrauen der Vertragspartner beruht, jederzeit kündbar sein müsse[287]. Da das BGB jedoch heute mit § 314 BGB eine allgemeine gesetzliche Regelung über die Kündigung von Dauerschuldverhältnissen enthält, ist das außerordentliche Kündigungsrecht von Betriebsvereinbarungen nun direkt aus dieser Vorschrift herzuleiten[288].

Die ordentliche Kündigung von Betriebsvereinbarungen gemäß § 77 Abs. 5 BetrVG erfordert keinen sachlichen Kündigungsgrund[289] und überschneidet sich daher grundsätzlich nicht mit dem Tatbestand der Störung der Geschäftsgrundlage. Dagegen liegt bei Erfüllung der Voraussetzungen von § 313 BGB grundsätzlich auch ein wichtiger Kündigungsgrund gemäß § 314 BGB vor, weil beide Tatbestände voraussetzen, dass sich ein Festhalten am Vertrag unter Berücksichtigung aller Umstände des Einzelfalls und Abwägung der beiderseitigen Interes-

---

[284] Vgl. hierzu die Ausführungen im 4. Teil unter A II 1.

[285] Vgl. die Darstellung bei *Eckert,* AR-Blattei SD, Ziff. 1790, Rn. 73-76.

[286] BAG vom 19.7.1957, AP Nr. 1 zu § 52 BetrVG, *Weiss/Weyand,* BetrVG, § 77 Rn. 40; *Fitting/Engels/Schmidt/Trebinger/Linsenmaier,* BetrVG, § 77 Rn. 151; *Berg* in: Däubler/Kittner/ Klebe, BetrVG, § 77 Rn. 54.

[287] BAG vom 19.6.1957, BAGE 4, S. 232, 238 f.; *Richardi* in: Richardi, BetrVG, § 77 Rn. 201; *Fitting/Engels/Schmidt/Trebinger/Linsenmaier,* BetrVG, §77 Rn. 151.

[288] Hess/Schlochauer/Worzalla/Glock, BetrVG, § 77 Rn. 208.

[289] BAG vom 18.4.1989, AP Nr. 2 zu § 1 BetrAVG, Betriebsvereinbarung; BAG vom 17.8.1999, AP Nr. 79 zu § 77 BetrVG 1972; *Fitting/Engels/Schmidt/Trebinger/Linsenmaier,* BetrVG, § 77 Rn. 146 f.

sen als unzumutbar erweist[290]. Wie festgestellt, hat § 313 BGB jedoch richtigerweise einen eigenen Anwendungsbereich gegenüber der außerordentlichen Kündigung, solange die primäre Rechtsfolge der Vertragsanpassung noch möglich und zumutbar ist[291].

Bei einer Anwendung von § 313 BGB auf Betriebsvereinbarungen wird die Bedeutung der Rechtsfolge der Vertragsanpassung sogar noch deutlicher als im bürgerlichen Recht. Auch das BAG ist der Ansicht, dass der Rückgriff auf die Störung der Geschäftsgrundlage zu interessengerechteren Rechtsfolgen führt als die außerordentliche Kündigung[292]. Nicht nur bleiben die von den Betriebsparteien vereinbarten Regelungen so weit wie möglich erhalten, sondern auch die Arbeitnehmer müssen nicht mit der vollständigen Beendigung, sondern nur mit Anpassung der gewohnten Regelungen an die veränderten Verhältnisse rechnen.

Letzteres gilt besonders, wenn man annimmt, dass der Anpassungsanspruch nicht bei Betriebsvereinbarungen in Angelegenheiten erzwingbarer Mitbestimmung, sondern auch bei freiwilligen Betriebsvereinbarungen vor der Einigungsstelle erzwungen werden kann[293]. Kündigt der Arbeitgeber eine freiwillige Betriebsvereinbarung, so entfällt die Betriebsvereinbarung und entfaltet auch keine Nachwirkung gemäß § 77 Abs. 6 BetrVG[294]. Wegen § 76 Abs. 6 BetrVG kann der Abschluss einer neuen freiwilligen Betriebsvereinbarung zu demselben Regelungsgegenstand nur erzwungen werden, wenn beide Parteien mit einer Entscheidung durch die Einigungsstelle einverstanden sind. Kann dagegen die Betriebspartei, die sich auf § 313 BGB beruft, den Anpassungsanspruch auch bei freiwilligen Betriebsvereinbarungen vor der Einigungsstelle durchsetzen, so entfällt die Betriebsvereinbarung nicht, solange eine Anpassung noch möglich und zumutbar ist.

Im Ergebnis spricht daher auch das Konkurrenzverhältnis von § 313 BGB zur außerordentlichen Kündigung gemäß § 314 BGB nicht gegen die Anwendbarkeit der Störung der Geschäftsgrundlage auf Betriebsvereinbarungen.

---

290 *Muthers* in: Henssler/v. Westphalen, Schuldrechtsreform, § 314 BGB, Rn. 4; *Ehmann/Sutschet*, Schuldrecht, S. 187.

291 Vgl. die Ausführungen im 1. Teil unter D. Zum Verhältnis von § 313 BGB zu § 314 BGB auch: *Rögler* in: Schimmel/Buhlmann, Schuldrecht, D IV, Rn. 44; *Hey* in: Beiträge für Canaris, S. 21, 36 f.; *Huber/Faust*, Schuldrechtsmodernisierung, Kap. 9, Rn. 16; *Roth* in: Münchener Kommentar, BGB, § 242 Rn. 585; *Oetker/Friese*, DZWIR 2000, S. 397, 408.

292 BAG vom 10.8.1994, AP Nr. 86 zu § 112 BetrVG 1972; so auch: *Oetker*, RdA 1995, S. 82, 96; *Beathalter*, Gestaltungsmöglichkeiten, S. 352-254.

293 Vgl. hierzu die Ausführungen im 4. Teil unter A II 1.

294 BAG vom 26.4.1990 und BAG vom 26.10.1993, AP Nr. 4 und 6 zu § 77 BetrVG 1972, Nachwirkung; *Rech*, Nachwirkung, S. 17, 36; *Hempelmann*, Betriebsvereinbarung, S. 228-230; *Jacobs*, NZA 2000, 69 f.; *Fitting/Engels/Schmidt/Trebinger/Linsenmaier*, BetrVG, § 77 Rn. 178; *Kreutz* in: GK-BetrVG, § 77 Rn. 403; *Richardi* in: Richardi, BetrVG, § 77 Rn. 168.

C. Exkurs: Anwendbarkeit von § 313 BGB auf Dienstvereinbarungen

Entgegen der von einigen Stimmen in der Literatur und Rechtsprechung vorgebrachten Kritik ist § 313 BGB als mit dem normativen Rechtscharakter von Betriebsvereinbarungen vereinbar anzusehen. Aus der Anwendbarkeit von § 313 BGB auf Betriebsvereinbarungen lässt sich jedoch nicht ohne weiteres darauf schließen, dass § 313 BGB auch auf Dienstvereinbarungen nach dem BPersVG oder den Landespersonalvertretungsgesetzen, sowie auf Dienstvereinbarungen im kirchlichen Bereich übertragbar ist.

I. Anwendbarkeit auf personalvertretungsrechtliche Dienstvereinbarungen

Die Mitbestimmung im öffentlichen Dienst gemäß dem BPersVG und den Personalvertretungsgesetzen der Länder ähnelt zwar in vielen Bereichen der Mitbestimmung in Betrieben privater Arbeitgeber nach dem BetrVG, unterscheidet sich jedoch in wesentlichen Punkten vom Betriebsverfassungsrecht. So sind Dienstvereinbarungen nach § 73 Abs. 1 S. 1 BPersVG beispielsweise nur zulässig, soweit sie durch das BPersVG ausdrücklich vorgesehen werden. Der Abschluss von freiwilligen Dienstvereinbarungen zu anderen Regelungssachverhalten kommt im Personalvertretungsrecht nicht in Betracht.

Dienstvereinbarungen werden gemäß § 73 Abs. 1 S. 2 BPersVG durch die Dienststelle und den Personalrat gemeinsam beschlossen. Der Dienststellenleiter handelt dabei als Repräsentant des öffentlichen Arbeitgebers gegenüber dem Personalrat[295]. Eine Übertragbarkeit von § 313 BGB auf Dienstvereinbarungen nach dem PersVG kommt daher aufgrund der Verankerung der Vorschrift im schuldrechtlichen Teil des BGB nur in Betracht, wenn es sich bei Dienstvereinbarungen trotz der Beteiligung des öffentlichen Arbeitgebers um privatrechtliche Verträge handelt.

Die herrschende Ansicht in der Kommentarliteratur zum BPersVG geht allerdings davon aus, dass die zwischen dem Dienststellenleiter und der Personalvertretung abzuschließenden Dienstvereinbarungen nicht als privatrechtliche, sondern als öffentlich-rechtliche Verträge mit normativer Wirkung anzusehen sind[296]. Auch in der Literatur zu den Personalvertretungsgesetzen der Länder wird angenommen, dass es sich bei Dienstvereinbarungen auf Länderebene um

---

[295] Altvater/Bacher/Hörter/Peiseler/Sabottig/Schneider/Vohs, BetrVG, § 7 Rn. 1.
[296] Ausdrücklich von einem öffentlich-rechtlichen Vertrag sprechen *Dietz/Richardi*, BPersVG, § 73 Rn. 4, 6; *Grabendorf/Windscheid/Ilbertz/Widmaier*, BPersVG, § 73 Rn. 4. Dagegen nennen *Altvater/Bacher/Hörter/Peiseler/Sabottig/Schneider/Vohs*, BPersVG, § 73 Rn. 1 die Dienstvereinbarung das „öffentlich-rechtliche Gegenstück zu der dem Privatrecht angehörenden Betriebsvereinbarung".

öffentlich-rechtliche Verträge handelt[297]. Auf öffentlich-rechtliche Verträge kann § 313 BGB jedoch keine Anwendung finden. § 60 Abs. 1 VwVfG enthält eine eigene Regelung für die Fallgestaltung, dass sich die Verhältnisse, die für die Festsetzung des Vertragsinhalts eines öffentlich-rechtlichen Vertrags maßgeblich gewesen sind, so wesentlich geändert haben, dass einer Vertragspartei ein Festhalten an der ursprünglichen Regelung nicht zugemutet werden kann[298]. Die Vorschrift sieht wie § 313 BGB als vorrangige Rechtsfolge vor, dass die benachteiligte Vertragspartei die Anpassung des Vertragsinhalts verlangen kann; ist die Anpassung nicht möglich oder unzumutbar, kann der Vertrag gekündigt werden.

Zwar hat sich die Literatur zum Personalvertretungsrecht, soweit ersichtlich, bisher mit der Frage der Anwendbarkeit von § 60 VwVfG auf Dienstvereinbarungen nicht auseinandergesetzt. Allerdings spricht nicht nur die Einordnung der Dienstvereinbarung als öffentlich-rechtlicher Vertrag, sondern auch die Tatsache, dass auch Dienstvereinbarungen bestimmte Umstände zugrunde gelegt werden können, deren Wegfall oder Fehlen zur Unzumutbarkeit der Vertragsbindung führen kann, für die Anwendbarkeit von § 60 VwVfG auf Dienstvereinbarungen. Zudem zeigt die in der Literatur anerkannte Möglichkeit der außerordentlichen Kündigung einer Dienstvereinbarung[299], dass auch im Personalvertretungsrecht die Grenze einer vertraglichen Bindung durch die Unzumutbarkeit gesetzt wird. § 60 VwVfG bietet aber die Möglichkeit einer Reaktion auf die Unzumutbarkeit, die weit flexibler ist als der Ausspruch einer Kündigung und damit auch die Interessen der Parteien besser wahren kann. Auch die Geschäftsgrundlage einer Dienstvereinbarung kann daher mit der Folge entfallen, dass bei einer wesentlichen Änderung der beim Abschluss der Vereinbarung maßgeblichen Verhältnisse eine Vertragsanpassung gemäß § 60 VwVfG begehrt werden kann.

II. Anwendbarkeit auf Dienstvereinbarungen im kirchlichen Bereich

Auch im kirchlichen Bereich besteht durch das kirchliche Mitarbeitervertretungsrecht die Möglichkeit einer kollektivrechtlichen Ausgestaltung der kirchlichen Arbeitsverhältnisse durch den Abschluss von Dienstvereinbarungen. In der evangelischen Kirche und den ihr nach den Grundsätzen des Staatkirchenrechts zugehörigen karitativen und erzieherischen Einrichtungen ist die Dienstvereinbarung in § 36 MVG-EKD als Mittel zur Ausgestaltung des Mitbestimmungs-

---

297 So beispielsweise *Fuhrmann/Neumann/Thorenz*, MBG Schl.-H., § 57 Rn. 1; *Orth/Welkoborsky*, LPVG NW, § 70 Rn. 3; wohl auch *Arndt/Aufhauser/Brunhöber/Warga*, LPVG BW, § 73 Rn. 6.

298 *Kopp/Ramsauer*, VwVfG, § 60 Rn. 3.

299 Dietz/Richardi, BPersVG, § 73 Rn. 47; Altvater/Bacher/Hörter/Peiseler/Sabottig/ Schneider/Vohs, BPersVG, § 73 Rn. 12; Arndt/Aufhauser/Brunhöber/Warga, LPVG BW, § 73 Rn. 14.

rechts der Mitarbeitervertretung vorgesehen. In der katholischen Kirche und den ihr zugehörigen karitativen und erzieherischen Einrichtungen wird die Möglichkeit des Abschlusses von Dienstvereinbarungen zwischen dem Dienstgeber und der Mitarbeitervertretung durch § 38 MAVO geregelt. Im Gegensatz zur klaren Einordnung von Dienstvereinbarungen nach dem BPersVG und den Personalvertretungsgesetzen der Länder als öffentlich-rechtliche Verträge wird der Rechtscharakter von Dienstvereinbarungen im kirchlichen Bereich in der zum kirchlichen Mitarbeitervertretungsrecht publizierten Literatur jedoch nicht abschließend erörtert.

In der Kommentarliteratur zur MAVO wird zum Teil eine Parallele zum Betriebsverfassungsrecht gezogen und die Dienstvereinbarung als privatrechtlicher kollektiver Normenvertrag angesehen[300]. Für eine Einordnung von kirchenrechtlichen Dienstvereinbarungen als öffentlich-rechtliche Verträge lässt sich dagegen anführen, dass die MAVO und das MVG-EKD wie die öffentlich-rechtlichen Personalvertretungsgesetze des Bundes und der Länder die Terminologie der „Dienstvereinbarung“ verwenden. *Richardi* zieht dementsprechend sowohl Parallelen zur Betriebsvereinbarung als auch zur personalvertretungsrechtlichen Dienstvereinbarung, ohne jedoch die Rechtsnatur der kirchenrechtlichen Dienstvereinbarung genauer zu benennen[301].

Will man die Rechtsnatur kirchenrechtlicher Dienstvereinbarungen bestimmen, so ist es zunächst erforderlich, die Rechtsqualität des kirchlichen Mitarbeitervertretungsrechts zu analysieren. Gemäß Art. 140 GG in Verbindung mit Art. 137 Abs. 3 WRV ordnet und verwaltet jede Religionsgemeinschaft ihre Angelegenheiten selbständig innerhalb der Schranken des für alle geltenden Gesetzes und verleiht ihre Ämter ohne Mitwirkung des Staates oder der bürgerlichen Gemeinde. Die Kirchen sind daher grundsätzlich frei vom Staat und können ihre eigene innere Ordnung autonom gestalten[302]. Diese autonome Rechtsstellung wird verstärkt durch Art. 140 GG in Verbindung mit Art. 137 Abs. 5 WRV, wonach den Kirchen der Status als Körperschaften des öffentlichen Rechts erhalten bleibt und Religionsgemeinschaften, die den Körperschaftsstatus noch nicht haben, diesen nachträglich erwerben können[303]. Aus dem Status der Kirchen als Körperschaften öffentlichen Rechts ergibt sich, dass sowohl den Gliederungen der katholischen Kirche mit Körperschaftsqualität, als auch den evangelischen Lan-

[300] *Bleistein/Thiel*, MAVO, § 38 Rn. 19; auch *Thüsing* in: Richardi, BetrVG, § 118 Rn. 219, und *Hammer, Ulrich*, Kirchliches Arbeitsrecht, S. 437, 447, 478, bezeichnen das Mitarbeitervertretungsrecht als das „Betriebsverfassungsrecht der Kirche“.

[301] So *Richardi*, Arbeitsrecht in der Kirche, § 18, Rn. 123-126.

[302] *Hammer, Ulrich*, Kirchliches Arbeitsrecht, S. 88; *Richardi*, Arbeitsrecht in der Kirche, § 1 Rn. 13.

[303] BVerfG vom 20.9.2000, BVerfG 102, 370, 384; *Richardi*, Arbeitsrecht in der Kirche, § 1 Rn. 17.

deskirchen und ihren Zusammenschlüssen Dienstherrenfähigkeit zukommt[304]. Die Kirchen können daher ihre Dienstverhältnisse nach öffentlich-rechtlichen Grundsätzen gestalten[305] sowie selbst kirchliches Beamtenrecht und kirchliche Organisationsrechte schaffen[306]. Auch das kirchliche Mitarbeitervertretungsrecht wird als Teil der autonomen Rechtssetzungsgewalt der Kirchen gemäß § 137 Abs. 5 WRV angesehen[307]. Beim Mitarbeitervertretungsrecht der Kirchen handelt es sich daher nach zutreffender Ansicht um autonomes, kirchliches Recht[308].

Aus der Einordnung des Mitarbeitervertretungsrechts als autonomes kirchliches Recht lässt sich jedoch nicht folgern, dass der für öffentlich rechtliche Verträge konzipierte § 60 VwVfG auf kirchenrechtliche Dienstvereinbarungen Anwendung findet. Gemäß § 2 Abs. 1 VwVfG gilt das VwVfG nicht für die Tätigkeit der Kirchen, der Religionsgesellschaften und Weltanschauungsgemeinschaften und ihrer Verbände und Einrichtungen. Die Ausnahme des § 1 Abs. 1 VwVfG findet auch Anwendung auf alle Fragen des kirchlichen Dienstrechts[309].

Vielmehr lassen sich überzeugende Argumente für die Anwendbarkeit der zivilrechtlichen Grundsätze - und damit auch von § 313 BGB - auf kirchenrechtliche Dienstvereinbarungen vorbringen. Auch die Kirchen müssen sich in der Ausgestaltung ihrer Rechtsverhältnisse an die Grunderfordernisse der staatlichen Rechtsordnung halten[310]. Wenn die Kirchen Rechtsverhältnisse durch Vertrag begründen, bedienen sie sich der Grundsätze der Privatautonomie[311]. Aus can. 1290 CIC ergibt sich im Bereich der katholischen Kirche, dass das bürgerliche Recht auch auf die kirchlichen Beschäftigungsverhältnisse Anwendung findet[312]. In der evangelischen Kirche ergibt sich die Anerkennung der zivilrechtlichen Grundsätze dagegen daraus, dass die Zuständigkeit für weltliche Dinge als beim Staat liegend angesehen wird[313]. Die Privatautonomie kann daher durch die Kirchen nur innerhalb der durch die Grundsätze des staatlichen Zivilrechts - und speziell des Arbeitsrechts - gezogenen Grenzen ausgeübt werden[314].

Zwar sehen § 36 Abs. 5 MVG-EKD und § 38 Abs. 4 S. 2 MAVO in ihrem Wortlaut nur die ordentliche Kündigung als Mittel zur Beendigung einer Dienst-

---

[304] *Richardi*, Arbeitsrecht in der Kirche, § 1 Rn. 17.
[305] *Richardi*, Arbeitsrecht in der Kirche, § 1 Rn. 17.
[306] *Bietmann*, Mitbestimmung, S. 72.
[307] *Bietmann*, Mitbestimmung, S. 73 f.
[308] *Thüsing* in: Richardi, BetrVG, § 118 Rn. 218; *Bietmann*, Mitbestimmung, S. 73 f.
[309] *Kopp/Ramsauer*, VwVfG, § 2 Rn. 9; *Knack*, VwVfG, § 2 Rn. 8.
[310] *Bietmann*, Mitbestimmung, S. 93 f., nimmt daher an, dass das kirchliche Arbeitsrecht von den staatlichen Gerichten überprüft werden kann, soweit es um die Einhaltung dieser Grundsätze geht.
[311] *Richardi*, Arbeitsrecht in der Kirche, § 2 Rn. 18.
[312] *Richardi*, Arbeitsrecht in der Kirche, § 2 Rn. 18.
[313] *Richardi*, Arbeitsrecht in der Kirche, ebenda.
[314] BVerfG vom 4.6.1985, BVerfGE 70, S. 138, 165.

vereinbarung vor. Aus der Anerkennung der bürgerlich-rechtlichen Grundprinzipien im kirchlichen Arbeitsrecht ergibt sich jedoch, dass der § 313 BGB zugrunde liegende Gedanke, dass eine Lösung von einer vertraglichen Bindung möglich sein muss, wenn sich die eingegangene Vertragsbindung durch Veränderungen der äußeren Umstände oder einen anfänglichen Irrtum der Vertragsparteien als unzumutbar erweist, auch auf kirchenrechtliche Dienstvereinbarungen übertragbar sein muss. Auch kirchenrechtlichen Dienstvereinbarungen können durch den Arbeitgeber und die Mitarbeitervertretung bestimmte Umstände und Vorstellungen zugrunde gelegt werden, die für den Vertragsschluss wesentlich sind. Ist die Vertragsbindung durch eine Veränderung der Umstände unzumutbar geworden, so bietet die Vertragsanpassung eine flexiblere Möglichkeit zur Reaktion auf die Veränderungen als die Vertragsbeendigung durch Ausspruch einer Kündigung. § 313 BGB muss daher im Ergebnis auch auf kirchenrechtliche Dienstvereinbarungen entsprechend anwendbar sein[315].

D. Ergebnis

§ 313 BGB findet nicht nur auf bürgerlich-rechtliche Verträge, sondern auch auf Betriebsvereinbarungen Anwendung. Die Anwendbarkeit der Vorschrift wird nicht nur dadurch untermauert, dass es sich bei Betriebsvereinbarungen um privatrechtliche Verträge handelt, sondern vor allem dadurch, dass der Gesetzgeber der Schuldrechtsreform durch § 313 BGB nicht abändernd in die bisherige Rechtsprechung eingreifen wollte. Das BAG hat aber bereits lange vor der Schuldrechtsreform die Grundsätze des Wegfalls der Geschäftsgrundlage auf Betriebsvereinbarungen und auf Sozialpläne angewandt.

Die normative Wirkung von Betriebsvereinbarungen steht der Anwendung von § 313 BGB auf Betriebsvereinbarungen nicht entgegen. Die normative Wirkung führt allerdings bei der Durchsetzung der primären Rechtsfolge der Vertragsanpassung zur Notwendigkeit von Modifikationen gegenüber den für die Anwendung der Vorschrift auf bürgerlich-rechtliche Verträge entwickelten Grundsätzen.

---

[315] Sowohl bei kirchenrechtlichen als auch bei personalvertretungsrechtlichen Dienstvereinbarungen erscheint jedoch zweifelhaft, ob eine Berufung auf die Störung der Geschäftsgrundlage auch wegen einer wirtschaftlichen Notlage des Arbeitgebers in Betracht kommt. Im Gegensatz zum BetrVG enthalten weder die Personalvertretungsgesetze noch die Mitarbeitervertretungsordnungen der Kirchen eine Verpflichtung der Parteien, beim Abschluss einer Dienstvereinbarung das Wohl der Arbeitnehmer und der Dienststelle zu beachten. Auch können die Kirchen und ihre öffentlich-rechtlichen Einrichtungen nicht insolvent gehen, vgl. *Richardi,* Arbeitsrecht in der Kirche, § 1 Rn. 24. Gleichermaßen ist auch der Staat insolvenzunfähig. Die drohende Insolvenz des Arbeitgebers kann daher bei Dienstvereinbarungen nicht als Maßstab für eine wirtschaftliche Notlage gelten, wie dies bei Betriebsvereinbarungen der Fall ist. Zur wirtschaftlichen Notlage als Fallgruppe der Störung der Geschäftsgrundlage von Betriebsvereinbarungen vgl. die Ausführungen im 3. Teil unter C V.

Auf öffentlich-rechtliche Dienstvereinbarungen nach dem BPersVG und den Personalvertretungsgesetzen der Länder ist § 313 BGB nicht anwendbar. Eine Anpassung solcher Dienstvereinbarungen kommt jedoch gemäß dem auf öffentlich-rechtliche Verträge anwendbaren § 60 VwVfG in Betracht. Auf kirchenrechtliche Dienstvereinbarungen findet § 313 BGB dagegen entsprechend Anwendung.

3. Teil: Tatbestandliche Voraussetzungen der Störung der Geschäftsgrundlage von Betriebsvereinbarungen

Die Erfüllung der den Tatbestand von § 313 BGB prägenden Merkmale der Geschäftsgrundlage und der Unzumutbarkeit eines weiteren Festhaltens am Vertrag hängt stets von den Besonderheiten des Vertrages ab, auf den die Vorschrift angewandt wird. Zum einen machen die Vertragsparteien je nach Inhalt und Zweck des Vertrages andere Umstände zur Geschäftsgrundlage. Zum anderen müssen für die Beantwortung der Frage, ob den Parteien ein weiteres Festhalten am Vertrag unzumutbar ist, gemäß § 313 Abs. 1 BGB stets die Umstände des Einzelfalls sowie die vertragliche Risikoverteilung in Betracht gezogen werden.

Bei einer Anwendung von § 313 BGB auf Betriebsvereinbarungen müssen daher die Tatbestandsmerkmale der Vorschrift im Lichte des besonderen Rechtscharakters von Betriebsvereinbarungen als kollektivarbeitsrechtliche Verträge mit normativer Wirkung ausgelegt werden.

A. Besonderheiten der Geschäftsgrundlage von Betriebsvereinbarungen

Zur Geschäftsgrundlage eines Vertrages gemäß § 313 BGB können sowohl objektive Umstände als auch subjektive Vorstellungen der Vertragsparteien werden[316]. § 313 Abs. 1 erfasst grundsätzlich die nachträgliche Änderung der einem Vertrag zugrunde gelegten objektiven Umstände. Erfasst sind nach dem Willen des Gesetzgebers aber auch die Fälle, die die Rechtsprechung bisher unter ihre subjektive Formel subsumiert hatte, in dem sie darauf abstellte, dass die Vertragsparteien bestimmte objektive Merkmale subjektiv als selbstverständlich angesehen hatten[317]. § 313 Abs. 2 BGB regelt dagegen mit dem anfänglichen Irrtum beider Vertragsparteien einen klassischen Fall der rein subjektiven Geschäftsgrundlage[318].

Auch die Geschäftsgrundlage einer Betriebsvereinbarung kann durch bestimmte objektive Umstände oder subjektive Vorstellungen der Betriebsparteien gebildet werden. Zu den objektiven Umständen sind beispielsweise bestimmte objektive Gegebenheiten im Betrieb zu zählen. So hängt die genaue Ausgestaltung einer Betriebsvereinbarung über die Verhütung von Arbeitsunfällen und Berufskrankheiten gemäß § 87 Abs. 1 Nr. 7 BetrVG von den im Betrieb bestehenden Gefahrenquellen und der Art der Erbringung der Arbeitsleistung ab. Auch setzt eine

[316] *Krebs* in: Dauner-Lieb/Heidel/Lepa/Ring, Schuldrecht, § 313 BGB Rn. 28, 30; *Muthers* in: Henssler/v. Westphalen, Schuldrechtsreform, § 313 BGB, Rn. 6.

[317] BT-Drucks. 14/6040, S. 174, 176, vgl. hierzu die Ausführungen im 1. Teil unter B I.

[318] *Krebs* in: Dauner-Lieb/Heidel/Lepa/Ring, Schuldrecht, § 313 BGB, Rn. 29; *Muthers* in: Henssler/v. Westphalen, Schuldrechtsreform, § 313 BGB, Rn. 22; *Heinrichs* in: Palandt, BGB, § 313 Rn. 20.

Betriebsvereinbarung über Akkordlohnsätze gemäß § 87 Abs. 1 Nr. 11 BetrVG stets ein bestimmtes objektives Verhältnis der erbrachten Arbeitsleistung zum Geldwert voraus, das sich zum Beispiel durch eine Geldentwertung oder durch die Einführung neuer Maschinen mit weniger Arbeitsschritten erheblich verändern kann. Nicht nur bei Verträgen bürgerlichen Rechts, sondern auch bei Betriebsvereinbarungen ist allerdings der Übergang zwischen objektiven Umständen und subjektiven Vorstellungen der Betriebsparteien oft fließend. Wird den Arbeitnehmern beispielsweise in einer freiwilligen Betriebsvereinbarung für einen gewissen Zeitraum eine monatliche Belastungszulage zugesagt, weil die Arbeit durch lärm- und schmutzintensive Bauarbeiten im Betrieb erschwert wird, so liegt dieser Vereinbarung als objektiver Umstand die Durchführung der Bauarbeiten zugrunde, subjektiv jedoch die Vorstellung, dass die Bauarbeiten zu einer erhöhten physischen und psychischen Belastung der Mitarbeiter führen, die einen Ausgleich erforderlich macht.

Eindeutig um einen Fall der subjektiven Geschäftsgrundlage gemäß § 313 Abs. 2 BGB handelt es sich dagegen, wenn sich gemeinsame Vorstellungen der Betriebsparteien im Nachhinein als falsch herausstellen. Das ist beispielsweise der Fall, wenn beide Betriebsparteien beim Abschluss einer Betriebsvereinbarung davon ausgehen, dass dem Arbeitgeber zur Erbringung bestimmter Leistungen - wie zum Beispiel Sozialplanleistungen - nur eine bestimmte begrenzte Summe zur Verfügung steht. Stellt sich im Nachhinein heraus, dass die der Kalkulation zugrunde gelegten Zahlenwerte falsch waren, kann es je nach der Intensität der durch den Irrtum hervorgerufenen Belastungen zu einem Eingreifen von § 313 Abs. 2 BGB kommen.

Während sich die objektiven Umstände, die einer Betriebsvereinbarung zugrunde gelegt worden sind, meist bereits aus dem Zweck der Betriebsvereinbarung erschließen, lässt sich der Nachweis über bestimmte subjektive Vorstellungen der Vertragsparteien im Streitfall oft nicht ohne Weiteres führen. Gelegentlich enthält eine Betriebsvereinbarung eine Präambel, die die allgemeinen Motive darstellt, durch die die Betriebsparteien zum Abschluss der Betriebsvereinbarung bewogen worden sind. Von Bedeutung für die Beweisführung können zudem auch möglicherweise vorhandene Verhandlungsprotokolle über das Zustandekommen der Betriebsvereinbarung sein. Um Streitigkeiten über die subjektive Geschäftsgrundlage zu vermeiden, schlägt *Beathalter* daher vor, bestimmte Wirtschaftsdaten und andere Faktoren, die für die Willensbildung des Arbeitgebers von besonderer Bedeutung sind, in einer gesonderten Klausel der Betriebsvereinbarung unter der Überschrift „Grundlagen des Vertrages" zu dokumentieren[319]. In der Praxis ist es jedoch selten, dass in einer Betriebsvereinbarung ganz konkrete Umstände oder Wirtschaftsdaten als Geschäftsgrundlage

---

[319] *Beathalter*, Gestaltungsmöglichkeiten, S. 168.

dokumentiert werden[320]. Halten die Vertragsparteien solche Daten für relevant, so machen sie diese regelmäßig zum Vertragsinhalt und sehen zudem einen Mechanismus zur Anpassung des Vertrages im Falle von Veränderungen vor, so dass ein Rückgriff auf die Störung der Geschäftsgrundlage grundsätzlich nicht mehr erforderlich ist.

Während keine Zweifel bestehen, dass beiderseitige Vorstellungen der Betriebsparteien zur Geschäftsgrundlage einer Betriebsvereinbarung werden können, erscheint fraglich, ob einer Betriebsvereinbarung auch die einseitigen Vorstellungen einer Betriebspartei zugrunde gelegt werden können. So darf die Möglichkeit zur Einbeziehung einseitiger Vorstellungen in die Geschäftsgrundlage nicht dazu führen, dass eine Betriebspartei aus verhandlungstaktischen Gründen einseitig bestimmte Vorstellungen äußern und diese so dem Verhandlungsgegner quasi „unterschieben" kann. Einseitige Vorstellungen einer Partei werden allerdings auch bereits nach den vom der Rechtsprechung für bürgerlichrechtliche Verträge entwickelten Grundsätzen nur dann zur Geschäftsgrundlage, wenn sich aus dem Verhalten der Gegenseite ergibt, dass diese die Vorstellungen auch in ihren Geschäftswillen aufgenommen hat[321]. Die bloße Mitteilung eigener Vorstellungen und Erwartungen, ohne eine erkennbare Akzeptanz dieser Vorstellungen durch die Gegenseite, reicht daher nicht aus, um die Vorstellungen zur Geschäftsgrundlage werden zu lassen. Diese Grenzziehung, die den Missbrauch der Störung der Geschäftsgrundlage verhindern soll, muss auch im Betriebsverfassungsrecht gelten. Zudem ist auch bei einer Anwendung von § 313 BGB auf Betriebsvereinbarungen erforderlich, dass die Störung der Geschäftsgrundlage erheblich ist, so dass nicht jede Fehlvorstellung zu einer Vertragsanpassung oder Vertragsbeendigung führen kann.

Darüber hinaus stellt sich bei einer Anwendung von § 313 BGB auf Betriebsvereinbarungen die Frage, ob neben der Aufnahme eines Umstandes in den Geschäftswillen beider Betriebsparteien auch die Kenntnisnahme der von der Normwirkung der Betriebsvereinbarung erfassten Arbeitnehmer von der Geschäftsgrundlage erforderlich ist. So fordert beispielsweise *Heßhaus* als Voraussetzung für die Aufnahme bestimmter einseitiger Vorstellungen einer Tarifpartei in die Geschäftsgrundlage eines Tarifvertrages, dass die einseitigen Vorstellungen einer Tarifvertragspartei nicht nur der gegnerischen Tarifvertragspartei erkennbar sein müssen, sondern auch den normunterworfenen Arbeitgebern und Arbeitnehmern zugänglich zu machen sind[322].

Die Annahme einer Pflicht zur Bekanntgabe der Geschäftsgrundlage an die Arbeitnehmer erscheint jedoch nicht mit den Grundsätzen des Betriebsverfassungs-

[320] *Beathalter*, Gestaltungsmöglichkeiten, ebenda.
[321] BGH vom 15.12.1983, BGHZ 89, 226, 331; BGH vom 17.2.1989, NJW-RR 1989, S. 75 f; BGH vom 17.2.1993, NJW-RR 1993, S. 773 f.
[322] *Heßhaus*, Tarifvertragsrecht, S. 171 f.

rechts vereinbar. Als das durch Wahlen demokratisch legitimierte Repräsentationsorgan der Arbeitnehmer im Betrieb kann der Betriebsrat die aus dem BetrVG hervorgehenden Mitbestimmungsrechte wahrnehmen, ohne dabei einem Rückspracheerfordernis mit den einzelnen Arbeitnehmern zu unterliegen. Eine Verpflichtung zur Bekanntgabe aller Umstände, die einer Betriebsvereinbarung zugrunde gelegt worden sind, würde die Betriebsratsarbeit erheblich behindern. Darüber hinaus wird die Bedeutung bestimmter einer Betriebsvereinbarung zugrunde gelegter Vorstellungen oft erst deutlich, wenn sich im Nachhinein herausstellt, dass diese Vorstellungen falsch waren.

Auch der Gesichtspunkt des Vertrauensschutzes der Arbeitnehmer rechtfertigt keine andere Handhabe. Nicht die Arbeitnehmer, sondern die Betriebsparteien sind Vertragsparteien der Betriebsvereinbarung und daher zur Geltendmachung von § 313 BGB berechtigt. Der Gesichtspunkt des Vertrauensschutzes ist richtigerweise erst von Belang, wenn die Störung der Geschäftsgrundlage geltend gemacht worden ist und durch die Vertragsanpassung in bereits entstandene Arbeitnehmeransprüche eingegriffen werden soll[323].

Es ist daher im Ergebnis nicht erforderlich, die Arbeitnehmer von Anfang an über die Umstände und Vorstellungen in Kenntnis zu setzen, die zur Geschäftsgrundlage einer Betriebsvereinbarung gemacht worden sind.

B. Unzumutbarkeit des Festhaltens an einer Betriebsvereinbarung

Gemäß § 313 Abs. 1 BGB muss die Veränderung der dem Vertrag zugrunde gelegten Umstände dazu führen, dass ein Festhalten am unveränderten Vertrag unter Berücksichtigung aller Umstände des Einzelfalls, insbesondere der vertraglichen und gesetzlichen Risikoverteilung, für mindestens eine der Vertragsparteien unzumutbar ist. Das Merkmal der Unzumutbarkeit ist auch bei einer Anwendung von § 313 BGB auf Betriebsvereinbarungen ausschlaggebend für die Beurteilung, ob der nachträgliche Wegfall bestimmter Umstände oder ein anfänglicher Irrtum der Betriebparteien zu einer Lösung von der durch den Abschluss der Betriebsvereinbarung eingegangenen vertraglichen Bindung führen kann.

I. Personelle Bestimmung der Unzumutbarkeit

Bei bürgerlich-rechtlichen Verträgen ist die Frage, im Hinblick auf welche der Vertragsparteien die Unzumutbarkeit eines weiteren Festhaltens am Vertrag zu prüfen ist, meist einfach zu beantworten. Grundsätzlich handelt es sich bei der belasteten Partei um die Partei, die die Störung der Geschäftsgrundlage geltend macht, so dass deren Interessen gegen die Interessen der Gegenseite abzuwägen

---

[323] Vgl. zum rückwirkenden Eingriff in Arbeitnehmeransprüche die Ausführungen im 5. Teil.

sind. Verändern sich dagegen die einer Betriebsvereinbarung zugrunde liegenden Umstände, so führt die normative Wirkung der Vereinbarung zu einer anderen Betrachtungsweise.

Zwar sind Betriebsrat und Arbeitgeber nach den Grundsätzen über das Zustandekommen von Verträgen gemäß §§ 145-151 BGB die Vertragsparteien der Betriebsvereinbarung[324]. Weil Betriebsvereinbarungen aber nach zutreffender Ansicht keine schuldrechtlichen Verpflichtungen zwischen dem Arbeitgeber und dem Betriebsrat begründen[325], wirkt sich eine Veränderung der Umstände oder ein anfänglicher Irrtum der Betriebsparteien nicht zwischen den Betriebsparteien, sondern im Verhältnis zwischen dem Arbeitgeber und den von der normativen Wirkung der Betriebsvereinbarung erfassten Arbeitnehmern aus. Hat sich beispielsweise der Geldwert der durch eine Betriebsvereinbarung vereinbarten Akkordlohnsätze durch eine extreme Inflation unvermutet verschlechtert, so ist hiervon nicht der Betriebsrat, sondern die Arbeitnehmerschaft nachteilig betroffen. Der Betriebsrat handelt zwar beim Abschluss von Betriebsvereinbarungen als gesetzlicher Repräsentant der Arbeitnehmer des Betriebes[326]. Er kann jedoch die Ansprüche, die den Arbeitnehmern aus den normativ wirkenden Regelungen der Betriebsvereinbarung zustehen, nicht selbst durch Leistungsklage vor dem Arbeitsgericht durchsetzen. Allenfalls kann er den Arbeitgeber auf kollektivrechtlicher Ebene dazu zwingen, seiner Pflicht zur Durchführung von Betriebvereinbarungen gemäß § 77 Abs. 1 S. 1 BetrVG nachzukommen, indem er gemäß § 23 Abs. 3 BetrVG gegen den Arbeitgeber ein Verfahren vor dem Arbeitsgericht wegen grober Verletzung gesetzlicher Pflichten einleitet[327]. Die Unzumutbarkeit eines weiteren Festhaltens an einer Betriebsvereinbarung ist daher im Verhältnis der von der Betriebsvereinbarung erfassten Arbeitnehmer zum Arbeitgeber bzw. bei einer Belastung des Arbeitgebers umgekehrt im Verhältnis des Arbeitgebers zu den Arbeitnehmern zu bestimmen[328].

Weil bei kollektiven Verträgen nicht nur die eigentlichen Vertragsparteien von der Störung der Geschäftsgrundlage betroffen sind, wird im Tarifvertragsrecht diskutiert, wie die Unzumutbarkeit bei außerordentlichen Kündigung und der Störung der Geschäftsgrundlage von Tarifverträgen kollektiv zu definieren ist[329].

---

[324] Fitting/Engels/Schmidt/Trebinger/Linsenmaier, BetrVG, § 77 Rn. 18; Hess/Schlochauer/Worzalla/Glock, BetrVG, § 77 Rn. 7;.

[325] *Birk* ZfA 1986, 73, 79; *Hanau,* RdA 1989, S. 207, 209; *Hanau/Kania* in: Erfurter Kommentar, § 77 BetrVG, Rn. 31; a. A.: *Fitting/Engels/Schmidt/Trebinger/Linsenmaier,* BetrVG, § 77 Rn. 50; *Heinze,* NZA 1994, S. 580, 582.

[326] *Fitting/Engels/Schmidt/Trebinger/Linsenmaier,* BetrVG, § 1 Rn. 188; *Richardi* in: Richardi, BetrVG, Einleitung, Rn. 99.

[327] Fitting/Engels/Schmidt/Trebinger/Linsenmaier, BetrVG, § 23 Rn. 61, 66.

[328] So zur Ermittlung der Unzumutbarkeitsgrenze beim Tarifvertrag *Belling/Hartmann,* ZfA 1997, S. 87, 112; *Eckert,* AR-Blattei SD, Ziff. 1790, Rn. 63.

[329] *Buchner,* NZA 1993, S. 289, 298; *Belling/Hartmann,* ZfA 1997, S. 87, 112; vgl. auch die Ausführungen zur Unzumutbarkeit bei *Henssler,* ZfA 1994, S. 487, 491 f.

Da vor allem Flächentarifverträge stets eine größere Anzahl von Unternehmen erfassen, kann es im Tarifvertragsrecht häufiger dazu kommen, dass ein Teil der von einem Tarifvertrag erfassten Unternehmen von der Änderung der äußeren Umstände schwer belastet wird, während andere die Belastung an anderer Stelle – beispielsweise durch Mithilfe der Konzernobergesellschaft - auffangen können oder wegen anderer struktureller oder arbeitstechnischer Umstände im Betrieb von den Veränderungen möglicherweise sogar gar nicht betroffen sind. Von einem Teil der Literatur wird daher die Ansicht vertreten, dass ein Festhalten am Tarifvertrag für die überwiegende Mehrheit der von einer Änderung der Umstände nachteilig Betroffenen unzumutbar sein müsse[330]. Zum Teil ist von „einem wesentlichen Teil der Verbandsmitglieder" die Rede[331]. Andere Literaturstimmen gehen dagegen davon aus, dass die Überschreitung der Unzumutbarkeitsgrenze für die schlichte Mehrheit der Betroffenen ausreiche[332].

Im Betriebsverfassungsrecht ist die kollektive Definition der Unzumutbarkeit dagegen - soweit ersichtlich - bisher nicht diskutiert worden. Bei einer Analyse des üblichen Anwendungsbereichs und der möglichen Störungen der Geschäftsgrundlage von Betriebsvereinbarungen wird deutlich, dass der Grund für diese vermeintliche Unterlassung darin liegt, dass sich die Problematik einer unterschiedlichen Belastung der von einer Betriebsvereinbarung Betroffenen durch eine Störung der Geschäftsgrundlage im Regelfall nicht stellt. Betriebsvereinbarungen sind in den meisten Fällen betriebsbezogen. Eine Ausnahme gilt bei Gesamtbetriebsvereinbarungen, die mehrere Betriebe eines Unternehmens, und Konzernbetriebsvereinbarungen, die mehrere Unternehmen eines Konzerns betreffen. Bei Konzernbetriebsvereinbarungen ist zudem sogar ausnahmsweise mehr als ein Arbeitgeber an die Regelungen der jeweiligen Vereinbarung gebunden.

Im Regelfall betreffen jedoch Störungen der Geschäftsgrundlage einer Betriebsvereinbarung, wie beispielsweise Zweck- oder Äquivalenzstörungen, alle vom kollektiven Regelungssachverhalt der Betriebsvereinbarung erfassten Arbeitnehmer des Betriebes auf die gleiche Weise, und auf der Arbeitgeberseite stehen die Interessen nur eines Arbeitgebers. So sind stets alle Arbeitnehmer des Betriebes, die nach einer Betriebsvereinbarung über Akkordlohnsätze bezahlt werden, von einer Änderung des Verhältnisses zwischen Arbeitsleistung und Akkordlohn durch Inflation betroffen. Auch eine Gesamtbetriebsvereinbarung über die unternehmensweite Gewährung von Altersversorgungsleistungen ist regelmäßig nur insgesamt und in allen Betrieben in ihrer Finanzierung gestört.

---

330 *Belling/Hartmann*, ZfA 1997, S. 87, 112; *Oetker*, RdA 1995, S. 82, 95.
331 *Wank* in: Wiedemann, TVG, § 4 Rn. 31. Auch *Buchner*, NZA 1993, S. 289, 298, spricht sehr ähnlich von der Unzumutbarkeit für einen Großteil der Mitglieder.
332 *Däubler*, ZTR 1996, S. 241, 244.

Nur in Ausnahmefällen kann es dazu kommen, dass ein Teil der von einer Betriebsvereinbarung betroffenen Arbeitnehmer infolge einer Änderung der Umstände oder eines anfänglichen Irrtums der Betriebsparteien durch eine Betriebsvereinbarung unzumutbar belastet wird, während ein anderer Teil positive oder gar keine Folgen einer solchen Störung verspürt. Vorstellbar ist beispielsweise, dass eine neue Betriebsvereinbarung über Akkordlöhne zum Anfang eines Jahres abgeschlossen worden ist, weil zu diesem Zeitpunkt neue Maschinen eingeführt werden sollten. Tatsächlich werden die Maschinen wegen eines finanziellen Engpasses des Unternehmens jedoch nur in einem Teil des Betriebs eingeführt, so dass die mit den alten Maschinen arbeitenden Arbeitnehmer regelmäßig die Akkordleistung unterschreiten, die für die Erreichung des von den Betriebsparteien vorausgesetzten durchschnittlichen Tageslohns erforderlich ist.

In einem solchen Fall bietet es sich an, zur Feststellung der Unzumutbarkeit auf die im Tarifvertragsrecht entwickelten Maßstäbe zurückzugreifen und eine Erheblichkeit der Änderungen aus kollektiver Sicht zu fordern. Wegen der Klarheit und Handhabbarkeit dieser Grenzziehung ist dabei nach hier vertretener Ansicht darauf abzustellen, ob die Mehrheit der vom Regelungssachverhalt der Betriebsvereinbarung erfassten Arbeitnehmer von der Unzumutbarkeit betroffen ist. Im Gegensatz zu einem „erheblichen" oder „wesentlichen" Anteil der Arbeitnehmer lässt sich eine unzumutbare Belastung der Mehrzahl der vom Regelungssachverhalt der Betriebsvereinbarung erfassten Arbeitnehmer ohne weiteres feststellen. Zu beachten ist jedoch, dass nicht pauschal auf das Verhältnis der Arbeitnehmer des Betriebes zu den von der Betriebsvereinbarung belasteten Arbeitnehmern abgestellt werden kann, sondern es darauf ankommen muss, welcher Anteil der vom konkreten Regelungsgegenstand der Betriebsvereinbarung erfassten Arbeitnehmer durch die Störung unzumutbar belastet wird. So muss die Anpassung einer Betriebsvereinbarung über Akkordlohnsätze bei einer Änderung der Umstände auch möglich sein, wenn in einem Betrieb mit 200 Arbeitnehmern nur 20 im Akkord arbeiten. In diesem Fall sind alle vom Regelungsgegenstand der Betriebsvereinbarung erfassten Arbeitnehmer von der Änderung betroffen. Sind weniger als die Mehrheit der von der Betriebsvereinbarung erfassten Arbeitnehmer oder auch nur einzelne Arbeitnehmer von der Störung betroffen, so verbleibt diesen Arbeitnehmern stets der Weg einer individualarbeitsrechtlichen Klage im Urteilsverfahren unter Berufung auf Gleichbehandlungsgesichtspunkte.

Im Ergebnis bemisst sich die Unzumutbarkeit des Festhaltens an einer Betriebsvereinbarung daher im Verhältnis zwischen dem Arbeitgeber und den Arbeitnehmern. Wegen der Betriebsbezogenheit von Betriebsvereinbarungen kommt es dabei regelmäßig zu einer gleichmäßigen Belastung aller vom Regelungssachverhalt einer Betriebsvereinbarung erfassten Arbeitnehmer. Wird ausnahmsweise nur ein Teil der vom Regelungssachverhalt der Betriebsvereinbarung erfassten Arbeitnehmer unzumutbar belastet, so ist darauf abzustellen, ob es sich bei diesem Teil um die Mehrheit der Arbeitnehmer handelt.

II. Inhaltliche Bestimmung der Unzumutbarkeit

Auch bei Betriebsvereinbarungen spielt gemäß § 313 Abs. 1 BGB die vertragliche Risikoverteilung eine wesentliche Rolle für die inhaltliche Bestimmung der Unzumutbarkeit. Maßgeblich für die Risikoverteilung ist auch bei Betriebsvereinbarungen getreu dem Grundsatz „pacta sunt servanda" grundsätzlich der Umfang der eingegangenen Bindung. Vereinbart der Arbeitgeber in einer Betriebsvereinbarung bestimmte Leistungen an die Arbeitnehmer, so muss er dafür sorgen, dass er seine Leistungspflichten erfüllen kann[333]. Die Arbeitnehmer tragen dagegen zum Beispiel das Risiko, dass die zugesagten Leistungen durch die gewöhnliche Geldentwertung an Wert verlieren oder sich der ausgezahlte Nettobetrag durch Lohnsteuererhöhungen verändert[334].

Da sich Betriebsvereinbarungen auf verschiedenste Regelungsgegenstände beziehen können, lässt sich keine allgemeingültige Regel dafür aufstellen, ab wann die Grenze der Zumutbarkeit des Festhaltens an einer Betriebsvereinbarung erreicht ist. In Einzelfällen können sich jedoch aus dem Inhalt der jeweiligen Betriebsvereinbarung Hinweise über den Umfang der Bindung an die Vereinbarung ergeben, so beispielsweise, wenn die Betriebsparteien in der Betriebsvereinbarung ausdrückliche Regelungen über bestimmte Wertungsmaßstäbe vereinbart haben. So ist es zum Beispiel möglich, in eine Betriebsvereinbarung über besondere Zusatzleistungen an die Arbeitnehmer eine Klausel aufzunehmen, die Neuverhandlungen vorsieht, wenn sich die finanzielle Lage des Unternehmens unter einen bestimmten Schwellenwert verschlechtert. Wird diese Schwelle nicht erreicht, so wird indiziert, dass auch die Unzumutbarkeitsgrenze nicht erreicht ist[335]. Maßgeblich für die Beurteilung der Unzumutbarkeit ist zudem auch, ob es sich bei der abgeschlossenen Betriebsvereinbarung um eine unbefristete Betriebsvereinbarung handelt, oder ob die Betriebsvereinbarung gerade in der Absicht befristet worden ist, möglicherweise eintretenden Veränderungen besser Rechung tragen zu können[336].

Bei einer Anwendung von § 313 BGB auf bürgerlich-rechtliche Verträge spielt auch der Aspekt der Vorhersehbarkeit eine gewisse Rolle für die Bewertung der Unzumutbarkeit eines weiteren Festhaltens am Vertrag. Der Gesetzgeber der Schuldrechtsreform weist jedoch zutreffend darauf hin, dass die Vorhersehbar-

---

[333] Eine Ausnahme besteht in dem in diesem Teil unten unter C IV besprochenen Fall der wirtschaftlichen Notlage des Arbeitgebers.
[334] Vgl. *Belling/Hartmann*, ZfA 1997, S. 87, 112.
[335] Vgl. das Beispiel bei *Belling/Hartmann*, ZfA 1997, S. 87, 114.
[336] Vgl. *Meyer*, RdA 1998, S. 142, 149; *Eckert*, AR-Blattei SD, Ziff. 1790, Rn. 64 in Bezug auf Tarifverträge.

keit einer Änderung der Umstände kein genereller Ausschlussgrund für die Anwendung von § 313 BGB sei, sondern allenfalls als Indiz gegen die Unzumutbarkeit des weiteren Festhaltens am Vertrag gelten könne[337].

Auch bei Betriebsvereinbarungen kann die Vorhersehbarkeit einer Änderung allenfalls Indizwirkung haben. Problematisch erscheint die Bewertung der Vorhersehbarkeit allerdings auf Seiten des Betriebsrats. So können zukünftige Änderungen der Umstände für den Betriebsrat vorhersehbar sein, für die Arbeitnehmer, an deren Belastung die Unzumutbarkeit zu bemessen ist, aber völlig überraschend kommen. Auch ist der umgekehrte Fall denkbar, dass zwar nicht der Betriebsrat, dafür aber einzelne Arbeitnehmer des Betriebes durch ihre besondere Fachkenntnis den Eintritt der Störung vorhersehen konnten.

Ist die Änderung für den Betriebsrat, nicht jedoch für die belasteten Arbeitnehmer vorhersehbar gewesen, so erscheint es nicht gerechtfertigt, hieraus ein Indiz gegen die Unzumutbarkeit eines Festhaltens an der Betriebsvereinbarung herzuleiten. Das Wissen des Betriebsrats kann den Arbeitnehmern auch nicht nach den zivilrechtlichen Grundsätzen über die Wissenszurechnung eines Vertreters gemäß § 166 Abs. 1 BGB zugerechnet werden. Der Betriebsrat ist zwar die Interessenvertretung der Arbeitnehmer des Betriebes[338], er handelt jedoch nicht als gesetzlicher Vertreter einzelner Arbeitnehmer, sondern wird beim Abschluss von Betriebsvereinbarungen in Wahrnehmung eigener Aufgaben tätig[339]. Weil die Definition der Unzumutbarkeit kollektivrechtlich erfolgen muss, erscheint auch umgekehrt nicht richtig, dem Betriebsrat und dem Rest der Arbeitnehmer die Vorhersehbarkeit der Änderung durch einzelne Arbeitnehmer des Betriebes anzulasten. Nur wenn die Änderung der Umstände von den Arbeitnehmern und dem Betriebsrat gleichermaßen vorhersehbar war, kann die Vorhersehbarkeit daher als Indiz für eine Verschiebung des Vertragsrisikos zulasten der Arbeitnehmer angesehen werden.

Im Ergebnis bestimmt sich die Unzumutbarkeit eines weiteren Festhaltens am Vertrag auch bei Betriebsvereinbarungen inhaltlich nach den Umständen des Einzelfalls, vor allem den Interessen der Arbeitnehmer und des Arbeitgebers und der vertraglichen Risikoverteilung. Die Vorhersehbarkeit einer Änderung der Umstände hat nur Indizwirkung. Auf Seiten des Betriebsrats ist für die Indizwirkung allerdings erforderlich, dass die Änderung für Arbeitnehmer und Betriebsrat gleichermaßen vorhersehbar war.

---

[337] BT-Drucks. 14/6040, S. 175.

[338] *Fitting/Engels/Schmidt/Trebinger/Linsenmaier*, BetrVG, § 1 Rn. 188; ***Richardi*** in: Richardi, BetrVG, Einleitung, Rn. 96-98.

[339] *Fitting/Engels/Schmidt/Trebinger/Linsenmaier*, BetrVG, § 1 Rn. 189; ***Richardi*** in: Richardi, BetrVG, Einleitung, Rn. 98; nach der Gegenansicht handelt es sich bei den Mitbestimmungsrechten um originäre Rechte der Arbeitnehmer, die dem Betriebsrat nur zur Ausübung zugewiesen sind: vgl. *Belling*, Haftung, S. 115, 131, m. w. N.

C. Fallgruppen in der Rechtsprechung

Wie im bürgerlichen Recht geben auch im Betriebsverfassungsrecht die von der Rechtsprechung und Literatur entwickelten Fallgruppen wertvolle Anhaltspunkte für die Subsumtion eines Sachverhalts unter § 313 BGB. Neben den Fallgruppen der Zweckstörungen, Äquivalenzstörungen sowie des Eingriffs von hoher Hand kommt bei einer Anwendung von § 313 BGB auf Betriebsvereinbarungen dem Fall der wirtschaftlichen Notlage des Arbeitgebers besondere Bedeutung zu.

I. Zweckstörungen

Unter die Fallgruppe der Zweckstörungen sind die durch die Rechtsprechung entwickelten Fälle zu subsumieren, in denen eine Störung der Geschäftsgrundlage zum Wegfall des objektiven Vertragszwecks geführt hat[340].

Betriebsvereinbarungen dienen im Gegensatz zu den meisten bürgerlichrechtlichen Verträgen stets mehr als einem Vertragszweck. Bereits von Gesetz wegen haben sie mehrere übergeordnete Zwecksetzungen. Zum einen sollen Betriebsvereinbarungen die kollektive betriebliche und betriebsverfassungsrechtliche Ordnung regeln[341]. Zum anderen gestalten sie aber gleichzeitig auch die individualrechtlichen Rechtsbeziehungen zwischen dem Arbeitgeber und den Arbeitnehmern[342]. Als Mittel für die innerbetriebliche Rechtssetzung schaffen Betriebsvereinbarungen so einheitliche Arbeitsbedingungen im Betrieb sowie eine übergeordnete, für alle Arbeitsverhältnisse geltende Normenordnung[343].

Neben den gesetzlichen Zwecksetzungen wird jede Betriebsvereinbarung aber auch durch eine oder mehrere individualvertragliche Zwecksetzungen geprägt. Welche individuellen Zwecksetzungen eine Betriebsvereinbarung nach dem Willen der Betriebsparteien erfüllen soll, bestimmt sich nach den Umständen des Einzelfalles. Entsprechend des weit gefächerten möglichen Regelungsbereichs von Betriebsvereinbarungen können die Zwecksetzungen von Betriebsvereinbarungen Regelungsbereiche erfassen, die von der Arbeitssicherheit bis hin zu den Zahlungsmodalitäten des Arbeitslohns gehen. So dient beispielsweise eine Betriebsvereinbarung über die Aufstellung bestimmter Entlohnungsgrundsätze gemäß § 87 Abs. 1 Nr. 10 BetrVG dazu, Gleichberechtigung zwischen den

---

[340] So z. B. BGH vom 8.2.1984, NJW 1984, S. 1746 f.; BGH vom 16.2.2000, NJW 2000, S. 1714, 1716; *Larenz,* Geschäftsgrundlage, S. 185 und 91-95; *Krebs* in: Dauner-Lieb/Heidel/Lepa/Ring, Schuldrecht, § 313 BGB, Rn. 1.

[341] *Fitting/Engels/Schmidt/Trebinger/Linsenmaier,* BetrVG, § 77 Rn. 12; *Richardi* in: Richardi, BetrVG, § 77 Rn. 18; *Berg* in: Däubler/Kittner/Klebe, § 77 Rn. 2.

[342] *Fitting/Engels/Schmidt/Trebinger/Linsenmaier,* BetrVG, § 77 Rn. 2; *Richardi* in: Richardi, BetrVG, § 77 Rn. 17.

[343] Fitting/Engels/Schmidt/Trebinger/Linsenmaier, BetrVG, § 77 Rn. 2.

von ihr erfassten Arbeitnehmern herzustellen und das innerbetriebliche Lohngefüge für alle Betroffenen übersichtlich und durchsichtig zu machen[344]. Ändern sich die im Unternehmen verwendeten Technologien, so können sich auch die Tätigkeitsanforderungen von Arbeitnehmern bestimmter Lohngruppen ändern und es kann zu einer Unausgewogenheit der Entlohnungsgrundsätze kommen.

Bei der Prüfung, ob die Regelungen einer Betriebsvereinbarung einer Zweckstörung unterliegen, ist zwischen den gesetzlichen und den individuellen Zwecksetzungen der jeweiligen Betriebsvereinbarung zu unterscheiden. Ändern sich die einer Betriebsvereinbarung zugrunde liegenden tatsächlichen Verhältnisse, so kann diese Änderung grundsätzlich nicht zum Wegfall der übergeordneten gesetzlichen Zwecksetzungen von Betriebsvereinbarungen führen. Solange das BetrVG in seiner jetzigen Form und mit seinem jetzigen Inhalt bestehen bleibt, bleiben auch die durch das Gesetz vorausgesetzten allgemeinen Regelungs- und Ordnungsfunktionen von Betriebsvereinbarungen erhalten. Nur bei einer Gesetzesänderung wäre ein Entfallen dieser übergeordneten gesetzlichen Zwecksetzungen denkbar. Dagegen kann die Störung der einer Betriebsvereinbarung zugrunde liegenden Umstände zum Entfallen des individuellen Zwecks der Betriebsvereinbarung führen. So kann zum Beispiel der Zweck einer für den Zeitraum einer lärm- und schmutzintensiven Bauphase im Betrieb vereinbarten Belastungszulage entfallen, wenn sich die Bauarbeiten unerwartet durch die Verwendung einer neuen, bisher kaum bekannten Technik ohne besondere Lärm- und Schmutzbelastung durchführen lassen.

II. Äquivalenzstörungen

Die Fallgruppe der Äquivalenzstörungen setzt voraus, dass das einem Vertrag zugrunde gelegte Verhältnis von Leistung und Gegenleistung durch eine Veränderung der äußeren Umstände gestört ist[345]. Weil durch den Abschluss einer Betriebsvereinbarung grundsätzlich kein Leistungs- und Gegenleistungsverhältnis zwischen den Betriebsparteien begründet wird[346], sondern die Regelungen der Vereinbarung normativ auf die Arbeitsverhältnisse im Betrieb einwirken, kann eine Äquivalenzstörung nur zwischen durch Betriebsvereinbarungen vereinbarten Leistungen des Arbeitgebers und den hierfür zu erbringenden Gegenleistungen der Arbeitnehmer entstehen. Da Leistungspflichten des Arbeitgebers in freiwilligen Betriebsvereinbarungen nur innerhalb der durch die Regelungssperre des § 77 Abs. 3 BGB, bzw. bei erzwingbaren Betriebsvereinbarungen inner-

---

[344] Fitting/Engels/Schmidt/Trebinger/Linsenmaier, BetrVG, § 87 Rn. 408.

[345] *Roth* in: Münchener Kommentar, BGB, § 313 Rn. 59; *Heinrichs* in: Palandt, BGB, § 313 Rn. 32; *Krebs* in: Dauner-Lieb/Heidel/Lepa/Ring, Schuldrecht, § 313 BGB, Rn. 44.

[346] *Kreutz* in: GK-BetrVG, § 77 Rn. 187-198; a. A. unter anderem *Richardi* in: Richardi, BetrVG, § 77 Rn. 59, m. w. N.

halb der Regelungssperre des § 87 Abs. 1 S. 1 HS. 1 BetrVG[347] vereinbart werden können, hat die Fallgruppe der Äquivalenzstörungen auf Betriebsvereinbarungen allerdings nur einen begrenzten Anwendungsbereich.

Das Verhältnis von Leistung und Gegenleistung lässt sich bei Betriebsvereinbarungen oft schwerer bestimmen als bei bürgerlich-rechtlichen Verträgen, weil die Geldleistung nicht nur die erbrachte Arbeitsleistung entlohnen soll, sondern noch weiteren Zwecken dient. Handelt es sich bei den Arbeitgeberleistungen um Akkord- oder Prämienlöhne, so ist offensichtlich, dass der Geldleistung des Arbeitgebers stets eine bestimmte, deutlich definierbare Arbeitsleistung der Arbeitnehmer gegenübersteht. Gratifikationen und andere Sonderzahlungen beziehen sich dagegen oft nicht nur auf die erbrachte Arbeitsleistung, sondern belohnen auch die Betriebstreue[348]. Auch Altersversorgungsleistungen haben nach der Ansicht der Rechtsprechung und herrschenden Literatur sowohl Entgeltcharakter als auch den Zweck einer Fürsorge für die Zukunft[349].

Ausgangspunkt für die Bewertung einer Äquivalenzstörung ist allerdings auch bei Leistungen, die mehreren Leistungszwecken dienen, dass die Betriebsparteien von Anfang an von einem bestimmten Geldwert ausgegangen sind, den sie der entsprechenden Gegenleistung gegenüberstellen wollten. Zwar treffen die Betriebsparteien bei Abschluss einer Betriebsvereinbarung im Regelfall keine ausdrücklichen Absprachen über den Geldwert. Auch im Betriebsverfassungsrecht gehen Arbeitgeber und Betriebsrat jedoch gewöhnlich davon aus, dass der bei Abschluss der Betriebsvereinbarung stillschweigend vorausgesetzte Geldwert keinen unerwarteten Schwankungen unterliegt. Dient die vereinbarte Leistung neben der Entlohnung allerdings noch weiteren Leistungszwecken, so können diese Zwecke für die Bewertung der Unzumutbarkeit eines weiteren Festhaltens am Vertrag von Belang sein. So hatte das BAG vor der Einführung der Anpassungspflicht von Altersversorgungszusagen gemäß § 16 BetrAVG die Äquivalenzstörung einer Ruhegeldvereinbarung bereits bei Preissteigerungen von 40% im Zeitraum zwischen dem Abschluss der Ruhegeldvereinbarung und

---

[347] BAG GS vom 3.12.1993, AP Nr. 51 zu § 87 BetrVG 1972, Lohngestaltung; *Klebe* in: Däubler/Kittner/Klebe, BetrVG, § 87 Rn. 32; *Heinze*, NZA 1989, S. 41, 47 („Vorrangtheorie"). Nach der Gegenansicht („Zwei-Schranken-Theorie") findet dagegen im Rahmen von § 87 BetrVG die Regelungsschranke von § 77 Abs. 3 BetrVG Anwendung, wonach der Abschluss einer Betriebsvereinbarung über in § 87 BetrVG aufgezählte Regelungsgegenstände ausgeschlossen ist, wenn diese Regelungen tarifüblich sind: *Zöllner/Loritz*, Arbeitsrecht, S. 571 f; *Wiese* in: GK-BetrVG, § 87 Rn. 52 f.

[348] So genannte „Gratifikation mit Mischcharakter", vgl. BAG vom 7.11.1991, BB 1992, S. 142.

[349] BAG vom 10.3.1972, AP Nr. 156 zu § 242 BGB, Ruhegehalt, unter A II 2 a der Gründe; BAG vom 6.12.1976, AP Nr. 3 zu § 16 BetrAVG; *Höfer*, BetrAVG, ART, Rn. 57-59; *Blomeyer/Otto*, BetrAVG, Einleitung, Rn. 40-43.

der Auszahlung des Ruhegeldes mit der Begründung angenommen, dass das Ruhegeld zur Finanzierung des Lebensunterhaltes des Rentners diene[350].

III. Eingriffe von hoher Hand

Unter das Schlagwort der „Eingriffe von hoher Hand" sind die Fälle der Störung der Geschäftsgrundlage zu fassen, in denen die Staatsgewalt durch hoheitliche Eingriffe eine Veränderung der der Vereinbarung zugrunde liegenden Umstände herbeigeführt hat[351]. Vornehmlich handelt es sich bei solchen staatlichen Eingriffen um Gesetzes- oder Rechtsprechungsänderungen. Eine Änderung der Gesetzeslage wirkt sich auf eine Betriebsvereinbarung dabei vor allem aus, wenn der Inhalt der Betriebsvereinbarung inhaltlich auf bestimmte gesetzliche Regelungen verweist. Auch in diesem Fall ist jedoch nach den allgemeinen Grundsätzen von § 313 BGB erforderlich, dass die Störung erheblich ist. Geringfügige Änderungen der Lohnsteuer oder der Sozialversicherungsbeiträge sind daher in der Regel nicht ausreichend, um eine Berufung auf § 313 BGB zu begründen.

In der Literatur werden zudem staatliche Subventionen als Beispiel für einen hoheitlichen Eingriff in Betriebsvereinbarungen und Sozialpläne genannt[352]. So beruhte die bereits mehrfach erwähnte Entscheidung des BAG vom 10.8.1994 zur Störung der Geschäftsgrundlage eines Sozialplans auf dem Sachverhalt, dass dem Arbeitgeber bei der Kalkulation der Sozialplanabfindungen vorausgesetzte Subventionen des Sozialplans durch die Treuhandanstalt nicht gewährt wurden[353]. Die bisherige Subventionspraxis nach den Richtlinien der Treuhandanstalt war kurz nach Abschluss des Sozialplans durch eine gemeinsame Erklärung von Treuhandanstalt, DGB und DAG vom 13.4.1991 beendet worden, wonach Subventionen für Sozialplanabfindungen auf höchstens 5000 DM pro Arbeitnehmer zu begrenzen waren. Der Arbeitgeber hätte hiernach einen Betrag von 29 Mio. DM aus eigener Tasche bezahlen müssen, der ihn in die Gefahr der Insolvenz gebracht hätte.

Wie sich aus der Entscheidung des BAG vom 10.8.1994 ergibt, reicht jedoch allein die Kürzung von Subventionen für eine Berufung des Arbeitgebers auf die Störung der Geschäftsgrundlage grundsätzlich nicht aus. Das BAG hat den maßgeblichen Faktor für ein Eingreifen des Wegfalls der Geschäftsgrundlage vielmehr darin gesehen, dass dem Arbeitgeber bei einem Festhalten an dem abgeschlossenen Sozialplan die Insolvenz gedroht hätte.[354] Bei der Kürzung von

---

[350] BAG vom 30.3.1973, BB 1973, S. 522, 524; vgl. auch BGH vom 17.12.1973, BB 1974, 101 f.
[351] *Krebs* in: Dauner-Lieb/Heidel/Lepa/Ring, Schuldrecht, § 313 BGB, Rn. 50; *Roth* in: Münchener Kommentar, BGB, § 313 Rn. 171-188;
[352] So zum Tarifvertrag: *Heßhaus*, Tarifvertragsrecht, S. 173.
[353] BAG vom 10.8.1994, AP Nr. 86 zu § 112 BetrVG 1972.
[354] BAG vom 10.8.1994, AP Nr. 86 zu § 112 BetrVG 1972, unter B III 1 der Gründe.

Sozialplansubventionen handelt es sich daher um einen Fall, der eher unter die unten besprochene Fallgruppe der wirtschaftlichen Notlage des Arbeitgebers einzuordnen ist.

IV. Irrige Vorstellungen über die zur Verfügung stehende Finanzmasse

Das BAG hat die irrige Vorstellung der Betriebsparteien über die für die Gewährung bestimmter Leistungen zur Verfügung stehende Finanzmasse sowohl in dem oben genannten Beschluss vom 10.8.1994[355], als auch schon in einem Urteil vom 17.2.1981[356] als Grund anerkannt, der zu einer Berufung der Betriebsparteien auf die Störung der Geschäftsgrundlage berechtigen kann. So hatten die klagenden Arbeitnehmer in der Entscheidung vom 17.2.1981 vorgetragen, dem Arbeitgeber hätte für die Erfüllung von Sozialplanleistungen statt den anfänglich angenommenen 500.000,- DM tatsächlich mindestens 1,8 Mio. DM zur Verfügung gestanden. Das BAG hatte dagegen darauf verwiesen, dass dieser Sachverhalt vom Betriebsrat unter Berufung auf den Wegfall der Geschäftsgrundlage hätte geltend gemacht werden müssen.

Wie der Beschluss des BAG vom 10.8.1994 zeigt, sind jedoch auf Seiten des Arbeitgebers strenge Anforderungen an die Beachtlichkeit des Irrtums über die Finanzierungsgrundlage einer Betriebsvereinbarung gemäß § 313 Abs. 2 BGB zu stellen. Es spricht daher viel dafür, dass der Arbeitgeber sich bei einem solchen Irrtum nur von der Betriebsvereinbarung lösen kann, wenn ihm bei einem Festhalten an der Vereinbarung die Insolvenz drohen würde.

V. Wirtschaftliche Notlage des Arbeitgebers

Vertragliche Verpflichtungen können durch unverschuldete oder selbst verursachte wirtschaftliche Probleme eines der Vertragspartner zu einer persönlichen Belastung werden, mit der der Kontrahierende bei Vertragsabschluss nicht gerechnet hatte. Im Betriebsverfassungsrecht hat die wirtschaftliche Notlage des Arbeitgebers eine besondere Bedeutung erlangt. Nach der Rechtsprechung und dem Großteil der Literaturstimmen kann sie den Arbeitgeber zur Anpassung einer Betriebsvereinbarung oder eines Sozialplans nach den Grundsätzen der Störung der Geschäftsgrundlage berechtigen[357].

---

[355] BAG vom 10.8.1994, ebenda.

[356] BAG vom 17.2.1981, AP Nr. 11 zu § 112 BetrVG 1972.

[357] BAG vom 17.2.1981, AP Nr. 11 zu § 112 BetrVG 1972; BAG vom 10.8.1994, AP Nr. 86 zu § 112 BetrVG 1972; *Hromadka*, RdA 1992, S. 234, 259 f.; *Löwisch/Kaiser*, BetrVG, § 112 Rn. 73; *Fabricius/Oetker* in: GK-BetrVG, § 112, Rn. 175; *Eckert*, AR-Blattei SD, Ziff. 1790, Rn. 78; *Annuß* in: Richardi, § 112 BetrVG, 188.

1. Bedeutung der wirtschaftlichen Notlage im bürgerlichen Recht und im Individualarbeitsrecht

Im bürgerlichen Recht berechtigt die wirtschaftliche Notlage die Vertragspartner nicht zur Lösung von einer durch sie eingegangenen vertraglichen Bindung. Der Grund für diese strenge Vertragsbindung liegt darin, dass das Funktionieren unserer Rechts- und Wirtschaftsordnung nur zu gewährleisten ist, wenn das eigene wirtschaftliche Unvermögen den Schuldner nicht von seiner Leistungsverpflichtung befreit[358]. Es kann nicht sein, dass der Käufer, dem das notwendige Geld fehlt, vom Verkäufer die Herabsetzung des Kaufpreises verlangen kann. Der vereinbarte Vertragsinhalt wäre in diesem Falle wertlos. Der Schuldner hat daher die Nichterfüllung seiner Leistungspflicht unabhängig von seinem Verschulden stets zu vertreten[359]. Es gilt der Grundsatz der unbeschränkten Vermögenshaftung[360].

Der Grundsatz, dass der Schuldner auch bei wirtschaftlichen Schwierigkeiten für seine eigene finanzielle Leistungsfähigkeit einstehen muss, hat im Individualarbeitsrecht eine besondere Ausprägung durch die Lehre vom Betriebs- und Wirtschaftsrisiko gefunden. Nach der durch das BAG entwickelten Betriebsrisikolehre, die seit der Schuldrechtsreform einen gesetzlichen Anknüpfungspunkt in § 615 Abs. 3 BGB hat, muss der Arbeitgeber das Risiko unvorhergesehener betriebstechnischer Störungen, wie zum Beispiel Maschinenschäden, Energieunterbrechungen, Rohstoffmangel oder Naturereignissen tragen, aufgrund derer die Arbeitnehmer die geschuldete Arbeitsleistung nicht erbringen können[361]. Darüber hinaus trägt der Arbeitgeber aber stets auch das allgemeine Wirtschaftsrisiko[362]. Als Unternehmer und Empfänger der Unternehmensgewinne muss er sowohl für wirtschaftliche Schwankungen, die sich aus Änderungen der äußeren Wirtschaftslage ergeben, als auch für den Erfolg oder Misserfolg seiner unternehmensinternen betriebswirtschaftlichen Handlungen einstehen[363]. Auch bei wirtschaftlichen Problemen des Arbeitgebers greifen daher die allgemeinen

---

[358] *Hromadka*, RdA 1992, S. 234, 259; *Heinrichs* in: Palandt, BGB, § 245 Rn. 14.
[359] BGH vom 30.10.1974, BGHZ 63, S. 132, 139; BGH vom 25.3.1982, BGHZ 83, S. 293, 300; BGH vom 28.2.1989, BGHZ 107, S. 92, 102.
[360] *Medicus*, AcP 188, S. 489, 503; *Löwisch* in: Staudinger, BGB, § 279 Rn. 2.
[361] BAG vom 28.9.1972, AP Nr. 28 zu § 615 BGB, Betriebsrisiko; BAG vom 9.3.1983, AP Nr. 31 zu § 615 BGB, Betriebsrisiko; BAG vom 30.3.1991, AP Nr. 33 zu § 615 BGB, Betriebsrisiko; *Kittner/Zwanziger*, Arbeitsrecht, § 77 Rn. 17-19. Dagegen zum Arbeitskampfrisiko: *Linck* in: Schaub, Arbeitsrechts-Handbuch, § 101, Rn. 12-20.
[362] BAG vom 23.6.1994, AP Nr. 56 zu § 615 BGB; *Linck* in: Schaub, Arbeitsrechts-Handbuch, § 101, Rn. 25-27; *Boewer* in: Münchener Handbuch Bd. 1, § 79 Rn. 6-8; *Künzl* in: Kasseler Handbuch, Ziff 2.1, Rn. 537; *Preis*, Arbeitsrecht, S. 519.
[363] *Linck* in: Schaub, Arbeitsrechts-Handbuch, § 101, Rn. 26.

Grundsätze des bürgerlichen Rechts ein, wonach der Schuldner stets seine finanzielle Leistungsfähigkeit zu vertreten hat[364].

Von einem kleinen Teil der Literaturstimmen wird allerdings diskutiert, ob sich der Arbeitgeber von der arbeitsvertraglichen Lohnzahlungspflicht lösen kann, wenn das Ereignis, das die Betriebsstörung hervorgerufen hat, so schwerwiegend ist, dass der Betrieb in seiner Existenz gefährdet ist[365]. Diese Sichtweise wurde durch das RAG im obiter dictum eines Urteil aus dem Jahre 1928 vertreten[366]. Auch das BAG hat die Frage der Lösung von der Lohnzahlungspflicht bei Existenzgefährdung des Arbeitgebers in zwei Urteilen aus den Jahren 1963 und 1972 wieder aufgegriffen[367], einen solchen Weg jedoch - soweit ersichtlich - bisher in keiner Entscheidung gewählt. Der überwiegende Teil der Literatur lehnt dagegen die Lösungsmöglichkeit von der Lohnzahlungspflicht im Falle der Existenzgefährdung des Arbeitgebers ab[368]. Es gebe keine besondere Solidaritätspflicht oder Betriebsverbundenheit, die die Arbeitnehmer zu einem Verzicht auf Lohnansprüche verpflichte[369].

Betrachtet man die Interessenlage der Vertragspartner im Individualarbeitsrecht genauer, so erscheint die Ansicht der Kritiker eines Lösungsrechts von der Lohnzahlungspflicht gerechtfertigt. Beim Abschluss des Arbeitsvertrages setzt der Arbeitnehmer - insbesondere weil der Arbeitslohn der Finanzierung seiner Lebensgrundlage dient - eine regelmäßige Lohnzahlung voraus, und hat keineswegs die Vorstellung, dass diese Pflicht entfällt, sobald der Arbeitgeber in finanzielle Schwierigkeiten gerät. Die wirtschaftliche Leistungsfähigkeit des Arbeitgebers wird daher nicht automatisch zur Geschäftsgrundlage eines Arbeitsvertrags. Eine Verlagerung des arbeitsvertraglichen Lohnrisikos im Falle der wirtschaftlichen Notlage lässt sich auch nicht mit einer besonderen Treue- und Solidaritätspflicht der Arbeitnehmer[370] oder der Annahme eines einem Gesellschaftsverhältnis ähnlichen personenrechtlichen Gemeinschaftsverhältnisses[371]

---

364 BAG vom 23.6.1994, AP Nr. 56 zu § 615 BGB, unter 1. der Gründe.

365 *Belling* in: Erman, BGB, § 615 Rn. 63; vgl. auch die Ausführungen bei *Preis,* Arbeitsrecht, S. 519 f., sowie *Boewer* in: Münchener Handbuch Bd. 1, § 79 Rn. 4 und *Linck,* in: Schaub, Arbeitsrechts-Handbuch, § 101 Rn. 26.

366 RAG vom 20.6.1928, ARS 2, S. 74, 79.

367 BAG vom 30.5.1963, AP Nr. 15 zu § 615 BGB, Betriebsrisiko, BAG vom 28.9.1972, AP Nr. 28 zu § 615 BGB, Betriebsrisiko.

368 *Boewer* in: Münchener Handbuch Bd. 1, § 79 Rn. 20; *Zöllner/Loritz,* Arbeitsrecht, S. 240; *Richardi* in: Staudinger, BGB, § 615 Rn. 214; *Linck* in: *Schaub,* Arbeitsrechts-Handbuch, § 101 Rn. 26; a. A. *Hueck/Nipperdey,* Arbeitsrecht, Bd. I, S. 354.

369 *Boewer* in: Münchener Handbuch Bd. 1, § 79 Rn. 21.

370 Für eine Solidaritätspflicht: *Kauffmann,* DB 1966, S. 33; *Adomeit,* NJW 1994, S. 837.

371 Zum Gemeinschaftsverhältnis: *Herschel,* Arbeitsrecht, S. 93 f.; *Hueck,* Treuegedanke, S. 13.

begründen[372]. Im Arbeitsverhältnis verfolgen Arbeitgeber und Arbeitnehmer trotz ihrer gegenseitigen Abhängigkeit voneinander vorrangig ihre eigenen Interessen. Den Arbeitnehmern geht es um die Lohnzahlung, die der Finanzierung ihres Lebensunterhalts dient, während der Arbeitgeber die Arbeitsleistung zur Erreichung seiner unternehmerischen Ziele benötigt. Die finanzielle Notlage des Arbeitgebers führt deshalb nach den allgemeinen Risikoverteilungsgrundsätzen im Individualarbeitrecht nicht zu einer Befreiung des Arbeitgebers von seiner Lohnzahlungspflicht wegen einer Störung der Geschäftsgrundlage.

Der Ausschluss einer Berufung auf § 313 BGB bedeutet allerdings nicht, dass der Arbeitgeber auf individualarbeitsrechtlicher Ebene nicht auf seine angespannte wirtschaftliche Situation reagieren kann. Möglich ist bei Vorliegen der tatbestandlichen Voraussetzungen der Ausspruch von ordentlichen Kündigungen oder von Änderungskündigungen aus dringenden betrieblichen Gründen, die im Regelfall mit einer mitbestimmungspflichtigen Betriebsänderung gemäß §§ 112-112 a BetrVG einhergehen werden[373]. Zudem besteht bei Vorliegen einer entsprechenden kollektiv- oder individualarbeitsrechtlichen Rechtsgrundlage auch die Möglichkeit der Einführung von Kurzarbeit im Betrieb unter Beantragung von Kurzarbeitergeld gemäß § 169 SGB III, um vorübergehende Arbeitsausfälle zu überbrücken[374].

Eine vollkommen unbeschränkte Haftung des Arbeitgebers für vertragliche Verpflichtungen wird zudem durch das Insolvenzrecht verhindert. Kommt es durch zu viele offene Verpflichtungen zu einer Überschuldung des Arbeitgebers, so greift die InsO ein, die nicht nur für den Fall der Überschuldung von juristischen Personen, sondern auch für die Schuldenbereinigung bei Verbraucherinsolvenz nach §§ 304-314 InsO abschließende Regelungen enthält. Gemäß § 113 Abs. 1 InsO können die Arbeitsverhältnisse bei einer Insolvenz des Arbeitgebers unter Einhaltung einer Frist von drei Monaten zum Monatsende gekündigt werden können, falls nicht einzelvertraglich eine kürzere Frist maßgeblich ist.

2. Begründung einer abweichenden Bewertung im Betriebsverfassungsrecht

Die wirtschaftliche Notlage des Arbeitgebers kann für die Störung der Geschäftsgrundlage einer Betriebsvereinbarung nur dann eine Rolle spielen, wenn sich aus den betriebsverfassungsrechtlichen Grundsätzen eine vom bürgerlichen Recht und Individualarbeitsrecht abweichende Bewertung der bei Vertrags-

---

[372] So auch *Däubler*, DB 1993, S. 781, 783; *Fenn*, AuR 1971, S. 321-327; gegen eine besondere Treuepflicht des Betriebsrentners: *Blomeyer*, RdA 1977, S. 1, 5-7.

[373] *Linck* in: Schaub, Arbeitsrechts-Handbuch § 101, Rn. 26; zum Vorrang der Änderungskündigung des Individualarbeitsvertrages auch *Ascheid*, in *Hromadka*, Arbeitsbedingungen, S. 109, 136.

[374] *Boewer* in: Münchener Handbuch Bd. 1, § 79 Rn. 23 f.

schluss bestehenden Interessenlage und der vertraglichen Risikoverteilung ergibt.

Im Individualarbeitsrecht verfolgen die Vertragspartner - gleichermaßen wie die Vertragspartner jedes bürgerlich-rechtlichen Vertrages - beim Vertragsabschluss stets ihre individuellen Interessen. Anders ist die Interessenlage aber bei den auf kollektivrechtlicher Ebene abgeschlossenen Betriebsvereinbarungen. Die im BetrVG vorgesehenen Beteiligungsrechte wurden vom Gesetzgeber geschaffen, um die Position der Arbeitnehmer gegenüber dem sozial und wirtschaftlich mächtigeren Arbeitgeber zu stärken[375]. Da der Arbeitgeber aus der Natur des Arbeitsverhältnisses heraus von der erbrachten Arbeitsleistung profitiert, das Weisungsrecht im Betrieb hat und einseitig die Bedingungen für die Erbringung der Arbeit festlegt, sollte durch die Mitbestimmung des Betriebsrats ein größerer Einfluss der vom Arbeitsentgelt abhängigen Arbeitnehmerschaft auf den innerbetrieblichen Entscheidungsprozess geschaffen werden, ohne hierdurch das Interesse des Arbeitgebers an einer wirtschaftlichen Betriebsführung unverhältnismäßig einzuschränken[376].

Aus verfassungsrechtlicher Sicht stellt das Betriebsverfassungsrecht daher eine Ausformung der verfassungsrechtlich zulässigen Sozialbindung des in Art 14 GG garantieren Eigentums dar[377]. Wegen dieser kollektivrechtlichen Zielsetzung stehen beim Abschluss einer Betriebsvereinbarung nicht die Ziele Einzelner im Vordergrund, sondern die Schaffung einer kollektivrechtlichen Regelung, die eine einheitliche, transparente und plausible Anwendung bestimmter Grundsätze auf alle Arbeitnehmer ermöglicht[378]. Vereinbarte Leistungen werden nicht gegenüber einzelnen, sondern gegenüber allen von der Betriebsvereinbarung erfassten Arbeitnehmern des Betriebes geschuldet.

Da der Arbeitgeber als Unternehmer grundsätzlich gewinnorientiert tätig ist, ist sogar für Außenstehende offensichtlich, dass er eine so weitreichende Regelung nur grundsätzlich nur abschließen wird, wenn er die Regelung als wirtschaftlich vertretbar erachtet. Da die Mitbestimmung zudem eine gewinnorientierte Unternehmensführung nicht behindern soll, ist auch für den Betriebsrat klar erkennbar, dass wirtschaftliche Vertretbarkeit eine Grenze für die getroffenen Regelungen setzt. Die wirtschaftliche Vertretbarkeit ist daher ein Umstand, der grundsätzlich dem gemeinsamen Geschäftswillen der Betriebsparteien beim Abschluss einer Betriebsvereinbarung zugrunde liegt. Zwar lässt sich einwenden, dass der Arbeitgeber nicht gehindert sein kann, sich selbst in Ausübung seiner

[375] *Fitting/Engels/Schmidt/Trebinger/Linsenmaier*, BetrVG, § 1 Rn. 2.
[376] *Löwisch/Kaiser*, BetrVG, Einleitung Rn. 1; *Fitting/Engels/Schmidt/Trebinger/Linsenmaier*, BetrVG, § 1 Rn. 2.
[377] *Fitting/Engels/Schmidt/Trebinger/Linsenmaier*, BetrVG, § 1 Rn. 5; *Richardi* in: Richardi, BetrVG, Einleitung Rn. 47 f.
[378] *Fitting/Engels/Schmidt/Trebinger/Linsenmaier*, BetrVG, § 1 Rn. 4.

Vertragsfreiheit durch den Abschluss einer Betriebsvereinbarung finanziell schwer zu belasten. Die Notwendigkeit zur Beachtung der finanziellen Vertretbarkeit von Betriebsvereinbarungen ergibt sich jedoch nicht nur aus dem allgemeinen Daseinszweck des Betriebsverfassungsrechts. Vielmehr ist die Verpflichtung der Betriebsparteien und der im Streitfall anzurufenden Einigungsstelle zur Beachtung des Betriebswohls auch in konkreten betriebsverfassungsrechtlichen Vorschriften verankert worden.

Das Zusammenwirken zwischen Betriebsrat und Arbeitgeber ist gemäß § 2 Abs. 1 BetrVG vom Grundsatz der vertrauensvollen Zusammenarbeit geprägt. Hiernach arbeiten Arbeitgeber und Betriebsrat unter Beachtung von Tarifverträgen und im Zusammenwirken mit den im Betrieb vertretenen Gewerkschaften zum Wohl der Arbeitnehmer und des Betriebes zusammen. Zwar ist die Rechtsnatur des Grundsatzes der vertrauensvollen Zusammenarbeit umstritten, die überwiegende Anzahl der Literaturstimmen sieht den Grundsatz jedoch als unmittelbar geltendes Recht an, das als eine Art Gebot direkt auf die Rechte und Pflichten der Organe der Betriebsverfassung einwirkt[379]. Die Betriebsparteien sind daher in der Wahrnehmung ihrer eigenen Interessen begrenzt, wenn das Wohl der Belegschaft und des Betriebes gefährdet ist[380]. Durch die Tätigkeit der Betriebparteien soll einerseits sichergestellt werden, dass Arbeitnehmerrechte und Ansprüche gleichberechtigt erlangt und gewahrt werden, andererseits jedoch auch eine übermäßige Belastung des Arbeitgebers vermieden werden[381]. Eine Mitbestimmung, die die Existenz des Betriebes und der Arbeitsplätze gefährdet, widerspricht demnach eklatant dem Grundsatz der vertrauensvollen Zusammenarbeit. Die Betriebsparteien sind daher bereits aufgrund von § 2 Abs. 1 BetrVG dazu verpflichtet, beim Abschluss von Betriebsvereinbarungen auch auf die wirtschaftliche Vertretbarkeit der Vereinbarung für den Arbeitgeber zu achten.

Über § 2 Abs. 1 BetrVG hinaus findet sich die Verpflichtung zur Beachtung des Betriebswohls auch in den besonderen Vorschriften über die Tätigkeit der Einigungsstelle wieder. Gemäß § 76 Abs. 5 S. 3 BetrVG hat die Einigungsstelle bei ihrer Beschlussfassung sowohl die Belange des Betriebes als auch die Belange der Arbeitnehmer zu berücksichtigen. Die gesetzlich vorgegebene Beachtung der „Belange des Betriebes“ verpflichtet die Einigungsstelle, neben den Arbeitnehmerinteressen gleichermaßen auch die Arbeitgeberinteressen in ihre Ent-

---

[379] *Kraft* in: GK-BetrVG, § 2 Rn. 10; *Fitting/Engels/Schmidt/Trebinger/Linsenmaier,* BetrVG, § 2 Rn. 19; *Hess/Schlochauer/Worzalla/Glock,* BetrVG, § 2 Rn. 17; *Galperin/Löwisch,* BetrVG, § 2 Rn. 9-14; *Heinze,* ZfA 1988, S. 53, 73 f.; *Richardi* in: Richardi, BetrVG, § 2 Rn. 17; a. A. *Weiss/Weyand,* BetrVG, § 2 Rn. 2, die davon ausgehen, dass das Gebot der vertrauensvollen Zusammenarbeit im Wesentlichen die Form eines Appells hat.

[380] *Heinze,* ZfA 1988, S. 53, 73 f.; *Kraft* in: GK-BetrVG, § 2 Rn. 43 f.

[381] Vgl. *Beathalter,* Gestaltungsmöglichkeiten, S. 180-184.

scheidung mit einzubeziehen[382]. Trifft die Einigungsstelle eine Entscheidung über eine Betriebsvereinbarung, so muss sie die wirtschaftliche Vertretbarkeit ihrer Entscheidung für den Arbeitgeber zur Entscheidungsgrundlage machen. Von Gesetzes wegen ist daher die wirtschaftliche Vertretbarkeit für den Arbeitgeber stets Geschäftsgrundlage der gemäß § 76 Abs. 5 BetrVG von der Einigungsstelle zu treffenden Entscheidungen.

Besonders deutlich wird die Notwendigkeit zur Beachtung des Betriebswohls zudem in den gesetzlichen Vorschriften zur Entscheidung der Einigungsstelle über den Abschluss eines Sozialplans. Der gesetzliche Maßstab für die Entscheidung der Einigungsstelle über einen erzwingbaren Sozialplan ergibt sich aus § 112 Abs. 5 S. 1 BetrVG, wonach die Einigungsstelle bei ihrer Entscheidung über einen Sozialplan sowohl die sozialen Belange der betroffenen Arbeitnehmer, als auch die wirtschaftliche Vertretbarkeit ihrer Entscheidung für das Unternehmen zu beachten hat. Darüber hinaus hat die Einigungsstelle gemäß § 112 Abs. 5 S. 2 Nr. 3 BetrVG bei der Bemessung des Gesamtbetrages der Sozialplanleistung darauf zu achten, dass der Fortbestand des Unternehmens oder die nach Durchführung der Betriebsänderung verbleibenden Arbeitsplätze nicht gefährdet werden. Auch im Sozialplanrecht wird daher die wirtschaftliche Vertretbarkeit der Sozialplanregelungen für den Arbeitgeber zur Geschäftsgrundlage jeder Entscheidung der Einigungsstelle über einen Sozialplan[383].

Zwar richten sich § 76 Abs. 5 BetrVG und § 112 Abs. 5 BetrVG nur an die Einigungsstelle. Da die Einigungsstelle jedoch im Streitfall die abschließende Entscheidung über die Störung der Geschäftsgrundlage trifft, müssen die den Vorschriften zugrunde liegenden Wertungen auch als Idealmaßstab für eine einvernehmliche Einigung der Betriebsparteien über den Abschluss einer Betriebsvereinbarung gelten. Der Grundsatz der vertrauensvollen Zusammenarbeit gemäß § 2 Abs. 1 BetrVG und die spezielleren Vorschriften der §§ 76 Abs. 5 BetrVG und § 112 Abs. 5 BetrVG beeinflussen sich auf diese Weise gegenseitig.

Festzuhalten bleibt daher zunächst, dass es sich bei der wirtschaftlichen Vertretbarkeit für den Arbeitgeber um einen Umstand handelt, der jeder Betriebsvereinbarung und jedem Sozialplan bereits wegen der gesetzlichen Vorschriften in § 2 Abs. 1 BetrVG, § 76 Abs. 5 S. 3 BetrVG und § 112 Abs. 5 S. 1 und S. 2 Nr. 3 BetrVG gleichermaßen zugrunde liegt.

3. Ermittlung der Unzumutbarkeit bei wirtschaftlicher Notlage

Damit die wirtschaftliche Notlage des Arbeitgebers im Rahmen von § 313 BGB Berücksichtigung finden kann, muss sich aus den betriebsverfassungsrechtlichen

---

[382] *Richardi* in: Richardi, BetrVG, § 76 Rn. 125; *Fiebig*, Ermessensspielraum, S. 88 f.; *Neft/Ocker*, Die Einigungsstelle, Rn. 218.

[383] BAG vom 6.5.2003, AP Nr. 161 zu § 112 BetrVG 1972; *Meyer*, NZA 1995, S. 974, 978 f.

Besonderheiten zudem eine besondere Risikoverteilung ergeben, die eine Lösungsmöglichkeit des Arbeitgebers von einer Betriebsvereinbarung bei einer Gefährdung des Unternehmensfortbestands eröffnet.

a. Risikoverteilung nach dem BetrVG

Die sich aus § 2 Abs. 1 BetrVG, § 76 Abs. 5 BetrVG und § 112 Abs. 5 BetrVG ergebende Bindung der Betriebsparteien und der Einigungsstelle an das Betriebswohl dient dazu, die wirtschaftlichen Interessen des Arbeitgebers zu wahren und eine lähmende Einengung der unternehmerischen Entscheidungsfreiheit durch die Mitbestimmungsrechte des Betriebsrats zu vermeiden[384]. Befindet sich der Arbeitgeber in einer wirtschaftlichen Notlage, aber wird er durch eine Betriebsvereinbarung weiterhin finanziell gebunden, so schließt diese Bindung eine gewinnbringende Unternehmensführung aus und behindert die Möglichkeiten, Maßnahmen gegen die drohende Insolvenz zu ergreifen. In einer wirtschaftlichen Notlage des Arbeitgebers dient die Bindung an eine Betriebsvereinbarung daher nicht mehr dem Betriebswohl.

Jedoch kann die wirtschaftliche Notlage des Arbeitgebers nur dann zu einer Verschiebung des Vertragsrisikos einer Betriebsvereinbarung führen, wenn ein Festhalten an der Betriebsvereinbarung nicht nur dem Wohl des Betriebes, sondern auch dem gemäß § 2 Abs. 1 BetrVG gleichermaßen zu wahrenden Wohl der Arbeitnehmer widerspricht. Die Betriebsparteien sind gemäß § 2 Abs. 1 BetrVG bei der Ausübung der Mitbestimmung stets verpflichtet, einen für den Betrieb und die Arbeitnehmer vertretbaren Ausgleich von Betriebswohl und Arbeitnehmerwohl zu finden. Wird daher allein der Arbeitgeber durch eine Betriebsvereinbarung beeinträchtigt, so handelt es sich bei dieser Belastung grundsätzlich um ein Risiko, das er aufgrund der von ihm eingegangenen Vertragsbindung tragen muss. Die Möglichkeit des Arbeitgebers, im Rahmen seiner privatautonomen Handlungsfreiheit Betriebsvereinbarungen zu vereinbaren, die ihn mit finanziellen oder tatsächlichen Verpflichtungen belasten, stellt grundsätzlich keinen Verstoß gegen § 2 Abs. 1 BetrVG dar. Lässt sich der Arbeitgeber auf eine solche Betriebsvereinbarung freiwillig ein, kann er sich grundsätzlich nicht auf darauf berufen, die Betriebsvereinbarung verstoße gegen das Betriebswohl[385]. Zu einer Überschreitung der durch § 2 Abs. 1 BetrVG vorgegebenen Grenze, innerhalb derer sich die Betriebsparteien vertraglich verpflichten dürften, kann es daher nur kommen, wenn die Betriebsvereinbarung gleichermaßen gegen das Betriebswohl und das Wohl der Arbeitnehmer verstößt.

---

[384] *v. Hoyningen-Huene,* Betriebsverfassungsrecht, S. 73; vgl. auch *Krause,* BB 1951, S. 677, 679.

[385] Vgl. *Beathalter,* Gestaltungsmöglichkeiten, S. 180.

Sinn und Zweck der Bindung der Betriebsparteien an das Arbeitnehmerwohl ist es, eine Berücksichtigung der Arbeitnehmerinteressen zu gewährleisten und für ein Gleichgewicht zwischen der wirtschaftlichen Zielsetzung des Unternehmers und der Anspruchssicherung der Arbeitnehmer zu sorgen. Da der Arbeitslohn für den überwiegenden Teil der Arbeitnehmer die wirtschaftliche Existenzgrundlage darstellt, hat nicht nur der Arbeitgeber, sondern gleichermaßen auch die Arbeitnehmerschaft ein ureigenstes Interesse am Fortbestand des Betriebs[386]. Mit der drohenden Insolvenz des Unternehmens kommt es daher zu einer Interessenverlagerung. Das Interesse der Arbeitnehmer an einem Festhalten an den vereinbarten Regelungen wird kleiner, während das Interesse an der Erhaltung des Arbeitsplatzes zunimmt[387]. In einer Situation der Existenzgefährdung des Arbeitgebers wird daher die Anpassung der vereinbarten Leistungen zugunsten des Betriebserhalts für die Arbeitnehmer von höchster Wichtigkeit. Kann der Betrieb durch die Lösung von der Betriebsvereinbarung - allein oder im Zusammenspiel mit anderen Sanierungsmaßnahmen - gerettet werden, spricht daher das Wohl der Arbeitnehmer nicht mehr gegen, sondern für eine Abweichung von der grundlegenden Zuweisung des Risikos wirtschaftlicher Veränderungen an den Arbeitgeber[388]. Nicht zu einer Verlagerung des Wirtschaftsrisikos in Richtung der Arbeitnehmer kommt es dagegen, wenn der Betriebserhalt auch bei einer Anpassung oder Beendigung der Betriebsvereinbarung nicht möglich ist[389].

Dieselbe Risikoverteilung gilt auch, wenn es sich bei der anzupassenden Betriebsvereinbarung um eine im Einigungsstellenverfahren zustande gekommene Vereinbarung handelt. § 76 Abs. 5 S. 3 BetrVG verpflichtet die Einigungsstelle zur Wahrung des Wohles der Arbeitnehmer und des Betriebes. Dabei steht der Beachtlichkeit der wirtschaftlichen Notlage des Arbeitgebers als Fall der Störung der Geschäftsgrundlage auch nicht entgegen, dass es sich beim Einigungsstellenverfahren um ein gesetzliches Zwangsschlichtungsverfahren handelt.

Zwar lässt sich gegen die Herleitung einer besonderen Risikoverteilung aus § 76 Abs. 5 S. 3 BetrVG einwenden, dass im Einigungsstellenverfahren eine dem privatautonomen Vertragsschluss vergleichbare Verteilung des Vertragsrisikos gar nicht vorliegt. Diese Argumentation vermag jedoch nicht zu überzeugen. Die Entscheidung der Einigungsstelle ersetzt die vertragliche Einigung zwischen Arbeitgeber und Betriebsrat[390]. Kommt eine Betriebsvereinbarung durch eine

---

386 *Beathalter,* Gestaltungsmöglichkeiten, S. 178; zur Interessenlage im Tarifvertragsrecht: *Belling/Hartmann,* ZfA 1997, S. 87, 116; *Däubler,* ZTR 1996, S. 241.

387 *Belling/Hartmann,* ZfA 1997, S. 87, 116.

388 *Beathalter,* Gestaltungsmöglichkeiten, S. 178.

389 So auch *Beathalter,* Gestaltungsmöglichkeiten, S. 184

390 *Hess/Schlochauer/Worzalla/Glock,* BetrVG, § 77 Rn. 7; *Richardi* in: Richardi, BetrVG, § 76 Rn. 8 und § 77 Rn. 39; *Fitting/Engels/Schmidt/Trebinger/Linsenmaier,* BetrVG, § 77 Rn. 19.

Einigungsstellenentscheidung zustande, so wird sie daher ab dem Zeitpunkt ihres Zustandekommens behandelt wie jede sonstige Betriebsvereinbarung auch. Auch bei einer durch ein Einigungsstellenverfahren zustande gekommenen Betriebsvereinbarung muss daher die sich aus der Verpflichtung zur Beachtung des Betriebs- und Arbeitnehmerwohls hergeleitete besondere Risikoverteilung gelten, die im Fall der Existenzgefährdung des Arbeitebers zur Übernahme des Vertragsrisikos durch die Arbeitnehmerseite führt.

Gegen die Geltung einer veränderten Risikoverteilung bei wirtschaftlicher Notlage auch bei Entscheidungen der Einigungsstelle könnte allenfalls sprechen, dass § 76 Abs. 5 S. 4 BetrVG vorsieht, dass der Arbeitgeber die Ermessensentscheidung der Einigungsstelle nur innerhalb einer Frist von zwei Wochen ab der Zuleitung des Beschlusses durch das Arbeitsgericht überprüfen lassen kann[391], so dass mit Ablauf der Frist eine Berufung auf eine fehlerhafte Ermessensausübung ausgeschlossen ist. Es bestehen jedoch wesentliche Unterschiede zwischen der in § 76 Abs. 5 S. 4 BetrVG vorgesehenen Überprüfungsmöglichkeit der Einigungsstellenentscheidung und den Situationen, die zu einer Störung der Geschäftsgrundlage führen können. Die gerichtliche Überprüfung der Einigungsstellenentscheidung gemäß § 76 Abs. 5 S. 4 BetrVG kann sich nur auf Fälle beziehen, in denen die Einigungsstelle von Anfang an ihr Ermessen nicht ordnungsgemäß ausgeübt hat. Beim nachträglichen Wegfall der Geschäftsgrundlage ist die ursprüngliche Ermessensentscheidung der Einigungsstelle dagegen richtig gewesen und die wirtschaftliche Situation des Arbeitgebers hat sich erst im Nachhinein verschlechtert. Auch der anfängliche Irrtum der Betriebsparteien gemäß § 313 Abs. 2 BGB unterscheidet sich von einer ermessensfehlerhaften Entscheidung der Einigungsstelle. Ermessensfehler beruhen grundsätzlich auf einer fehlerhaften Beurteilung der Umstände, auf sachfremden Erwägungen oder auf einer Verkennung der einzubeziehenden Interessen[392]. Bei dem typischen Fall der anfänglichen Störung der Geschäftsgrundlage handelt es sich jedoch um eine Fallgestaltung, in der die Einigungsstelle ermessensfehlerfrei entscheidet, aber sich die der Entscheidung zugrunde liegenden Umstände im Nachhinein als falsch herausstellen.

Stellt sich später der Irrtum heraus oder ändern sich die der Betriebsvereinbarung zugrunde gelegten Umstände, ist die Ausschlussfrist des § 76 Abs. 5 S. 4 BetrVG zudem regelmäßig bereits verstrichen. Die Ausschlussfrist ist daher nur auf anfängliche Fehler bei der Ermessensausübung der Einigungsstelle, nicht aber auf Situationen nachträglicher wirtschaftlicher Veränderungen oder eines nachträglich entdeckten anfänglichen Irrtums der Vertragsparteien zugeschnit-

[391] Richardi in: Richardi, BetrVG, § 76 Rn. 115; Fitting/Engels/Schmidt/Trebinger/Linsenmaier, BetrVG, § 76, Rn. 102; Hess/Schlochauer/Worzalla/Glock, BetrVG, § 76 Rn. 62.

[392] BAG AP Nr. 14 zu § 87 BetrVG 1972, Überwachung; *Berg* in: Däubler/Kittner/Klebe, BetrVG, § 76 Rn. 92; *Fitting/Engels/Schmidt/Trebinger/Linsenmaier*, BetrVG, § 76 Rn. 106; *Wlotzke*, BetrVG, § 76 Ziff. 4 a.

ten. Der Ablauf der Frist kann daher auch nicht zum Ausschluss einer Berufung auf die Störung der Geschäftsgrundlage führen.

Für eine Übertragbarkeit der oben entwickelten Grundsätze auf Sozialpläne spricht zudem der Wortlaut von § 112 Abs. 5 BetrVG. Bei der Entscheidung der Einigungsstelle über den Sozialplan ist gemäß § 112 Abs. 5 S. 1 BetrVG eine Beachtung des Betriebswohls und der sozialen Belange der Arbeitnehmer ausdrücklich erforderlich. § 112 Abs. 5 S. 2 Nr. 3 BetrVG verlangt zudem, dass durch die Bemessung des Gesamtbetrags der Sozialplanleistungen der Fortbestand des Betriebes nicht gefährdet wird.

Als Maßstab für die wirtschaftliche Notlage kann die Rechtsprechung des BAG zu den Ermessengrenzen der Einigungsstellentätigkeit gemäß § 112 Abs. 5 BetrVG herangezogen werden. So hatte das Gericht in einer Entscheidung vom 6.5.2003 festgestellt, dass der Arbeitgeber um so höhere finanzielle Belastungen durch einen Sozialplan hinnehmen müsse, je größer die Nachteile seien, die den Arbeitnehmern durch die dem Sozialplan zugrunde liegende Betriebsänderung entstünden[393]. Für die Bewertung, ob die Einigungsstelle bei der Entscheidung über den Sozialplan die von § 112 Abs. 5 S. 2 Nr. 3 BetrVG gezogene Ermessensgrenze überschritten habe, und der Sozialplan den Fortbestand des Unternehmens und der Arbeitsplätze gefährde, sei nicht nur das Verhältnis von Aktiva und Passiva, sondern auch die Liquiditätslage des Unternehmens maßgeblich[394]. § 112 BetrVG stützt daher in ganz besonderem Maße eine Risikoverschiebung auf die Arbeitnehmer in dem Fall dass sich der Arbeitgeber in einer wirtschaftlichen Notlage befindet und die Lösung vom Sozialplan eine Rettung des Betriebes und der verbleibenden Arbeitsplätze ermöglicht[395].

b. Bedeutung des Insolvenzrechts

Eine von den oben entwickelten Grundsätzen abweichende Bewertung der Risikoverteilung im Fall einer wirtschaftlichen Notlage des Arbeitgebers ergibt sich auch nicht aus der Existenz des Insolvenzrechts. § 120 Abs. 1 S. 1 InsO sieht vor, dass Insolvenzverwalter und Betriebsrat über eine einvernehmliche Herabsetzung von in Betriebsvereinbarungen vorgesehenen Leistungen beraten sollen, die die Insolvenzmasse belasten. Darüber hinaus können Betriebsvereinbarungen gemäß § 120 Abs. 1 S. 2 InsO mit einer Frist von drei Monaten gekündigt werden, auch wenn eine andere Frist vereinbart ist.

---

[393] BAG vom 6.5.2003, AP Nr. 161 zu § 112 BetrVG 1972, unter B II 2 e) cc) 3 der Gründe.

[394] BAG vom 6.5.2003, ebenda; vgl. auch BAG vom 14.9.1994, AP Nr. 87 zu § 112 BetrVG 1972.

[395] Zur Anwendung der Fallgruppe der wirtschaftlichen Notlage auf Sozialpläne vgl. die Ausführungen im 6. Teil.

Zwar ähnelt § 120 Abs. 1 InsO in seiner Abstufung zwischen der Verhandlungsoption und dem Kündigungsrecht den abgestuften Rechtsfolgen von § 313 BGB. Die Vorschrift schließt jedoch den Rückgriff auf die Störung der Geschäftsgrundlage im Fall der wirtschaftlichen Notlage schon deshalb nicht aus, weil sie auf eine andere Sachlage Anwendung findet. Im Fall der wirtschaftlichen Notlage geht es um den Erhalt des Betriebs und der Arbeitsplätze im Interesse des Arbeitgebers und der Arbeitnehmer. Die für das Eingreifen der InsO erforderliche Stufe der arbeitgeberseitigen Überschuldung ist im Fall der wirtschaftlichen Notlage des Arbeitgebers noch nicht erreicht, sondern es geht gerade darum, zugunsten des Betriebes und der Arbeitsplätze eine zur Anmeldung der Insolvenz zwingende Verschuldung zu vermeiden. Dagegen soll das Insolvenzrecht zwar auch Sanierungsoptionen für die betroffenen Unternehmen eröffnen[396]. Dabei darf jedoch nicht das Interesse der Arbeitnehmer an ihrem Arbeitsplatz über Rentabilitätsgesichtspunkte gestellt werden[397]. Das Insolvenzverfahren soll gemäß § 1 InsO in erster Linie der Befriedigung des Interesses der Gläubiger dienen, so dass die Liquidation des Unternehmens stets Vorrang hat, wenn sie für die Gläubiger günstiger als dessen Fortführung[398]. Die InsO dient daher ganz anderen Interessen als der Störung der Geschäftsgrundlage wegen wirtschaftlicher Notlage. § 120 Abs. 1 S. 2 InsO hat deshalb keinen Vorrang vor einem Rückgriff auf die Störung der Geschäftsgrundlage wegen wirtschaftlicher Notlage.

Im Ergebnis führt die wirtschaftliche Notlage des Arbeitgebers daher zu einer Verschiebung der jeder Betriebsvereinbarung zugrunde liegenden Risikoverteilung. Die Pflicht des Arbeitgebers zu einem Festhalten an der Betriebsvereinbarung findet dort ihre Grenze, wo das Betriebswohl und das Arbeitnehmerwohl gleichermaßen gefährdet sind und durch eine Lösung von der Betriebsvereinbarung ein Beitrag zur Rettung des Betriebes geleistet werden kann.

4. Bedeutung der wirtschaftlichen Notlage für Zusagen einer betrieblichen Altersversorgung

Vereinzelte Literaturstimmen, die sich mit der Störung der Geschäftsgrundlage von Betriebsvereinbarungen befassen, haben die besondere Risikoverteilung im Falle der wirtschaftlichen Notlage auch an der Rechtsprechung des BAG zum Widerruf von Leistungen der betrieblichen Altersversorgung festgemacht.[399] Direktzusagen auf betriebliche Altersversorgung können allerdings nicht nur durch Betriebsvereinbarung erfolgen. Weit üblicher sind individualvertragliche Zusa-

---

396 *Smid,* InsO, § 1 Rn. 2.

397 *Eickmann/Flessner/Irschlinger/Kirchhof/Kreft/Landfermann/Marotzke,* InsO, § 1 Rn. 4; *Schmerbach* in: Wimmer, InsO, Vor §§ 1 ff., Rn. 21; vgl. auch *Smid,* InsO, § 1 Rn. 23.

398 *Schmerbach* in: Wimmer, InsO, Vor §§ 1 ff, Rn. 23; vgl. auch § 157 InsO, wonach die Gläubigerversammlung über die Schließung oder Fortführung des Unternehmens beschließt.

399 *Beathalter,* Gestaltungsmöglichkeiten, S. 186-190.

gen, sowie Zusagen in Form von Ruhegeldordnungen oder von arbeitsvertraglichen Einheitsregelungen[400].

a. Entwicklung der Rechtsprechung

Die Rechtsprechung des BAG zur Verschlechterung von betrieblichen Altersversorgungszusagen ist umstritten und komplex. Zum einen kann nach der Rechtsprechung eine Abänderung einer betrieblichen Altersversorgungszusage - auch wenn sie in Form einer Betriebsvereinbarung erfolgt ist - grundsätzlich durch den Abschluss einer neuen Betriebsvereinbarung abgeändert werden. Es gilt die Zeitenkollisionsregel, wonach die jüngere Betriebsvereinbarung stets die ältere ablöst[401]. Die Rechtsprechung unterwirft die ablösende neue Betriebsvereinbarung jedoch einer strengen gerichtlichen Billigkeitskontrolle gemäß § 315 BGB[402]. Zum einen nimmt sie eine abstrakte Billigkeitskontrolle von ablösenden Betriebsvereinbarungen anhand eines „Drei-Stufen-Modells" zur Rechtfertigung einer Abänderung von unverfallbaren Anwartschaften und Ansprüchen auf betriebliche Altersversorgung vor[403]. Hiernach können bis zum Änderungsstichtag erdiente Ansprüche und Anwartschaften grundsätzlich nicht mehr entzogen oder gekürzt werden[404]. In die erdiente Dynamik von Altersversorgungsanwartschaften kann dagegen bereits aus triftigen Gründen eingegriffen werden. Triftige Gründe liegen nach der Rechtsprechung beispielsweise vor, wenn die wirtschaftliche Lage des Unternehmens so schlecht ist, dass ihm auch eine Anpassung von Betriebsrenten an die Inflationsentwicklung, wie sie § 16 BetrAVG vorsieht, nicht zuzumuten wäre[405]. Für einen Eingriff in künftig zu erdienende Zuwachsraten der betrieblichen Altersversorgung reichen grundsätzlich sogar sachlich-proportionale Gründe aus[406], wie beispielsweise die Harmonisierung der Altersversorgung aller Betriebe des Unternehmens zur

---

[400] *Höfer*, BetrAVG, ART, Rn. 226-228.

[401] BAG vom 20.10.1990, AP Nr. 14 zu § 1 BetrAVG, Ablösung; BAG vom 16.7.1996, AP Nr. 21 zu § 1 BetrAVG, Ablösung, unter I 2 der Gründe; vgl. auch *Richardi* in: Richardi, BetrVG, § 77 Rn. 174; *Griebeling/Griebeling*, BetrAVG, Rn. 859.

[402] BAG vom 8.12.1981, AP Nr. 1 zu § 1 BetrAVG, Ablösung; BAG vom 17.3.1987, AP Nr. 9 zu § 1 BetrAVG, Ablösung; nach Ansicht der Literatur handelt es sich bei der Billigkeitskontrolle dagegen um eine reine Rechtskontrolle: *Höfer*, BetrAVG, ART, Rn. 338; *Blomeyer/Otto*, BetrAVG, Anh. § 1 Rn. 508 f.; grundlegend: *Hanau/Preis*, RdA 1988, S. 65, 77.

[403] *Richardi* in: Richardi, BetrVG, § 77 Rn. 122-124; *Fitting/Engels/Schmidt/Trebinger/Linsenmaier*, BetrVG, § 77 Rn. 193.

[404] BAG vom 17.4.1985, AP Nr. 4 zu § 1 BetrAVG Unterstützungskassen; BAG vom 17.3.1987, AP Nr. 9 zu § 1 BetrAVG, Ablösung, BAG vom 22.5.1990, AP Nr. 3 zu § 1 BetrAVG, Betriebsvereinbarung.

[405] BAG vom 17.4.1985, AP Nr. 4 zu § 1 BetrAVG, Unterstützungskassen, unter B III 2. der Gründe.

[406] BAG GS vom 16.9.1986, AP Nr. 17 zu § 77 BetrVG 1972; BAG vom 17.3.1987, AP Nr. 9 zu § 1 BetrAVG, Ablösung.

Vermeidung von Versorgungslücken[407]. Zudem ist im Rahmen einer konkreten Billigkeitskontrolle stets zu prüfen, ob die ablösende Betriebsvereinbarung für einzelne Arbeitnehmer außergewöhnliche Härten bewirkt.[408]

Über die Grundsätze der ablösenden Betriebsvereinbarung hinaus kann nach der Rechtsprechung aber auch in Altersversorgungsansprüche eingegriffen werden, wenn ein Grund für einen Widerruf der Altersversorgungsleistungen nach den Grundsätzen über die Störung der Geschäftsgrundlage besteht[409]. Früher wurde das Recht zum Widerruf von Altersversorgungsleistungen auf die in den jeweils geltenden Einkommensteuer-Richtlinien vorformulierten so genannten „steuerunschädlichen Widerrufsvorbehalte" gestützt, die von den Altersversorgungsordnungen wortgetreu übernommen wurden. So sehen die Einkommensteuer-Richtlinien 2001 in Abschnitt 41 Abs. 4 Ziff. 1 EStR 2001 einen allgemeinen Widerrufsvorbehalt des Wegfalls der Geschäftsgrundlage vor, während Abschnitt 41 Abs. 4 Ziffer 2 Lit. a EStR 2001 den Widerrufsvorbehalt der wirtschaftlichen Notlage des Unternehmens enthält. Die Rechtsprechung sieht die „steuerunschädlichen Widerrufsvorbehalte" jedoch schon seit langem als einen rein deklaratorischen Verweis auf die bestehende Rechtslage an[410] und stützt den Widerruf von Altersversorgungsleistungen auf die Grundsätze über den Wegfall der Geschäftsgrundlage[411]. Auch wenn die steuerunschädlichen Widerrufsvorbehalte keine Aufnahme in die Altersversorgungsvereinbarung gefunden hatten, kann die Vereinbarung daher bei Vorliegen eines Wegfalls der Geschäftsgrundlage widerrufen werden[412].

Wie in den steuerunschädlichen Widerrufsvorbehalten fanden sich in der bisherigen Rechtsprechung des BAG zum Widerruf von Altersversorgungsleistungen sämtliche Fallgruppen der Störung der Geschäftsgrundlage wieder[413]. Unter anderem hatte die Rechtsprechung einen Widerruf von Versorgungsansprüchen auch wegen der finanziellen Notlage des Arbeitgebers für zulässig erachtet, weil

---

[407] BAG vom 11.9.1990, AP Nr. 8 zu § 1 BetrAVG, Besitzstand; BAG vom 17.3.1987, AP Nr. 9 zu § 1 BetrAVG, Ablösung; BAG vom 26.4.1988, AP Nr. 3 zu § 1 BetrAVG, Geschäftsgrundlage.

[408] *Höfer*, BetrAVG, ART, Rn. 632.

[409] BAG GS vom 16.9.1986, AP Nr. 17 zu § 77 BetrVG 1972, unter B IV 2 der Gründe *Blomeyer/Otto*, BetrAVG, Anh § 1, Rn. 508; *Blomeyer* in *Hromadka*, Arbeitsbedingungen, S. 193, 201 f.

[410] BAG vom 8.7.1972, DB 1972, S. 2069; BAG vom 26.4.1988, AP Nr. 3 zu § 1 BetrAVG, Geschäftsgrundlage; vgl. auch *Höfer*, BetrAVG, ART, Rn. 422-428; *Blomeyer/Otto*, BetrAVG, Anh. § 1 Rn. 445.

[411] BAG GS vom 16.9.1986, AP Nr. 17 zu § 77 BetrVG; BAG vom 26.4.1988, AP Nr. 3 zu § 1 BetrAVG, Geschäftsgrundlage; vgl. auch die Ausführungen bei *Richardi*, SAE 1973, S. 250 f.

[412] *Höfer*, BetrAVG, ART, Rn. 400; *Blomeyer/Otto*, BetrAVG, Anh § 1, Rn. 445.

[413] So zum Beispiel Änderungen der Rechtlage und Zweckverfehlungen: BAG vom 23.9.1997, AP Nr. 26 zu § 1 BetrAVG, Ablösung, unter III 2 a) der Gründe.

die Gewährung einer Altersversorgung stets unter dem unausgesprochenen Vorbehalt stehe, dass der Arbeitgeber ohne Gefährdung des Betriebsbestandes in der Lage sei, die geschuldeten Versorgungsleistungen zu erbringen[414].

Das BAG hatte detaillierte Kriterien für den Widerruf von Altersversorgungsleistungen wegen der wirtschaftlichen Notlage des Arbeitgebers entwickelt. So forderte das Gericht für den Widerruf eine so erhebliche und nachhaltige Beeinträchtigung der Wirtschaftslage des Unternehmens, dass es dem Arbeitgeber unzumutbar sein müsse, seine vertragliche Rechtspflicht zur Zahlung der Altersversorgungsleistungen zu erfüllen[415]. Der Fortbestand des Unternehmens müsse so ernsthaft gefährdet sein, dass ihm die Insolvenz drohe[416]. Eine drohende Insolvenz läge jedoch nicht vor, solange dem Unternehmen noch ausreichend Eigenkapital, haftendes Kapital oder Fremdkapital zur Verfügung stehe[417]. Kumulativ zur Beeinträchtigung der Wirtschaftslage des Unternehmens verlangte die Rechtsprechung, dass durch den Widerruf der Versorgungszusagen eine begründete Aussicht bestehen müsse, den wirtschaftlichen Zusammenbruch des Unternehmens zu verhindern und zu einer Sanierung beizutragen[418].

Zum Nachweis der wirtschaftlichen Notlage forderte das BAG zum einen die Vorlage einer von einem unabhängigen Sachverständigen erstellte, die Ursachen der wirtschaftlichen Notlage feststellende Betriebsanalyse[419], und zum anderen die Vorlage eines wirtschaftlichen Sanierungsplanes, aus dem sich bei vernünftiger, sachverständiger Beurteilung der Erfolg der Sanierung ergeben müsse[420].

Die Rechtsprechung zum Widerruf von Altersversorgungsleistungen wegen wirtschaftlicher Notlage des Arbeitgebers hat sich allerdings aufgrund der Änderung der Insolvenzsicherung von Altersversorgungsleistungen in § 7 BetrAVG

---

[414] BAG vom 10.12.1971, AP Nr. 154 zu § 242 BGB, Ruhegehalt; BAG vom 8.7.1972, AP Nr. 157 zu § 242 BGB, Ruhegehalt; BAG vom 9.7.1985, AP Nr. 6 zu § 1 BetrVG, Ablösung.
[415] BAG vom 26.4.1988, AP Nr. 3 zu § 1 BetrAVG, Geschäftsgrundlage, unter III der Gründe; vgl. auch BAG vom 5.5.1955, AP Nr. 4 zu § 242 BGB, Ruhegehalt.
[416] BAG vom 5.5.1955, AP Nr. 4 zu § 242 BGB, Ruhegehalt; BAG vom 5.11.1965, AP Nr. 104 zu § 242 Ruhegehalt; *Blomeyer/Otto,* BetrAVG, Vorb. 7 Rn. 71.
[417] LAG Düsseldorf vom 29.8.1978, BB 1979, S. 215 f; BAG vom 16.3.1993, AP Nr. 18 zu § 7 BetrAVG, Widerruf.
[418] BAG vom 10.12.1971, AP Nr. 154 zu § 242 BGB, Ruhegehalt, unter III 2 a der Gründe; BAG vom 26.11.1985, AP Nr. 8 zu § 7 BetrAVG, Widerruf, unter II 1 der Gründe; BAG vom 16.3.1993, AP Nr. 18 zu § 7 BetrAVG, Widerruf; vgl. auch *Heubeck/Höhne/Paulsdorff/Rau/Weinert,* BetrAVG, § 1 Rn. 414.
[419] BAG vom 10.12.1971, AP Nr. 154 zu § 242 BGB Ruhegehalt, unter III 2 b der Gründe; BAG vom 18.5.1977, AP Nr. 175 zu § 242 BGB Ruhegehalt; so auch *Heubeck/Höhne/Paulsdorff/Rau/Weinert,* BetrAVG, § 1 Rn. 414; *Blomeyer/Otto,* BetrAVG, Vor 7, Rn. 77; *Höfer,* BetrAVG, ART, Rn. 460.
[420] BAG vom 10.12.1971, AP Nr. 154 zu § 242 BGB, Ruhegehalt, unter III 2 b der Gründe; BAG vom 16.3.1993, AP Nr. 18 zu § 7 BetrAVG, Widerruf; BAG vom 24.4.2001, AP Nr. 23 zu § 7 BetrAVG, Widerruf.

drastisch geändert. Bis zum 31.12.1998 war in § 7 Abs. 1 S. 3 Nr. 5 BetrAVG a. F. geregelt, dass der für die Insolvenzsicherung von Altersversorgungsleistungen zuständige Pensionssicherungsverein bei einem Widerruf von Altersversorgungsleistungen wegen der wirtschaftlichen Notlage des Arbeitgebers für die widerrufenen Leistungen einstehen musste[421]. Die Regelung in § 7 Abs. 1 S. 3 Nr. 5 BetrAVG ist zum 1.1.1999 aus dem Gesetz gestrichen worden[422], so dass nunmehr eine Insolvenzsicherung nur noch stattfindet, wenn über das Vermögen des Arbeitgebers oder seines Nachlasses das Insolvenzverfahren eröffnet worden ist, oder ein der Insolvenzeröffnung gleichgestellter Fall gemäß § 7 Abs. 1 S. 4 Nr. 1-3 BetrAVG vorliegt. In einem Urteil vom 17.6.2003 hat das BAG nunmehr entschieden, dass ein Widerruf von Altersversorgungsleistungen wegen wirtschaftlicher Notlage des Arbeitgebers seit dem 1.1.1999 nicht mehr in Betracht kommt[423]. Eine Ausnahme gelte nur dann, wenn der Arbeitgeber mit seinen Gläubigern einen außergerichtlichen Vergleich zur Abwendung eines Insolvenzverfahrens gemäß § 7 Abs. 1 S. 4 Nr. 2 BetrAVG schließe und der Pensionssicherungsverein dem Vergleich zustimme[424].

Folgt man der neuesten Rechtsprechung, so ist daher eine Berufung auf § 313 BGB zur Kürzung von Altersversorgungsleistungen und Anwartschaften im Falle der wirtschaftlichen Notlage des Arbeitgebers mit Ausnahme der Vergleichsmöglichkeit gemäß § 7 Abs. 1 S. 4 Nr. 2 BetrVG grundsätzlich nicht mehr möglich.

b. Eigene Stellungnahme

Bei einer Analyse der von der Kürzung einer Altersversorgungsvereinbarung betroffenen Interessen zeigt sich, dass die oben entwickelten Grundsätze einer Verlagerung der Arbeitnehmerinteressen im Falle der wirtschaftlichen Notlage auf Betriebsvereinbarungen über eine betriebliche Altersversorgung nicht ohne Weiteres übertragbar sein können. Betriebliche Altersversorgungsvereinbarungen betreffen nämlich nicht nur allein die aktiven Arbeitnehmer, sondern vor allem auch die bereits aus dem Betrieb ausgeschiedenen Pensionäre.

Vor der Streichung von § 7 Abs. 1 S. 3 Nr. 5 BetrAVG a. F. blieben die Pensionäre von einer Störung der Geschäftsgrundlage wegen wirtschaftlicher Notlage des Arbeitgebers grundsätzlich unbelastet, weil der Pensionssicherungsverein schon zu diesem Zeitpunkt für die Pensionszahlungen einstehen musste. Das Interesse der Pensionäre und der Inhaber unverfallbarer Versorgungsanwartschaften stand daher dem Interesse der noch aktiven Arbeitnehmerschaft an ei-

---

[421] Hierzu *Höfer,* BetrAVG, § 7 Rn. 4381-4384.
[422] Hierzu *Höfer,* BetrAVG, § 7 Rn. 4381-4384.
[423] BAG vom 17.6.2003, DB 2004, S. 324; so bereits vorher: *Blomeyer/Otto,* BetrAVG, Vor § 7, Rn. 67.
[424] BAG vom 17.6.2003, DB 2004, S. 324, 326; so auch *Höfer,* BetrAVG, § 7 Rn. 4385-4390.

ner Anpassung einer Betriebsvereinbarung über die Gewährung einer betrieblichen Altersversorgung zugunsten des Erhalts des Betriebes grundsätzlich nicht entgegen. Nach der Streichung der Insolvenzsicherung im Falle der wirtschaftlichen Notlage richtet sich das Interesse der Pensionäre und der Inhaber unverfallbarer Anwartschaften jedoch richtigerweise gegen eine Kürzung von Leistungen zugunsten des Betriebserhalts, weil die gesetzliche Insolvenzsicherung nur noch besteht, wenn das Unternehmen insolvent geht. Die Pensionäre würden daher im Fall der wirtschaftlichen Notlage schlechter stehen als bei einer Insolvenz des Unternehmens. Zu der für die Berufung auf die wirtschaftliche Notlage des Arbeitgebers erforderlichen Interessenverlagerung zugunsten des Unternehmenserhalts kommt es deshalb bei den Pensionären nicht, es sei denn, der Arbeitgeber hat mit seinen Gläubigern einem Vergleich gemäß § 7 Abs. 1 S. 4 Nr. 2 BetrAVG abgeschlossen, dem der Pensionssicherungsverein zugestimmt hat.

Die gleiche Interessenlage wie bei den Pensionären besteht wegen § 7 Abs. 2 BetrAVG auch für Arbeitnehmer, die mit einer unverfallbaren Anwartschaft auf die Gewährung einer betrieblichen Altersversorgung aus dem Betrieb ausgeschieden sind. Die aktiven Arbeitnehmer haben dagegen zwar ein Interesse am Erhalt des Betriebes, der Widerruf der Altersversorgungszusagen gegenüber den aktiven Arbeitnehmern ist jedoch grundsätzlich für die Abwendung einer Insolvenz nicht ausreichend, da die Ansprüche noch nicht fällig sind, und daher in der konkreten Gefährdungslage des Betriebes keine Zahlungspflichten entfallen würden.

Auch die Interessenlage der Empfänger und Anwärter auf eine betriebliche Altersversorgung spricht daher für die Lösung der Rechtsprechung, wonach in Altersversorgungsansprüche und Anwartschaften wegen einer wirtschaftlichen Notlage des Arbeitgebers grundsätzlich nicht eingegriffen werden kann. Wirtschaftliche Erwägungen des Arbeitgebers können daher nach heutiger Rechtslage allenfalls bei der Abänderung der erdienten Anwartschaftsdynamik oder der zu erwartenden Steigerungsbeträge durch ablösende Betriebsvereinbarung eine Rolle spielen.

Allerdings lässt sich die frühere Rechtsprechung des BAG zum Widerruf von Altersversorgungsleistungen wegen wirtschaftlicher Notlage im Rahmen von § 313 BGB heranziehen, wenn es um den Nachweis der wirtschaftlichen Notlage als Fall der Störung der Geschäftsgrundlage geht. Die durch das BAG entwickelten Grundsätze zum Widerruf von Altersversorgungsleistungen entsprechen grundsätzlich den oben entwickelten Kriterien der wirtschaftlichen Notlage als Fall der Störung der Geschäftsgrundlage von Betriebsvereinbarungen. Im Streitfall ist auch bei der Störung der Geschäftsgrundlage ein Nachweis für die wirtschaftliche Notlage des Arbeitgebers zu verlangen, der durch die Vorlage eines betriebswirtschaftlichen Sachverständigengutachtens und eines Sanierungsplanes zu erbringen ist, aus dem sich die Sanierungsfähigkeit des Arbeitgebers ergibt.

5. Zusammenfassung der Grundsätze der wirtschaftlichen Notlage

Die wirtschaftliche Notlage des Arbeitgebers kann grundsätzlich zur Störung der Geschäftsgrundlage einer Betriebsvereinbarung führen. Die Beachtlichkeit der wirtschaftlichen Notlage ergibt sich aus dem Grundsatz der vertrauensvollen Zusammenarbeit gemäß § 2 Abs. 1 BetrVG, sowie § 76 Abs. 5 S. 3 BetrVG und § 112 Abs. 5 S. 1 und S. 2 Nr. 3 BetrVG, wonach sowohl die Betriebsparteien als auch die Einigungsstelle beim Abschluss einer Betriebsvereinbarung oder eines Sozialplans das Wohls des Betriebes und der Arbeitnehmer zu beachten haben. Eine zur Berufung auf § 313 BGB berechtigende wirtschaftliche Notlage liegt vor, wenn der Fortbestand des Unternehmens durch die drohende Insolvenz gefährdet ist und durch die Abänderung oder Lösung von der Betriebsvereinbarung der Erhalt des Unternehmens und der Arbeitsplätze herbeigeführt werden kann. Der Arbeitgeber hat die drohende Insolvenz im Streitfall durch ein Sachverständigengutachten und die Sanierungsfähigkeit des Unternehmens durch Vorlage eines Sanierungsplans nachzuweisen.

Die wirtschaftliche Notlage des Arbeitgebers berechtigt allerdings grundsätzlich nicht zum Widerruf von Betriebsvereinbarungen über die Gewährung einer betrieblichen Altersversorgung. Weil der Pensionssicherungsverein nicht bereits im Falle einer wirtschaftlichen Notlage, sondern erst bei einer Insolvenz des Unternehmens einstandspflichtig für die Altersversorgungsansprüche und Anwartschaften ist, richtet sich das Interesse der von einer Altersversorgungsvereinbarung erfassten Arbeitnehmer, Pensionäre und Inhaber von Anwartschaften nicht auf eine Kürzung der Altersversorgung zugunsten des Betriebserhalts.

D. Ergebnis

Der Tatbestand der Störung der Geschäftsgrundlage lässt sich auf Betriebsvereinbarungen ohne größere Abweichungen von den für bürgerlich-rechtliche Verträge entwickelten Grundsätzen übertragen. Zur Geschäftsgrundlage einer Betriebsvereinbarung können sowohl objektive Umstände als auch subjektive Vorstellungen der Betriebsparteien werden. Dagegen ist das Tatbestandsmerkmal der Unzumutbarkeit des weiteren Festhaltens am Vertrag nicht im Verhältnis der Betriebsparteien zueinander, sondern im Verhältnis des Arbeitgebers zu den von der Betriebsvereinbarung erfassten Arbeitnehmern zu ermitteln.

Die Störung der Geschäftsgrundlage tritt bei Betriebsvereinbarungen - gleichermaßen wie im bürgerlichen Recht - vor allem in den Fallgruppen der Zweckstörungen, der Äquivalenzstörungen und des Eingriffs von hoher Hand auf. Als besondere Fallgruppe der Störung der Geschäftsgrundlage berechtigt zudem die wirtschaftliche Notlage des Arbeitgebers zur Lösung von einer Betriebsvereinbarung. Eine wirtschaftliche Notlage liegt vor, wenn dem Unternehmen die Insolvenz droht und durch die Anpassung der Vereinbarung - auch als Teil eines umfassenden Sanierungskonzepts - der Erhalt des Unternehmens und der verbleibenden Arbeitsplätze erreicht werden kann. Keine Berufung auf die wirtschaftliche Notlage des Arbeitgebers ist allerdings grundsätzlich bei einer Betriebsvereinbarung über eine betriebliche Altersversorgung möglich.

4. Teil: Rechtsfolgen der Störung der Geschäftsgrundlage von Betriebsvereinbarungen

Die Ermittlung der Rechtsfolgen der Störung der Geschäftsgrundlage von Betriebsvereinbarungen ist von besonderer Bedeutung, weil sich an dieser Stelle nicht nur die wenigen Neuerungen, die die Kodifizierung des Rechtsinstituts in § 313 BGB herbeigeführt hat, besonders stark auswirken, sondern sich zudem erneut die Notwendigkeit einer Prüfung ergibt, ob die normative Wirkung von Betriebsvereinbarungen Abweichungen von den im bürgerlichen Recht geltenden Grundsätzen erfordert.

A. Anpassung einer Betriebsvereinbarung

Die primäre Rechtsfolge der Vertragsanpassung gemäß § 313 Abs. 1 BGB dient dazu, die Zumutbarkeit der durch die Störung der Geschäftsgrundlage unzumutbar gewordenen vertragliche Bindung wiederherzustellen[425]. Auch die Anpassung einer Betriebsvereinbarung muss daher der Wiederherstellung einer zumutbaren Vertragsbindung dienen. Gleichermaßen wie die Feststellung der Unzumutbarkeit auf Tatbestandsseite kann allerdings auch umgekehrt die auf der Rechtsfolgenseite erforderliche Bestimmung, welche Voraussetzungen erfüllt sein müssen, damit die unzumutbare Vertragsbindung wieder auf ein zumutbares Maß zurückgeführt werden kann, nicht anhand einer Abwägung zwischen den Arbeitgeberinteressen und den Interessen des Betriebsrats erfolgen. Wegen der normativen Wirkung von Betriebsvereinbarungen treten vielmehr an die Stelle der Interessen des Betriebsrats die Interessen der durch den Betriebsrat vertretenen Arbeitnehmer.

Um die Zumutbarkeit wieder herzustellen, kann auch eine Verschlechterung von Arbeitnehmeransprüchen erforderlich werden, deren Entstehensvoraussetzungen die Arbeitnehmer zum Zeitpunkt der Störung der Geschäftsgrundlage bereits vollständig erfüllt hatten. Ob ein solcher Eingriff nach den Grundsätzen der Verhältnismäßigkeit und des Vertrauensschutzes besonders gerechtfertigt werden muss, ist stark umstritten. Die Zulässigkeit eines rückwirkenden Eingriffs in Besitzstände der Arbeitnehmer soll daher im 5. Teil dieser Arbeit gesondert erörtert werden.

I. Bestehen einer Neuverhandlungspflicht

Die überwiegende Kommentarliteratur zur Störung der Geschäftsgrundlage geht davon aus, dass die durch § 313 Abs. 1 BGB eingeführte Ausgestaltung der Rechtsfolge der Vertragsanpassung in Form eines Anspruchs keine Pflicht oder Obliegenheit der Vertragsparteien zur Aufnahme von Neuverhandlungen be-

---

[425] *Roth* in: Münchener Kommentar, BGB, § 313 Rn. 102.

gründet[426]. Erörterungsbedürftig erscheint jedoch, ob das Bestehen einer Neuverhandlungspflicht möglicherweise bei einer Anwendung von § 313 BGB auf Betriebsvereinbarungen anders zu beurteilen ist.

Jedenfalls wenn es um die Anpassung einer erzwingbaren Betriebsvereinbarung geht, könnte sich eine Pflicht der Betriebsparteien, vor der zwangsweisen Durchsetzung der Anpassung einer Betriebsvereinbarung zunächst inhaltliche Neuverhandlungen aufzunehmen, aus den Vorschriften des BetrVG über die erzwingbare Mitbestimmung des Betriebsrats ergeben. Die erzwingbaren Mitbestimmungsrechte des Betriebsrats sind dadurch gekennzeichnet, dass der Arbeitgeber den Betriebsrat an der Entscheidung über den jeweiligen Regelungsgegenstand beteiligen muss. Erst wenn sich eine Einigung in den Verhandlungen zwischen den Betriebsparteien als unmöglich erweist, kann gemäß § 76 Abs. 5 BetrVG eine bindende Entscheidung durch die Einigungsstelle herbeigeführt werden. Missachtet der Arbeitgeber die erzwingbaren Mitbestimmungsrechte des Betriebsrats, so sind die einseitigen arbeitgeberseitigen Maßnahmen nach der herrschenden, als „Theorie von der Wirksamkeitsvoraussetzung" bezeichneten Ansicht als rechtsunwirksam anzusehen[427]. Sinn und Zweck dieser strengen Rechtsfolge ist es, die Arbeitnehmer nicht durch einseitige, unter Verstoß gegen das BetrVG zustande gekommene Maßnahmen in ihrer Rechtstellung zu beeinträchtigen[428].

Richtigerweise kann sich jedoch aus der Notwendigkeit zur Beteiligung des Betriebsrats in Angelegenheiten erzwingbarer Mitbestimmung keine echte einklagbare Pflicht der Betriebsparteien zur Aufnahme von Neuverhandlungen vor der Durchsetzung des Anspruchs auf Vertragsanpassung gemäß § 313 Abs. 1 BGB ergeben. Zum einen kann die Einigungsstelle auch in Angelegenheiten erzwingbarer Mitbestimmung bereits eingeschaltet werden, wenn die gegnerische Betriebspartei das Bestehen eines Mitbestimmungsrechts verneint und dem Verfahren gänzlich fernbleibt[429]. Das Stadium einer Aufnahme inhaltlicher Verhandlungen muss nicht erreicht worden sein. Zum anderen handelt es sich bei der Anpassung einer Betriebsvereinbarung gemäß § 313 BGB auch gar nicht um einen Anspruch, der sich aus den originären Mitbestimmungsrechten des Betriebsrats ergibt. Die originäre Mitbestimmung verpflichtet den Arbeitgeber, den Betriebsrat bei bestimmten Entscheidungen zwingend zu beteiligen. Diese Be-

---

[426] *Muthers* in: Henssler/v. Westphalen, Schuldrechtsreform, § 313 BGB, Rn. 26; *Rögler* in: Schimmel/Buhlmann, Schuldrecht, D IV, Rn. 37; *Krebs* in: Dauner-Lieb/Heidel/Lepa/Ring, Schuldrecht, § 313 BGB, Rn. 54.

[427] BAG GS vom 3.1.1991, AP Nr. 51 zu § 87 BetrVG, Lohngestaltung; *Hromadka*, Betriebsverfassung, S. 101; *Fitting/Engels/Schmidt/Trebinger/Linsenmaier*, BetrVG, § 87 Rn. 599, *v. Hoyningen-Huene*, Betriebsverfassungsrecht, S. 267 f.; *Weiss/Weyand*, BetrVG, § 87 Rn. 2; a. A. *Richardi* in: Richardi, BetrVG, § 87 Rn. 104-106.

[428] Fitting/Engels/Schmidt/Trebinger/Linsenmaier, BetrVG, § 87 Rn. 599.

[429] *Gaul*, Einigungsstelle, C III, Rn. 7 f.

teiligung kann unter anderem durch den Abschluss einer Betriebsvereinbarung erfolgen. Im Falle der Störung der Geschäftsgrundlage ist das originäre Mitbestimmungsrecht jedoch schon ausgeübt worden und es geht nun darum, die abgeschlossene Betriebsvereinbarung nachträglich an die veränderten Umstände anzupassen, um damit wieder eine zumutbare Vertragsbindung herzustellen. Die Notwendigkeit zur Geltendmachung des Anpassungsanspruchs gegenüber der gegnerischen Betriebspartei ergibt sich daher nicht aus den erzwingbaren Mitbestimmungsrechten des Betriebsrats, sondern direkt aus § 313 BGB.

Darüber hinaus würde die Annahme einer Neuverhandlungspflicht vor der Durchsetzung der Anpassung einer Betriebsvereinbarung in der Praxis auch zu keinem sinnvollen Ergebnis führen. Im Zweifel ließe sich auch bei einer erzwungenen Aufnahme von Neuverhandlungen keine Einigung zwischen den Betriebsparteien erzielen, so dass schließlich doch die zwangsweise Durchsetzung des Anspruchs vor der Einigungsstelle erfolgen müsste. Einzige Folge einer Neuverhandlungspflicht wäre eine Verzögerung des Verfahrens. Auch eine Obliegenheit der Betriebsparteien zur Aufnahme von Neuverhandlungen über die Anpassung einer Betriebsvereinbarung ist aus diesem Grund abzulehnen.

Im Ergebnis besteht daher auch bei einer Anwendung von § 313 BGB auf Betriebsvereinbarungen keine Pflicht oder Obliegenheit der Betriebsparteien zur Aufnahme von Neuverhandlungen[430].

II. Schriftformerfordernis und Auslegungspflicht im Betrieb

§ 77 Abs. 2 BetrVG schreibt für das Zustandekommen von Betriebsvereinbarungen die Einhaltung besonderer formeller Voraussetzungen vor. Gemäß § 77 Abs. 2 S. 1 und S. 2 BetrVG sind Betriebsvereinbarungen von Betriebsrat und Arbeitgeber gemeinsam zu beschließen, schriftlich niederzulegen und von beiden Seiten zu unterzeichnen. § 77 Abs. 2 S. 3 BetrVG bestimmt zudem, dass Betriebsvereinbarungen durch den Arbeitgeber an einer geeigneten Stelle im Betrieb auszulegen sind.

Das Schriftformerfordernis gemäß § 77 Abs. 2 S. 1 BetrVG und die Unterzeichnung durch beide Parteien gemäß § 77 Abs. 2 S. 2 BetrVG sind konstitutive Formbestimmungen, ohne deren Erfüllung eine Betriebsvereinbarung nichtig ist[431]. Wenn eine Betriebsvereinbarung durch einen Spruch der Einigungsstelle zustande kommt, gelten dagegen die Formerfordernisse des § 76 Abs. 3 S. 3 BetrVG, wonach der Spruch der Einigungsstelle schriftlich niederzulegen und

---

[430] Auch *Hilger* in: FS für Larenz, S. 241, 251, ging bereits vor der Schuldrechtsreform davon aus, dass den Betriebsparteien kein Neuverhandlungsanspruch zukomme.

[431] *Richardi* in: Richardi, BetrVG, § 77 Rn. 37 f.; *Fitting/Engels/Schmidt/Trebinger/Linsenmaier*, BetrVG, § 77 Rn. 21; *Kreutz* in: GK-BetrVG, § 77 Rn. 44.

vom Vorsitzenden der Einigungsstelle zu unterzeichnen ist[432]. Das Schriftformerfordernis führt zur Nachweisbarkeit des Inhalts der Betriebsvereinbarung und dient demnach der Rechtssicherheit und Rechtsklarheit. Es ist aus diesem Grund auch auf eine gemäß § 313 BGB angepasste Betriebsvereinbarung anzuwenden, die in ihrer abgeänderten Form erneut schriftlich niedergelegt und unterschrieben werden muss.

Wegen der Nachweisfunktion des Schriftformerfordernisses stellt sich die Frage, ob das Schriftformerfordernis auch auf die Gestaltungserklärung der Partei Anwendung findet, die sich auf die Störung der Geschäftsgrundlage beruft. Gegen eine analoge Anwendung des Schriftformerfordernisses gemäß § 77 Abs. 2 S. 1 BetrVG auf die Gestaltungserklärung der Betriebspartei, die sich auf die Störung der Geschäftsgrundlage beruft, spricht jedoch, dass es sich bei der Erklärung zur Geltendmachung der Vertragsanpassung gemäß § 313 Abs. 1 BGB um eine einseitige Gestaltungserklärung handelt, die sich auf die in Rede stehende Betriebsvereinbarung auswirkt, aber die nicht selbst den Charakter einer Betriebsvereinbarung hat. Die Geltendmachung der Vertragsanpassung unterliegt daher nicht der zwingenden Regelung in § 77 Abs. 2 S. 1 BetrVG. Allenfalls empfiehlt sich die Einhaltung der Schriftform, um im Streitfall das „Ob“ und „Wann“ der Berufung auf die Störung der Geschäftsgrundlage im Streitfall besser nachweisen zu können.

Bei dem Auslegungserfordernis nach § 77 Abs. 2 S. 3 BetrVG handelt es sich im Gegensatz zum Schriftformerfordernis gemäß § 77 Abs. 2 S. 1BetrVG nicht um eine echte Rechtspflicht, sondern um eine reine Ordnungsvorschrift, deren Erfüllung nicht Voraussetzung der Wirksamkeit von Betriebsvereinbarungen ist[433]. Die Ordnungsvorschrift des § 77 Abs. 2 S. 3 BetrVG dient dazu, den im Betrieb beschäftigten Arbeitnehmern eine Möglichkeit zur Information über die auf sie Anwendung findenden Betriebsvereinbarungen zu geben.[434] Geeignete Stellen zur Auslegung sind alle Orte, an denen sich die Arbeitnehmer ungehindert und unproblematisch mit dem Inhalt der Betriebsvereinbarung vertraut machen können, wie beispielsweise das Schwarze Brett im Betrieb[435]. Nach seinem Sinn und Zweck gilt das Auslegungserfordernis gemäß § 77 Abs. 2 S. 3 BetrVG daher

---

[432] *Richardi* in: Richardi, BetrVG, § 77 Rn. 39; *Hess/Schlochauer/Worzalla/Glock,* BetrVG, § 77 Rn. 122.

[433] Kreutz in: GK-BetrVG, § 77 Rn. 50; Fitting/Engels/Schmidt/Trebinger/Linsenmaier, BetrVG, § 77 Rn. 25; Hess/Schlochauer/Worzalla/Glock, BetrVG, § 77 Rn. 123; Richardi in: Richardi, BetrVG § 77 Rn. 40; Löwisch/Kaiser, BetrVG, § 77 Rn. 10; Stege/Weinspach/ Schiefer, BetrVG, § 77 Rn. 6; a. A.: Zöllner/Loritz, Arbeitsrecht, S. 535. Heinze, NZA 1994, 580, 582.

[434] *Kreutz* in: GK-BetrVG, § 77 Rn. 50.

[435] *Hess/Schlochauer/Glaubitz,* BetrVG, 5. Aufl., § 77 Rn. 123; *Richardi* in: Richardi, BetrVG, § 77 Rn. 41; *Galperin/Löwisch,* BetrVG, § 77 Rn. 13; a. A. *Hess/Schlochauer/ Worzalla/Glock,* BetrVG, 6. Aufl., § 77 Rn. 123; *Kreutz* in: GK-BetrVG, § 77 Rn. 42, die bei umfangreichen Betriebsvereinbarungen die Vorlage auf Anforderung als ausreichend erachten.

auch für eine gemäß § 313 BGB an die veränderten Umstände angepasste Betriebsvereinbarung.

Beathalter will § 77 Abs. 2 S. 3 BetrVG daneben auch analog auf die Gestaltungserklärung des Arbeitgebers anwenden, mit der dieser sich auf die Störung der Geschäftsgrundlage beruft[436]. Er ist der Ansicht, dass es ansonsten zu einer Situation kommen könne, in der bereits entstandene Ansprüche der Arbeitnehmer durch die Vertragsanpassung zu Ungunsten der Arbeitnehmer rückwirkend abgeändert würden, ohne dass die Arbeitnehmer von der Störung der Geschäftsgrundlage jemals Kenntnis erlangt hätten. Werde die Gestaltungserklärung nicht von Anfang an im Betrieb ausgelegt, könne daher eine Vertragsanpassung durch die Einigungsstelle nie rückwirkend, sondern nur ex nunc erfolgen, es sei denn, die Arbeitnehmer hätten nachweisbar anderweitig Kenntnis von der Störung der Geschäftsgrundlage erlangt[437].

Der Ansicht *Beathalters* ist jedoch nicht zu folgen. Das Auslegungserfordernis gemäß § 77 Abs. 2 S. 3 BetrVG dient allein dazu, den Arbeitnehmern den Zugang zu allen im Betrieb geltenden Betriebsvereinbarungen zu ermöglichen. Nicht vom Auslegungserfordernis erfasst sind dagegen Gestaltungserklärungen zur Beendigung oder Abänderung der im Betrieb bestehenden Betriebsvereinbarungen. Auch die Kündigungserklärung einer Betriebsvereinbarung muss nicht gemäß § 77 Abs. 5 BetrVG im Betrieb ausgelegt werden. Sie muss nicht einmal schriftlich erfolgen[438]. Auch die Gestaltungserklärung der sich auf § 313 BGB berufenden Betriebspartei muss daher nicht im Betrieb ausgelegt werden. Vielmehr ist der Erklärungsempfänger der Gestaltungserklärung des Arbeitgebers stets der Betriebsrats, der wiederum die Aufgabe hat, die durch ihn repräsentierten Arbeitnehmer von der Berufung auf die Störung der Geschäftsgrundlage einer Betriebsvereinbarung unverzüglich in Kenntnis zu setzen. Allerdings ist das von *Beathalter* vorgebrachte Argument des Vertrauensschutzes der Arbeitnehmer von Belang für den Umfang der Vertragsanpassung. Verlangt man nämlich für einen rückwirkenden Eingriff in bereits entstandene Arbeitnehmeransprüche die Beachtung der Grundsätze des Vertrauensschutzes und der Verhältnismäßigkeit, so spielt das Vertrauen der Arbeitnehmer in das unveränderte Fortbestehen ihrer Ansprüche eine erhebliche Rolle[439].

Die Geltendmachung der Störung der Geschäftsgrundlage durch Gestaltungserklärung einer der Betriebsparteien unterliegt daher im Ergebnis weder dem Schriftformerfordernis gemäß § 77 Abs. 2 S. 1 BetrVG noch der Auslegungspflicht gemäß § 77 Abs. 2 S. 3 BetrVG.

---

[436] *Beathalter*, Gestaltungsmöglichkeiten, S. 236.
[437] *Beathalter*, Gestaltungsmöglichkeiten, ebenda.
[438] *Hess/Schlochauer/Worzalla/Glock*, BetrVG, § 77 Rn. 213; *Richardi* in: Richardi, BetrVG, § 77 Rn. 205; *Wlotzke*, BetrVG, § 77 Ziff. 7. a.
[439] Vgl. die Ausführungen zum rückwirkenden Eingriff in Arbeitnehmeransprüche im 5. Teil.

III. Durchsetzung des Anpassungsanspruchs vor der Einigungsstelle

Wie bereits oben bei der Prüfung der Anwendbarkeit von § 313 BGB auf Betriebsvereinbarungen festgestellt[440], wird in der Literatur und Rechtsprechung zutreffend davon ausgegangen, dass die Anpassung einer Betriebsvereinbarung gemäß § 313 Abs. 1 BGB im Streitfall nicht durch das Arbeitsgericht, sondern durch die für die Entscheidung von betriebsverfassungsrechtlichen Regelungsstreitigkeiten zuständige Einigungsstelle erfolgen muss[441].

Wie zudem festgestellt, widerspricht eine Vornahme der Vertragsanpassung durch die Einigungsstelle auch nicht den im bürgerlichen Recht geltenden Grundsätzen der Vertragsanpassung. § 313 BGB enthält eine Regelungslücke zur Durchsetzung des Anpassungsanspruchs, die bei einer Anwendung der Vorschrift auf Betriebsvereinbarungen nur durch die Geltendmachung einer inhaltlichen Anpassung der Betriebsvereinbarung vor der Einigungsstelle sinnvoll ausgefüllt werden kann[442].

1. Entscheidungskompetenz der Einigungsstelle in Angelegenheiten freiwilliger Mitbestimmung

Einer genaueren Untersuchung bedürftig erscheint jedoch die Frage, ob die Einigungsstelle eine verbindliche Anpassungsentscheidung auch dann vornehmen kann, wenn es sich bei der anzupassenden Betriebsvereinbarung um eine freiwillige Betriebsvereinbarung handelt.

Der Abschluss von Betriebsvereinbarungen in Angelegenheiten der freiwilligen Mitbestimmung ist dadurch gekennzeichnet, dass eine Betriebspartei eine Einigung mit der gegnerischen Betriebspartei nicht gegen deren Willen erzwingen kann. Die Einigungsstelle kann nämlich gemäß § 76 Abs. 6 S. 1 BetrVG „im Übrigen" - also in Angelegenheiten, in denen das Gesetz keine abschließende erzwingbare Entscheidung durch die Einigungsstelle gemäß § 76 Abs. 5 BetrVG vorsieht - nur tätig werden, wenn beide Betriebsparteien das Tätigwerden der Einigungsstelle beantragen oder damit einverstanden sind. Der Spruch der Einigungsstelle ersetzt gemäß § 76 Abs. 6 S. 2 BetrVG die Einigung zwischen den Betriebsparteien nur, wenn sich ihm beide Seiten vorher unterworfen oder ihn nachträglich angenommen haben. Inhaltlich kann ein freiwilliges Einigungsstellenverfahren sowohl zu Regelungsfragen, als auch zu allen Rechtsstreitigkeiten

---

440 Vgl. die Ausführungen im 2. Teil unter IV 3 b.

441 So auch BAG vom 10.8.1994, AP Nr. 86 zu § 112 BetrVG 1972; *Hilger* in: FS für Larenz, S. 241, 251; *Eckert*, AR-Blattei SD, Ziff. 1790, Rn. 80.

442 Vgl. hierzu die Ausführungen im 2. Teil unter IV 3 a

durchgeführt werden, über deren Streitgegenstand die Betriebsparteien verfügen können[443].

In der Differenzierung zwischen Angelegenheiten erzwingbarer Mitbestimmung einerseits und den nur mit Zustimmung beider Betriebsparteien vor der Einigungsstelle durchsetzbaren Angelegenheiten freiwilliger Mitbestimmung andererseits spiegelt sich eine abgestufte Bewertung betriebsverfassungsrechtlicher Rechte und Pflichten durch den Gesetzgeber wider: Die erzwingbare Mitbestimmung ist durch das BetrVG auf die wesentlichen Bereiche der sozialen, wirtschaftlichen und personellen Angelegenheiten beschränkt worden. Damit ist die durch das BetrVG eingeführte Einschränkung der unternehmerischen Entscheidungsfreiheit auf bestimmte wesentliche Kernpunkte konzentriert worden, die für die Arbeitnehmerschaft von besonderer Wichtigkeit sind. Darüber hinaus hat der Gesetzgeber aber die freiwillige Mitbestimmung geschaffen, um den Betriebspartnern die Nutzung des vorhandenen betriebsverfassungsrechtlichen Systems zur weitergehenden Ausgestaltung der innerbetrieblichen Ordnung zu ermöglichen. Die Nutzung dieser Möglichkeit liegt jedoch im freien Ermessen der Betriebsparteien.

Die Annahme, dass die Einigungsstelle über die Anpassung einer freiwilligen Betriebsvereinbarung gemäß § 313 BGB auch gegen den Willen eines der Betriebspartner verbindlich entscheiden kann, scheint auf den ersten Blick mit dem Grundsatz zu kollidieren, dass eine Entscheidung der Einigungsstelle in Angelegenheiten freiwilliger Mitbestimmung gemäß § 76 Abs. 6 BetrVG nicht erzwingbar ist: Einerseits bestimmt § 76 Abs. 6 BetrVG, dass die Einigungsstelle in Angelegenheiten freiwilliger Mitbestimmung nur mit dem Einverständnis der Betriebsparteien tätig werden darf. Andererseits enthält § 313 Abs. 1 BGB einen Anpassungsanspruch, der seinem Sinn und Zweck nach auch durchsetzbar sein muss, falls sich die Vertragsparteien nicht gütlich einigen können oder eine der Parteien sogar der Ansicht ist, dass eine Störung der Geschäftsgrundlage gar nicht vorliegt. Könnte die Anpassung einer freiwilligen Betriebsvereinbarung nicht durchgesetzt werden, so würde der in § 313 Abs. 3 BGB vorgesehene Vorrang der Vertragsanpassung vor der Kündigung leer laufen, da dann nur noch die Möglichkeit zur außerordentliche Kündigung der Betriebsvereinbarung verbliebe.

Eine genauere Analyse führt jedoch zu einer Auflösung des vermeintlichen Widerspruchs zwischen der Nichterzwingbarkeit des Abschlusses freiwilliger Betriebsvereinbarungen gemäß § 76 Abs. 6 BetrVG und der Ausgestaltung der Vertragsanpassung gemäß § 313 Abs. 1 BGB in Form eines durchsetzbaren An-

---

[443] BAG vom 20.11.1990, AP Nr. 43 zu § 76 BetrVG; *Fitting/Engels/Schmidt/Trebinger/Linsenmaier,* BetrVG, § 76 Rn. 79 f.; *Kreutz* in: GK-BetrVG, § 76 Rn. 19-21; *Hess/Schlochauer/Worzalla/Glock,* BetrVG, § 76 Rn. 13.

spruchs. § 76 Abs. 6 BetrVG bezieht sich allein auf das Zustandekommen von Betriebsvereinbarungen in Angelegenheiten freiwilliger Mitbestimmung. Die Betriebsparteien können sich zwar freiwillig über den Abschluss einer Betriebsvereinbarung einigen, aber im Streitfall keine Entscheidung der Einigungsstelle gegen den Willen der anderen Betriebspartei erzwingen. Eine andere Ausgangslage besteht dagegen bei der Störung der Geschäftsgrundlage einer freiwilligen Betriebsvereinbarung. Hier haben sich die Betriebsparteien bereits freiwillig über das Zustandekommen der Betriebsvereinbarung geeinigt und damit ihr Recht zum Abschluss einer solchen Betriebsvereinbarung wahrgenommen. Sie haben sich beiderseits auf eine Vertragsbindung eingelassen und müssen sich nach dem Grundsatz „pacta sunt servanda" an dieser Bindung grundsätzlich auch festhalten lassen. Stellt sich im Nachhinein heraus, dass die Geschäftsgrundlage der Betriebsvereinbarung gestört ist, so geht es nicht mehr darum, eine neue Vertragsbindung zu schaffen, sondern die einverständlich abgeschlossene Betriebsvereinbarung möglichst sinnvoll an die veränderten Umstände anzupassen und auf das ursprünglich von den Vertragsparteien Gewollte zurückzuführen. Der Grundsatz, dass das Zustandekommen einer freiwilligen Betriebsvereinbarung gemäß § 76 Abs. 6 BetrVG nicht erzwungen werden kann, wird daher durch die verbindliche Entscheidung der Einigungsstelle über die nachträgliche Anpassung einer solchen Betriebsvereinbarung gemäß § 313 Abs. 1 BGB nicht berührt[444].

Für die Richtigkeit dieses Ergebnisses spricht zudem, dass es sich auch bei den bürgerlich-rechtlichen Verträgen, für die die Grundsätze des Wegfalls und des Fehlens der Geschäftsgrundlage ursprünglich entwickelt worden sind, um Verträge handelt, deren Abschluss auf Freiwilligkeit beruht. Mit dem Vertragsabschluss weicht auch im bürgerlichen Recht die ursprüngliche Freiwilligkeit des Vertragsabschlusses dem Prinzip der strengen Vertragsbindung. Auch die Anpassung eines bürgerlich-rechtlichen Vertrages aufgrund der Störung der Geschäftsgrundlage begründet daher keine neue Vertragsbindung, sondern dient allein dazu, die freiwillig eingegangene, jedoch durch eine Änderung der Umstände oder einen anfänglichen Irrtum außer Verhältnis geratene Vertragsbindung wieder auf einen interessengerechten, für beide Parteien zumutbaren Umfang zurückführen. Überträgt man diese Grundsätze auf Betriebsvereinbarungen, so kann die Freiwilligkeit des Abschlusses einer Betriebsvereinbarung gemäß § 76 Abs. 6 BetrVG der Erzwingbarkeit der nachträglichen Anpassung einer freiwilligen Betriebsvereinbarung vor der Einigungsstelle nicht entgegenstehen.

Dagegen leitet *Beathalter* aus § 76 Abs. 6 BetrVG her, dass die Entscheidungskompetenz der Einigungsstelle in Angelegenheiten freiwilliger Mitbestimmung inhaltlich eingeschränkt sei[445]. Da der Arbeitgeber eine höhere wirtschaftliche

[444] So auch *Beathalter,* Gestaltungsmöglichkeiten, S. 233.
[445] *Beathalter,* Gestaltungsmöglichkeiten, S. 233 f.

Belastung nicht in seine Planung zur Betriebsführung einkalkuliert habe, sei es ihm unzumutbar, wenn eine freiwillige Betriebvereinbarung zu seinen Ungunsten angepasst werde[446]. Dagegen sei eine Anpassung der Betriebsvereinbarung zu Ungunsten des Betriebsrats deshalb möglich, weil die Anpassung einer freiwilligen Betriebsvereinbarung für den Betriebsrat stets günstiger sei als eine arbeitgeberseitige Kündigung der Betriebsvereinbarung. Schließlich habe der Betriebsrat im Bereich der freiwilligen Mitbestimmung nach Ausspruch einer Kündigung der Betriebsvereinbarung keine Garantie, dass sich der Arbeitgeber noch einmal auf Neuverhandlungen über den Abschluss einer Betriebsvereinbarung über denselben Regelungsgegenstand einlassen werde, während die Betriebvereinbarung im Falle einer Vertragsanpassung in abgeänderter Form weiter bestehe[447].

Die von *Beathalter* vertretene Einschränkung der Anpassungskompetenz der Einigungsstelle ist jedoch nicht überzeugend. Auch wenn eine Betriebsvereinbarung freiwillig abgeschlossen worden ist, kann sich aus der Freiwilligkeit des Vertragsabschlusses keine einseitige Einschränkung der Kompetenz der Einigungsstelle zur nachträglichen Anpassung der Betriebsvereinbarung ergeben. Die rechtlichen Grenzen der Vertragsanpassung werden nicht durch § 76 Abs. 6 BetrVG, sondern durch § 313 BGB selbst gesetzt. Ist die Anpassung für eine der Vertragsparteien unzumutbar, so sieht § 313 BGB nicht die Einschränkung des Umfangs der Vertragsanpassung zugunsten dieser Partei vor, sondern eröffnet stattdessen die Möglichkeit zur Beendigung des Vertrages gemäß § 313 Abs. 3 BGB. Wird der Arbeitgeber daher durch die Anpassung einer freiwilligen Betriebsvereinbarung unzumutbar finanziell belastet, muss die Vertragsanpassung ausscheiden und es kommt stattdessen nur die Kündigung der Betriebsvereinbarung in Betracht. Die Einigungsstelle ist daher grundsätzlich nicht daran gehindert, eine freiwillige Betriebsvereinbarung auch zu Ungunsten des Arbeitgebers anzupassen, wenn durch die Anpassung nicht die Grenze der Zumutbarkeit überschritten wird. Die von *Beathalter* vorgenommene pauschale Einschränkung der Entscheidungskompetenz der Einigungsstelle in Fällen, in denen sich die Anpassung einer freiwilligen Betriebsvereinbarung zu Ungunsten des Arbeitgebers auswirken würde, ist daher abzulehnen.

Im Ergebnis kann die Einigungsstelle auch in Angelegenheiten erzwingbarer Mitbestimmung verbindlich über die Anpassung einer Betriebsvereinbarung gemäß § 313 Abs. 1 BGB entscheiden, ohne dass ein Einverständnis beider Betriebsparteien dem Tätigwerden sowie mit dem abschließenden Spruch der Einigungsstelle gemäß § 76 Abs. 6 BetrVG erforderlich wäre.

---

[446] *Beathalter*, Gestaltungsmöglichkeiten, S. 233.
[447] *Beathalter*, Gestaltungsmöglichkeiten, S. 233 f.

2. Notwendigkeit einer vorherigen gerichtlichen Entscheidung über die Voraussetzungen von § 313 BGB

Während die Ermessensentscheidung der Einigungsstelle gemäß § 76 Abs. 5 S. 4 BetrVG nur innerhalb einer Ausschlussfrist von zwei Wochen ab Zuleitung der Entscheidung durch das Arbeitsgericht auf Ermessensfehler überprüft werden kann[448], unterliegt die gerichtliche Überprüfung von Rechtsfragen nach herrschender Ansicht nicht der gesetzlichen Ausschlussfrist[449]. Daher kann das Arbeitsgericht zur Entscheidung über Rechtsfragen, wie zum Beispiel über die Einhaltung der wesentlichen Verfahrensvorschriften, die Einhaltung höherrangigen Rechts und die gesetzliche Zuständigkeit der Einigungsstelle, auch noch nach Ablauf der Ausschlussfrist in § 76 Abs. 5 S. 4 BetrVG eingeschaltet werden[450]. Auch bei der Entscheidung über das Vorliegen der tatbestandlichen Voraussetzungen von § 313 BGB handelt es sich nach zutreffender Ansicht um eine Rechtsfrage, die nicht der Ausschlussfrist gemäß § 76 Abs. 5 S. 4 BetrVG unterliegt.

Wird jedoch die Anpassungsentscheidung der Einigungsstelle von einer der Betriebsparteien vor dem Arbeitsgericht mit der Begründung angegriffen, die Voraussetzungen einer Störung der Geschäftsgrundlage hätten gar nicht vorgelegen, so herrscht bis zur abschließenden Entscheidung dieser Frage Unsicherheit, ob die ursprüngliche oder die abgeänderte Betriebsvereinbarung im Betrieb Geltung beansprucht. In der Literatur wird daher diskutiert, ob es notwendig sei, zur Vermeidung einer solchen Rechtsunsicherheit vor der Anpassungsentscheidung der Einigungsstelle zunächst eine Entscheidung des Arbeitsgerichts über die Rechtsfrage des Vorliegens der Voraussetzungen von § 313 BGB herbeizuführen[451].

Es sprechen jedoch überzeugende Argumente dagegen, dass es erforderlich ist, vor der Entscheidung der Einigungsstelle eine arbeitsgerichtliche Entscheidung über das Vorliegen der Voraussetzungen von § 313 BGB herbeizuführen. Zum

---

[448] Vgl. die Ausführungen im 3. Teil unter V 3 a.

[449] *Hess/Schlochauer/Worzalla/Glock*, BetrVG, § 76 Rn. 122; *Hanau/Kania* in: Erfurter Kommentar, § 76 BetrVG, Rn. 28; *Fitting/Engels/Schmidt/Trebinger/Linsenmaier*, BetrVG, § 76 Rn. 102; *Kreutz* in: GK-BetrVG, § 76 Rn. 119.

[450] Siehe die Beispiele bei *Fitting/Kaiser/Heither/Engels/Schmidt*, BetrVG, § 76 Rn. 103. Umstritten ist allerdings der zulässige Umfang der gerichtlichen Kontrolle: Für eine Billigkeitskontrolle: BAG vom 30.1.1970, AP Nr. 142 zu § 242 BGB, Ruhegehalt; BAG vom 25.3.1971, BAG vom 9.12.1981, AP Nr. 14 zu § 112 BetrVG 1972; BAG vom 20.11.1987, AP Nr. 2 zu § 620 BGB, Altersgrenze; BAG vom 25.4.1991, AP Nr. 138 zu § 611 BGB, Gratifikation. Für eine reine Rechtskontrolle: *Richardi* in: Richardi, BetrVG, § 77 Rn. 120; *Fitting/Engels/Schmidt/Trebinger/Linsenmaier*, BetrVG, § 77 Rn. 230; *v. Hoyningen-Huene*, Billigkeit, S. 161-166; *Hammen*, RdA 1986, S. 23, 24; *Jobs*, ArbuR 1986, S. 147, 148; *Blomeyer*, DB 1984, S. 927, 933.

[451] *Beathalter*, Gestaltungsmöglichkeiten, S. 236-239.

einen ist das Verfahren grundsätzlich viel schneller durchführbar, wenn die Einigungsstelle über das Vorliegen der Voraussetzungen von § 313 BGB mit entscheiden kann, als wenn in jedem Fall der Störung der Geschäftsgrundlage einer Betriebsvereinbarung stets das Arbeitsgericht vorab eingeschaltet werden müsste. So macht es in den Fällen, in denen sich die Betriebsparteien über das Vorliegen der Voraussetzungen von § 313 BGB grundsätzlich einig sind und sich allein über den Umfang der Anpassung streiten, keinen Sinn, vor der Entscheidung der Einigungsstelle pauschal eine arbeitsgerichtliche Entscheidung über das Vorliegen des Tatbestands von § 313 BGB zu fordern. Auch liegt es durchaus im Rahmen des Vorstellbaren, dass sich eine anfangs skeptische Betriebspartei im Laufe des Verfahrens vor der Einigungsstellen vom Vorliegen der Voraussetzungen von § 313 BGB überzeugen lässt, so dass der anfängliche Streitpunkt am Ende des Verfahrens vor der Einigungsstelle gar nicht mehr existiert. Zum anderen kommt es auch dann zu einer Situation der Rechtsunsicherheit im Betrieb, wenn sich die abschließende gerichtliche Entscheidung über die Voraussetzungen von § 313 BGB länger hinzieht und möglicherweise mehrere Instanzen durchlaufen werden müssen. Die Arbeitnehmer wissen in diesem Fall, dass sie möglicherweise mit einer Anpassung der Betriebsvereinbarung zu rechnen haben, sie sind sich jedoch über den zu erwartenden Umfang einer solchen Anpassung im Unklaren.

Darüber hinaus kommt es durch die Annahme einer Entscheidungskompetenz der Einigungsstelle über die Vorfrage des Vorliegens der Voraussetzungen von § 313 BGB auch nicht zu einer Verkürzung der Rechtsschutzmöglichkeiten der Betriebsparteien. Zwar kann die Entscheidung über die Anpassung einer Betriebsvereinbarung nur innerhalb einer Ausschlussfrist von zwei Wochen gemäß § 76 Abs. 5 S. 4 BetrVG auf die richtige Ausübung des Ermessens der Einigungsstelle überprüft werden. Die Vorfrage des Vorliegens der Voraussetzungen von § 313 BGB fällt als Rechtsfrage jedoch nicht unter die Ausschlussfrist und ist auch nach deren Ablauf durch das Arbeitsgericht überprüfbar.

Im Ergebnis kann daher die Einigungsstelle die Anpassung einer Betriebsvereinbarung gemäß § 313 BGB vornehmen, ohne dass zunächst eine Entscheidung des Arbeitsgerichts über das Vorliegen der Voraussetzungen von § 313 BGB herbeigeführt werden muss.

3. Möglichkeit einer einseitigen Anpassung durch den Arbeitgeber vor dem Spruch der Einigungsstelle

Das Einigungsstellenverfahren zur Anpassung einer Betriebsvereinbarung kann einige Zeit in Anspruch nehmen, weil der Einigungsstelle nicht nur eine, sondern stets mehrere Regelungsmöglichkeiten zur Verfügung stehen, von denen es die am besten zur Erreichung des gewünschten Zwecks geeignete zu finden gilt. Kommt es zudem zu einer gerichtlichen Überprüfung der Entscheidung der Einigungsstelle, vergeht noch mehr Zeit, bis der Umfang der Anpassung schließlich einwandfrei feststeht.

Die Dauer des Verfahrens zur Anpassung einer Betriebsvereinbarung ist vor für den Arbeitgeber allem von dann riskant, wenn er sich in einer wirtschaftlichen Notlage befindet und ihm in absehbarer Zeit die Insolvenz droht, falls nicht unverzüglich ein Sanierungsplan umgesetzt werden kann. Durch ein langwieriges Einigungsstellenverfahren, dem möglicherweise sogar eine Streitigkeit über die Person des Einigungsstellenvorsitzenden vorausgeht, kann die Berufung auf § 313 BGB leer laufen, wenn bis zur Durchsetzung der Anpassung der Betrieb mitsamt allen Arbeitsplätzen untergegangen ist. In der Literatur zur Störung der Geschäftsgrundlage von Betriebsvereinbarungen wird daher diskutiert, ob die Anpassung der Betriebsvereinbarung im Falle der wirtschaftlichen Notlage des Arbeitgebers auch einseitig durch den Arbeitgeber vorgenommen werden kann, bevor die Einigungsstelle eine abschließende Entscheidung über die Anpassung getroffen hat[452].

Eine von ihrer Dringlichkeit her mit der wirtschaftlichen Notlage vergleichbare Lage, in der der Arbeitgeber ausnahmsweise ohne die Beteiligung des Betriebsrats handeln kann, lässt sich im Betriebsverfassungsrecht im Rahmen des Mitbestimmungsrechts in sozialen Angelegenheiten gemäß § 87 BetrVG finden. Zwar kann der Arbeitgeber nach der herrschenden „Theorie der Wirksamkeitsvoraussetzung" keine wirksamen Maßnahmen gemäß § 87 BetrVG ohne die Beteiligung des Betriebsrats treffen[453]. Allerdings lassen auch die Vertreter dieser Ansicht unter strengen Voraussetzungen die Vornahme einseitiger Maßnahmen durch den Arbeitgeber zu, wenn ein absoluter Notfall - zum Beispiel durch einen Betriebsbrand oder eine Überflutung - vorliegt[454]. Eine völlig einheitliche Definition des absoluten Notfalls existiert in der Literatur nicht. Jedoch werden absolute Notfälle ganz überwiegend als plötzlich auftretende, nicht vorhersehbare, schwerwiegende Situationen verstanden, durch die erhebliche, nicht anders abwendbare Schäden drohen und in denen der Betriebsrat nicht sofort erreichbar ist[455]. Das bloße Vorliegen eines bloßen Eilfalles aufgrund von Zeitnot des Arbeitgebers reicht dagegen nicht aus, um eine einseitige Maßnahme des Arbeit-

---

452 *Beathalter,* Gestaltungsmöglichkeiten, S. 239 f.

453 So genannte „Theorie der Wirksamkeitsvoraussetzung": BAG GS vom 3.1.1991, AP Nr. 51 zu § 87 BetrVG, Lohngestaltung; *Fitting/Engels/Schmidt/Trebinger/Linsenmaier,* BetrVG, § 87 Rn. 599 f.; *v. Hoyningen-Huene,* Betriebsverfassungsrecht, S. 267 f.; *Weiss/Weyand,* BetrVG, § 87 Rn. 2; a. A. *Richardi* in: Richardi, BetrVG, § 87 Rn. 102.

454 Küttner/Schmidt, DB 1988, S. 704, 706; Fitting/Engels/Schmidt/Trebinger/Linsenmaier, BetrVG, § 87 Rn. 27; Wiese in: GK-BetrVG, § 87 Rn. 162; Hess/Schlochauer/Glaubitz, BetrVG, 5. Aufl., § 87 Rn. 35 f.; a. A. Hess/Schlochauer/Worzalla/Glock, BetrVG, 6. Aufl., Rn. 35a-35i.

455 Löwisch/Kaiser, § 87 Rn. 22; Fitting/Engels/Schmidt/Trebinger/Linsenmaier, BetrVG, § 87 Rn. 27; Wiese in: GK-BetrVG, § 87 Rn. 162; Stege/Weinspach/Schiefer, BetrVG, § 87 Rn. 13.

gebers ausnahmsweise ohne die Mitbestimmung des Betriebsrats wirksam werden zu lassen[456].

Die im Rahmen von § 87 BetrVG entwickelten Grundsätze für ein einseitiges Handeln des Arbeitgebers in Notfallsituationen lassen sich jedoch richtigerweise nicht auf die besondere Situation der Störung der Geschäftsgrundlage wegen einer wirtschaftlichen Notlage übertragen. Zum einen beziehen sich die Grundsätze über Notfälle nur auf die originären Mitbestimmungsrechte des Betriebsrats im Bereich der Mitbestimmung in sozialen Angelegenheiten gemäß § 87 Abs. 1 BetrVG. Der Anpassungsanspruch gemäß § 313 BGB kann dagegen nicht nur bei erzwingbaren Betriebsvereinbarungen, sondern auch bei freiwilligen Betriebsvereinbarungen geltend gemacht werden.

Zum anderen unterscheidet sich auch die Situation, in der der Arbeitgeber wegen eines Notfalls ohne die gemäß § 87 Abs. 1 BetrVG erforderliche Beteiligung des Betriebsrats tätig werden kann, wesentlich von der Situation bei einer Störung der Geschäftsgrundlage wegen wirtschaftlicher Notlage. Eine finanzielle Notsituation des Arbeitgebers ist grundsätzlich kein plötzlich auftretendes, nicht vorhersehbares Ereignis wie eine Flut- oder Brandkatastrophe, sondern kündigt sich bereits über einen gewissen Zeitraum hin an. Während in den Katastrophenfällen der unerwartete Eintritt des Katastrophenereignisses regelmäßig die Hinzuziehung des Betriebsrats unmöglich macht, steht der Betriebsrat in der Situation der wirtschaftlichen Notlage von Anfang an zur Verfügung. Der Arbeitgeber befindet sich bei drohender Insolvenz deshalb zwar in einer Eil- aber nicht in einer Notsituation. Ein Rückgriff auf die zu § 87 BetrVG entwickelte Grundsätze des dringenden Notfalls muss daher ausscheiden.

Eine andere Betrachtungsweise ergibt sich auch nicht § 2 Abs. 1 BetrVG, wonach die Betriebsparteien verpflichtet sind, zum Wohl des Betriebes und der Arbeitnehmer vertrauensvoll zusammenzuarbeiten. Eine einseitige Anpassung entspricht zwar dem Bedürfnis des Arbeitgebers, die den Arbeitnehmern geschuldeten Leistungen zur Vermeidung einer Insolvenz sofort zu verringern und dient damit dem Betriebswohl. Sie greift jedoch oft erheblich und unwiederbringlich in Arbeitnehmerrechte ein. Ließe man die einseitige Anpassung einer Betriebsvereinbarung durch den Arbeitgeber zu, so wären zwar im Ergebnis keine materiellrechtlichen Rechtspositionen der Arbeitnehmer betroffen, wenn die vom Arbeitgeber getroffene Entscheidung später durch die Einigungsstelle bestätigt würde. Anders wäre dies jedoch, wenn die Einigungsstelle die Anpassung ablehnen oder eine teilweise von der Arbeitgeberentscheidung abweichende Anpassung vornehmen würde. Erweist sich die Entscheidung des Arbeitgebers im

---

[456] So BAG AP Nr. 8 zu § 81 ArbGG; BAG vom 19.2.1991, AP NR. 42 zu § 87 BetrVG, Arbeitszeit; *Hess/Schlochauer/Worzalla/Glock*, BetrVG, § 87 Rn. 29-33; *Wiese* in: GK-BetrVG, § 87 Rn. 155; *Richardi* in: Richardi, BetrVG, § 87 Rn. 55.

Nachhinein als falsch, so könnten zwar durch den Arbeitgeber zurückgehaltene finanzielle Leistungen im Nachhinein an die Arbeitnehmer ausgezahlt werden. Nicht rückgängig gemacht werden könnte jedoch die zwischenzeitliche Durchführung einer einseitig angepassten Betriebsvereinbarung, in der es nicht um finanzielle Leistungen, sondern beispielsweise um Arbeitszeitverkürzung, Raucherpausen oder andere Fragen der innerbetrieblichen Ordnung geht.

In der Zeit bis zur Entscheidung der Einigungsstelle haben die Arbeitnehmer zudem keine Möglichkeit, effektiv gegen die einseitige Kürzung der Leistungen durch den Arbeitgeber vorzugehen[457]. Würden die Arbeitnehmer das Arbeitsgericht anrufen und auf Auszahlung der ihnen laut der Betriebsvereinbarung zustehenden Leistungen klagen, so könnte das Gericht nicht über die Arbeitnehmeransprüche entscheiden, ohne hierdurch in die Entscheidungskompetenz der Einigungsstelle einzugreifen. Zwar fällt die Entscheidung über das Bestehen von individuellen Ansprüchen eines Arbeitnehmers aus einer Betriebsvereinbarung in die Zuständigkeit des Arbeitsgerichts. Wegen der normativen Wirkung von Betriebsvereinbarungen handelt es sich bei diesen Ansprüchen um Ansprüche aus dem Arbeitsverhältnis, über die das Arbeitsgericht gemäß § 2 Abs. 1 Nr. 3 a ArbGG im Urteilsverfahren zu entscheiden hat[458]. Beruft sich jedoch der Arbeitgeber im Urteilsverfahren darauf, dass die Geschäftsgrundlage der Betriebsvereinbarung weggefallen ist, ohne dass die Einigungsstelle über diese Frage bereits entschieden hat, so müsste eine Entscheidung des Arbeitsgerichts inzident auch die Prüfung des Tatbestandes von § 313 BGB sowie die Vertragsanpassung selbst zum Inhalt haben. Die Entscheidungskompetenz über Regelungsfragen zu Betriebsvereinbarungen steht dem Arbeitsgericht aber nicht zu. Es verbleibt dem Gericht daher nur die Möglichkeit, das Verfahren gemäß § 148 ZPO bis zu einer Entscheidung durch die Einigungsstelle auszusetzen[459]. Im Ergebnis würde den klagenden Arbeitnehmern daher kein effektiver Rechtsschutz gegen die vom Arbeitgeber einseitig vorgenommene Kürzung der ihnen aus der Betriebsvereinbarung zustehenden Leistungen zur Verfügung stehen.

Betriebsvereinbarungen über tatsächliche Verhaltenspflichten der Arbeitnehmer können daher nicht durch den Arbeitgeber nicht vor der Entscheidung der Einigungsstelle einseitig abgeändert werden. Bei Geldleistungspflichten bleibt dagegen für den Arbeitgeber in der Praxis die Möglichkeit, die Leistungen an die Arbeitnehmer ab dem Zeitpunkt, an dem er die Vertragsanpassung geltend gemacht hat, unter dem Vorbehalt einer Rückforderung zu erbringen. Entscheidet die Einigungsstelle, dass eine Störung der Geschäftsgrundlage vorgelegen hat,

---

[457] So auch *Beathalter*, Gestaltungsmöglichkeiten, S. 246-248.

[458] Germelmann/Matthes/Prütting/Müller-Glöge, ArbGG, § 2 Rn. 56.

[459] *Beathalter*, Gestaltungsmöglichkeiten, S. 247; auch *Fischer*, AuA 1999, S. 258. 260, nimmt an, dass die Entscheidung über individualrechtliche Ansprüche aus einem Sozialplan bis zur Anpassung des Sozialplans gemäß § 148 ZPO auszusetzen ist; vgl. zur Aussetzung des Verfahrens auch BAG vom 9.4.1991, AP Nr. 8 zu § 18 BetrVG 1972.

so sind die Arbeitnehmer im Nachhinein zur Rückzahlung der überzahlten Summe nach den Grundsätzen des Bereicherungsrechts verpflichtet.

Im Ergebnis steht dem Arbeitgeber daher kein Recht zu, eine Betriebsvereinbarung bereits vor der abschließenden Entscheidung der Einigungsstelle über die Vertragsanpassung gemäß § 313 Abs. 1 BGB einseitig an die veränderten Umstände anzupassen.

IV. Zusammenfassung der Grundsätze der Vertragsanpassung

Maßgeblich für den Umfang der Anpassung einer Betriebsvereinbarung ist die Wiederherstellung einer zumutbaren Vertragsbindung, die einerseits an den Interessen des Arbeitgebers und andererseits an den Interessen der von der Störung der Geschäftsgrundlage betroffenen Arbeitnehmer zu messen ist. Vor der Durchsetzung der Vertragsanpassung sind die Betriebsparteien nicht zur Aufnahme von inhaltlichen Neuverhandlungen verpflichtet. Auch unterliegt die Gestaltungserklärung zur Geltendmachung der Anpassung nicht dem Schriftformerfordernis und der Auslegungspflicht gemäß § 77 Abs. 2 BetrVG. Die Formvorschriften finden nur auf die angepasste Betriebsvereinbarung Anwendung.

Die Durchsetzung der Vertragsanpassung erfolgt nicht vor dem Arbeitsgericht, sondern vor der Einigungsstelle. Die Einigungsstelle kann sowohl über die Anpassung von Betriebsvereinbarungen in Angelegenheiten erzwingbarer Mitbestimmung, als auch über die Anpassung von freiwilligen Betriebsvereinbarungen bindend entscheiden. Eine Vorabentscheidung des Arbeitsgerichts über das Vorliegen der Voraussetzungen von § 313 BGB ist nicht erforderlich.

Der Arbeitgeber ist nicht berechtigt, die Betriebsvereinbarung nicht bereits vor dem Vorliegen einer abschließenden Entscheidung der Einigungsstelle einseitig anpassen, auch wenn er sich auf eine wirtschaftliche Notlage beruft.

B. Beendigung von Betriebsvereinbarungen gemäß § 313 Abs. 3 BGB

§ 313 Abs. 3 BGB sieht für den Fall, dass sich eine Vertragsanpassung als unmöglich oder unzumutbar erweist, die Möglichkeit zur Beendigung des Vertrages vor. Bei Verträgen ohne Dauerwirkung wird gemäß § 313 Abs. 3 S. 1 BGB das Recht zum Rücktritt vom Vertrag eröffnet, während gemäß § 313 Abs. 3 S. 2 BGB bei Dauerschuldverhältnissen an die Stelle des Rücktrittsrechts ein Recht zur Kündigung tritt. Es stellt sich daher zunächst die Frage, ob die durch das Gesetz vorgenommene Unterscheidung zwischen der Rechtsfolge des Rücktritts und der Kündigung auch auf Betriebsvereinbarungen übertragbar ist.

I. Möglichkeit des Rücktritts von einer Betriebsvereinbarung

Für die Untersuchung, ob das Rücktrittsrecht gemäß § 313 Abs. 3 S. 1 BGB auch auf Betriebsvereinbarungen anwendbar ist, ist zunächst eine genauere Auseinandersetzung mit der in § 313 Abs. 3 BGB vorausgesetzten Unterscheidung zwischen Verträgen ohne Dauerwirkung und Dauerschuldverhältnissen erforderlich. Verträge ohne Dauerwirkung haben die Erbringung einer einmaligen Leistungspflicht zum Inhalt[460]. Der im bürgerlichen Recht verwendete Begriff des Dauerschuldverhältnisses erfasst dagegen alle Schuldverhältnisse, während deren Laufzeit ständig neue Leistungs-, Schutz- und Nebenpflichten entstehen[461]. Dauerschuldverhältnisse sind dadurch charakterisiert, dass ein dauerndes Verhalten oder eine wiederkehrende Leistung geschuldet wird, wobei der Gesamtumfang der zu erbringenden Leistung von der Dauer der Vertragsbeziehung abhängig ist[462]. So handelt es sich beispielsweise bei Miet- oder Pachtverträgen, Bürgschaften, Gesellschaftsverträgen, Leihverträgen, aber auch bei Arbeitsverträgen um typische Dauerschuldverhältnisse.

Auch Betriebsvereinbarungen können entweder auf eine gewisse Dauer angelegt sein oder einen Einzelfall regeln. In der Mehrzahl der Fälle sind Betriebsvereinbarungen darauf angelegt, dauerhafte Wirkung zu entfalten. Ihr Regelungsinhalt ist meist abstrakt gefasst, auf eine Vielzahl von Fallgestaltungen zugeschnitten und ihre Wirkungsdauer oft unbefristet oder auf einen längeren Zeitraum befristet. So werden beispielsweise Betriebsvereinbarungen zur Regelung von Fragen der Ordnung des Betriebes und des Verhaltens der Arbeitnehmer gemäß § 87 Abs. 1 Nr. 1 BetrVG oft in Form von „Betriebsordnungen" abgeschlossen, die für unbestimmte Zeit verbindliche Verhaltensregeln zur Sicherung eines reibungslosen Zusammenwirkens und Zusammenlebens der Arbeitnehmer im Betrieb sichern sollen. Aber auch Betriebsvereinbarungen über Entlohnungsgrundsätze oder Akkordlohn sind in der Regel darauf angelegt, den entsprechenden Mitbestimmungstatbestand für einen längeren Zeitraum verbindlich zu regeln. Daneben kann eine Betriebsvereinbarung aber auch auf einen einmaligen Sachverhalt bezogen sein, wie beispielsweise auf die Regelung der Arbeitszeit am 1. Weihnachtsfeiertag oder die Gewährung einer einmaligen Sonderzahlung an die Arbeitnehmer. Auch erzwingbare Sozialpläne gemäß §§ 112, 112 a BetrVG beziehen sich grundsätzlich auf den einmaligen Sachverhalt einer Betriebsänderung und sehen einen Ausgleich für die den Arbeitnehmern entstehenden Nachteile in Form einer einmaligen Abfindungszahlung vor.

Die Tatsache, dass auch Betriebsvereinbarungen auf Dauer angelegt oder auf Einzelfälle bezogen sein können, spricht auf den ersten Blick dafür, dass die in

---

[460] *Heinrichs* in: Palandt, BGB, § 314 Rn. 2, *Larenz,* Schuldrecht Bd. 1, S. 26 f., 29.
[461] *Gaier* in: Münchener Kommentar, BGB, § 314 Rn. 5.
[462] *Heinrichs* in: Palandt, BGB, § 314 Rn. 2; *Muthers* in: Henssler/v. Westphalen, Schuldrechtsreform, § 314 BGB, Rn. 1.

§ 313 Abs. 3 BGB vorgegebene Aufteilung der sekundären Rechtsfolge in das Rücktritts- und das Kündigungsrecht auch auf Betriebsvereinbarungen übertragbar ist. In der Literatur wird jedoch der Rücktritt von einer Betriebsvereinbarung für unzulässig gehalten und die Ansicht vertreten, die Rücktrittserklärung sei im Zweifel in eine Kündigung umzudeuten[463]. Es liegt daher nahe, in einem weiteren Schritt zu untersuchen, ob das Rücktrittsrecht nach § 313 Abs. 3 S. 2 BGB überhaupt auf die normativ wirkenden Regelungen einer Betriebsvereinbarung übertragbar sein kann.

Erklärt eine der Parteien eines bürgerlich-rechtlichen Vertrages aufgrund eines gesetzlichen oder vertraglich vereinbarten Rücktrittsrechts den Rücktritt vom Vertrag, so wird die Rücktrittserklärung mit ihrem Zugang an den Vertragspartner wirksam. Die wirksame Erklärung des Rücktritts hat die Rückabwicklung des Vertrages gemäß § 346 BGB zur Folge[464]. Das bisherige Vertragsverhältnis wird in ein Rückgewähr- oder Abwicklungsschuldverhältnis umgewandelt, das zwischen den Vertragsparteien Wirkung entfaltet[465]. Auf der Grundlage dieses Rückgewährschuldverhältnisses sind nicht nur die bereits erbrachten Leistungen der Vertragsparteien zurückzuerstatten, sondern auch die seither gezogenen Nutzungen an den Vertragspartner herauszugeben. Die Rückabwicklungspflichten haben zur Folge, dass der Rücktritt vom Vertrag grundsätzlich auf den Zeitpunkt des Leistungsempfanges zurückwirkt[466].

Betriebsvereinbarungen begründen jedoch keine Leistungs- und Gegenleistungspflichten zwischen den Betriebsparteien, um deren Abwicklung es nach einem Rücktritt gehen könnte. Da das Rückgewährschuldverhältnis gemäß § 346 BGB nur zwischen den Vertragspartnern wirkt, kann es auch nicht zu einer Rückerstattungspflicht von Leistungen führen, die der Arbeitgeber aufgrund der Betriebsvereinbarung an die Arbeitnehmer erbracht hat. Solche Leistungen können wegen der normativen Wirkung von Betriebsvereinbarungen nur von den Arbeitnehmern selbst eingefordert und bei Fehlen eines Rechtsgrundes vom Arbeitgeber nach den Grundsätzen des Bereicherungsrechts zurückgefordert werden. Die Rechtsfolgen des Rücktritts vom Vertrag können deshalb auf Betriebsvereinbarungen keine Anwendung finden. Das Rücktrittsrecht scheidet daher im Ergebnis als Mittel zur Lösung von einer Betriebsvereinbarung aus.

II. Kündigung einer Betriebsvereinbarung gemäß § 313 Abs. 3 BGB

Die Kündigung gemäß § 313 Abs. 3 BGB ist wie der Rücktritt subsidiär gegenüber der Rechtsfolge der Vertragsanpassung. Auch bei Betriebsvereinbarungen

---

[463] Hess/Schlochauer/Worzalla/Glock, BetrVG, § 77 Rn. 221.
[464] Vor der Schuldrechtsreform erfolgte die Rückabwicklung bei gesetzlichen Schuldverhältnissen nach den Regelungen über die ungerechtfertigte Bereicherung.
[465] *Roth* in: Münchener Kommentar, BGB, § 346 Rn. 40.
[466] *Roth* in: Münchener Kommentar, BGB, § 313 Rn. 55.

kommt sie daher nur in Betracht, wenn die Anpassung der in Rede stehenden Betriebsvereinbarung unmöglich oder unzumutbar ist.

1. Anwendungsbereich des Kündigungsrechts

Die Anwendbarkeit des Kündigungsrechts gemäß § 313 Abs. 3 BGB auf Betriebsvereinbarungen erscheint in zweierlei Hinsicht einer genaueren Untersuchung bedürftig: Zum einen sieht § 313 Abs. 3 BGB nicht nur für Verträge mit Dauerwirkung, sondern auch für einzelfallbezogene Verträge als sekundäre Rechtsfolge die Lösung vom Vertrag vor. Da jedoch der Rücktritt gemäß § 313 Abs. 3 S. 1 BetrVG als Rechtsfolge der Störung der Geschäftsgrundlage einer Betriebsvereinbarung ausscheidet, stellt sich die daher Frage, ob das Kündigungsrecht gemäß § 313 Abs. 1 S. 2 BetrVG auch auf Betriebsvereinbarungen anwendbar sein kann, die inhaltlich einen Einzelfall regeln.

Zum anderen ist aber auch zu untersuchen, ob das Kündigungsrecht in Angelegenheiten erzwingbarer Mitbestimmung überhaupt in Betracht kommen kann, da das der Betriebsvereinbarung zugrunde liegende Mitbestimmungsrecht auch bei einer Störung der Geschäftsgrundlage der Betriebsvereinbarung grundsätzlich bestehen bleibt.

a. Kündbarkeit von einzelfallbezogenen Betriebsvereinbarungen

Mit der konkreten Frage nach der Anwendbarkeit des Kündigungsrechts gemäß § 313 Abs. 3 S. 2 BGB auf einzelfallbezogene Betriebsvereinbarungen hat sich in der Literatur bislang nur *Worzalla* auseinandergesetzt[467]. Er ist der Ansicht, dass auch Betriebsvereinbarungen, die Einzelfallregelungen enthalten, bei Unzumutbarkeit oder Unmöglichkeit einer Vertragsanpassung gemäß § 313 Abs. 3 BGB kündbar seien. Werde beispielsweise im Januar eines Jahres eine Betriebsvereinbarung über Betriebsferien vom 10.-25. Juli geschlossen, aber gehe in der Zwischenzeit ein wichtiger Auftrag ein, so komme als sekundäre Rechtsfolge von § 313 BGB nur eine ordentliche oder außerordentliche Kündigung in Betracht. Ein außerordentliches Kündigungsrecht gemäß § 313 Abs. 3 BGB bestehe zum Beispiel auch, wenn im Betrieb eine Betriebsvereinbarung über die Verkürzung der Arbeitszeit für den Tag einer Sportveranstaltung abgeschlossen worden sei, die Veranstaltung jedoch kurz vorher abgesagt werde[468].

Der größte Teil der Literatur hat sich dagegen mit der außerordentlichen Kündbarkeit von einzelfallbezogenen Betriebsvereinbarungen nur im Rahmen des heute in § 314 BGB festgeschriebenen Kündigungsrechts von Dauerschuldverhältnissen befasst. Von diesen Literaturstimmen lehnt der überwiegende Teil die

---

[467] Hess/Schlochauer/Worzalla/Glock, BetrVG, § 77 Rn. 223.
[468] Hess/Schlochauer/Worzalla/Glock, ebenda.

außerordentliche Kündbarkeit von Betriebsvereinbarungen mit Einzelfallwirkung ab[469]. So wurde während der Geltung des BetrVG 1952 noch übereinstimmend die Meinung vertreten, dass Betriebsvereinbarungen, die einen einmaligen Tatbestand regeln, weder ordentlich noch außerordentlich gekündigt werden könnten[470]. Auch heute ist ein Teil der betriebsverfassungsrechtlichen Literatur der Ansicht, dass einzelfallbezogene Betriebsvereinbarungen nicht außerordentlich kündbar seien[471].

Auch das BAG hatte sich in seiner Grundsatzentscheidung zum Wegfall der Geschäftsgrundlage von Sozialplänen in einem ersten Prüfungsschritt mit der Möglichkeit der außerordentlichen Kündbarkeit von Sozialplänen auseinanderzusetzen. Das Gericht äußerte wegen der Einzelfallbezogenheit von Sozialplänen Bedenken gegen die Möglichkeit der außerordentlichen Kündigung eines Sozialplans, hat aber die abschließende Beantwortung der Fragestellung ausdrücklich offen gelassen[472]. Bei der sich anschließenden Prüfung des Wegfalls der Geschäftsgrundlage eines Sozialplans hat das BAG dann jedoch nur die Anpassung der Betriebsvereinbarung geprüft, die sekundäre Rechtsfolge der Vertragsbeendigung dagegen von Anfang an gar nicht in Betracht gezogen[473].

Auch die überwiegende Literaturansicht stützt sich auf die durch das BAG geäußerten Bedenken und hält die außerordentliche Kündigung eines Sozialplanes mit der Begründung für ausgeschlossen, dass Sozialpläne, die eine einmalige Leistungspflicht des Arbeitgebers vorsehen, keine Dauerwirkung entfalten können[474].

Ein kleiner Teil der Literaturstimmen ist dagegen der Ansicht, dass auch Betriebsvereinbarungen, die einen in der Zukunft liegenden einmaligen Tatbestand regeln, wegen der bis zum Eintritt des einmaligen Tatbestands bestehenden zeitlichen Bindung der Betriebsparteien Dauerwirkung entfalten und daher außeror-

---

[469] *Fitting/Engels/Schmidt/Trebinger/Linsenmaier,* BetrVG, 77 Rn. 146; *Richardi* in: Richardi, BetrVG, § 77 Rn. 201; a. A.: *Löwisch/Kaiser,* BetrVG, § 77 Rn. 37.

[470] BAGE 13, S. 156, 158 f.; *Neumann-Duesberg,* Betriebsverfassungsrecht, S. 383 f.; vgl. hierzu auch die Ausführungen bei *Kreutz* in: GK-BetrVG, § 77 Rn. 362.

[471] *Berg* in: Däubler/Kittner/Klebe; BetrVG, § 77 Rn. 55; wohl auch *Fitting/Engels/Schmidt/Trebinger/Linsenmaier,* BetrVG, § 77 Rn. 146; *Hromadka/Maschmann,* Arbeitsrecht Bd. 2, § 16 Rn. 406.

[472] BAG vom 10.8.1994, AP Nr. 86 zu § 112 BetrVG 1972, unter II 3 b) cc) der Gründe.

[473] BAG vom 10.8.1994, AP Nr. 86 zu § 112 BetrVG 1972; dem folgend: *Wolff,* Gestaltungsformen, S 141 f.

[474] *Kreutz* in: GK-BetrVG, § 112, 112 a, Rn. 170; *Däubler* in: Däubler/Kittner/Klebe, BetrVG, § 112, 112 a Rn.136; *Stege/Weinspach/Schiefer,* BetrVG, § 77 Rn. 43; *Däubler,* NZA 1985, 545, 550; *Naendrup,* AuR 1980, S. 193, 199 f.; *Wolff,* Gestaltungsformen, S. 141 f.

dentlich kündbar sind[475]. Das von einem Teil der Befürworter eines außerordentlichen Kündigungsrechts vorgebrachte Argument, dass einzelfallbezogene Betriebsvereinbarungen als Dauerschuldverhältnisse anzusehen seien, weil die Betriebsparteien bis zum Eintreten des geregelten Falles über einen längeren Zeitraum an die Vereinbarung gebunden seien[476], erscheint allerdings nicht überzeugend. Wäre es richtig, dass der Zeitraum zwischen dem Abschluss des Vertrages und der Erfüllung der Leistungspflicht von Belang für die Beurteilung eines Vertrages als Dauerschuldverhältnis ist, so müsste man beispielsweise auch einen Kaufvertrag, der im Januar abgeschlossen wird, aber erst im Mai erfüllt werden soll, als Dauerschuldverhältnis ansehen. Bei Kaufverträgen, die einmalige Leistungspflichten regeln, handelt es sich jedoch richtigerweise um Schuldverhältnisse ohne Dauerwirkung. Ein Recht zur außerordentlichen Kündigung einer auf einen Einzelfall bezogenen Betriebsvereinbarung lässt sich daher nicht mit der Dauer der vertraglichen Bindung der Betriebsparteien an die Betriebsvereinbarung begründen

Überzeugende Argumente dafür, dass auch einzelfallbezogene Betriebsvereinbarungen grundsätzlich außerordentlich kündbar sein müssen, ergeben sich vielmehr aus rechtssystematischen Erwägungen. Im Gegensatz zu den Verträgen bürgerlichen Rechts, für die die Grundsätze des Wegfalls und des Fehlens der Geschäftsgrundlage entwickelt worden sind, handelt es sich bei Betriebsvereinbarungen nicht um klassische Schuldverhältnisse, sondern um kollektivrechtliche Normenverträge, deren Wirkung sich gegenüber den Arbeitnehmern des Betriebes entfaltet. Aus diesem Grund lässt sich die systematische Aufteilung der Beendigungsmöglichkeiten eines Vertrages in Kündigung oder Rücktritt, wie sie § 313 Abs. 3 BGB vorgibt, nicht eins zu eins auf Betriebsvereinbarungen übertragen. Aus § 313 Abs. 3 BGB ergibt sich jedoch deutlich, dass sowohl Dauerschuldverhältnisse, als auch Verträge mit Einzelfallwirkung, deren Geschäftsgrundlage gestört ist, aber deren Anpassung an die veränderten Umstände unmöglich oder unzumutbar ist, beendet werden können müssen. Da das in § 313 Abs. 3 BGB geregelt, auf Schuldverhältnisse ohne Dauerwirkung anwendbare Rücktrittsrecht auf Betriebsvereinbarungen keine Anwendung finden kann, muss stattdessen eine Lösung über das Kündigungsrecht möglich sein. Die Kündigung bewirkt allerdings nur ab dem Zeitpunkt ihres Zugangs die Beendigung eines Vertrages für die Zukunft[477]. Auch die Beendigung von Betriebsvereinbarungen, die einen Einzelfall regeln, kann daher nur mit Zukunftswirkung erfolgen, solange die vereinbarten Verhaltens- oder Leistungspflichten noch nicht erbracht worden sind[478].

---

[475] *Hess/Schlochauer/Worzalla/Glock*, BetrVG, § 112 Rn. 119; *Kreutz* in: GK-BetrVG, § 77 Rn. 362; vgl. auch das Beispiel bei *Stege/Weinspach/Schiefer*, BetrVG, § 77 Rn. 42.
[476] Hess/Schlochauer/Worzalla/Glock, BetrVG, § 112 Rn. 119.
[477] *Roth* in: Münchener Kommentar, BGB, § 313 Rn. 104.
[478] *Eckert*, AR-Blattei SD, Ziff. 1790, Rn. 83.

Wäre eine Beendigung nicht möglich, so würde die unzumutbare Vertragsbindung, zu deren Lösung § 313 BGB eigentlich dienen soll, erhalten bleiben. Die Rechtsfolgen der Störung der Geschäftsgrundlage wären darauf beschränkt, eine Vertragsanpassung herbeizuführen, und zwar auch dann, wenn die Vertragsanpassung zur Wiederherstellung einer zumutbaren Vertragsbindung nicht geeignet ist. Ein Ausschluss der sekundären Rechtfolge der Vertragsbeendigung würde daher das in § 313 BGB enthaltene ausgewogene System zur Reaktion auf die Unzumutbarkeit einer Vertragsbindung wegen des Wegfalls oder Fehlens bestimmter dem Vertrag zugrunde gelegter Vorstellungen oder Umstände zerstören. Auch Betriebsvereinbarungen, die einen Einzelfall regeln, müssen daher grundsätzlich kündbar sein, wenn eine Anpassung der Vereinbarung an die veränderten Verhältnisse unmöglich oder unzumutbar ist.

b. Bedeutung der erzwingbaren Mitbestimmungsrechte für das Kündigungsrecht

In der Literatur wird zum Teil die Ansicht vertreten, dass das Recht zur außerordentlichen Kündigung einer Betriebsvereinbarung wegen einer Störung der Geschäftsgrundlage nur in Betracht komme, wenn es sich bei der zu kündigenden Betriebsvereinbarung um eine Betriebsvereinbarung in Angelegenheiten freiwilliger Mitbestimmung handele[479]. Wie oben erörtert, hat auch das BAG in seiner Grundsatzentscheidung zur Störung der Geschäftsgrundlage eines erzwingbaren Sozialplans nur die Anpassung der Betriebsvereinbarung geprüft und die sekundäre Rechtsfolge der Vertragsbeendigung gar nicht in Betracht gezogen[480].

Da sich die erzwingbaren Mitbestimmungsrechte direkt aus dem BetrVG ergeben, entfallen sie grundsätzlich nur, wenn auch ihr gesetzlicher Regelungstatbestand entfallen ist. Es ließe sich daher argumentieren, dass sich die Abänderung einer erzwingbaren Betriebsvereinbarung nie als unmöglich oder unzumutbar erweisen kann, weil das Mitbestimmungsrecht des Betriebsrats stets fortbesteht und sich der Arbeitgeber auf den Abschluss einer Neuregelung des Mitbestimmungstatbestands schon von Gesetzes wegen einlassen muss.

Bei genauerer Analyse ergibt sich jedoch, dass auch Betriebsvereinbarungen in Angelegenheiten erzwingbarer Mitbestimmung Regelungen enthalten können, deren Anpassung für mindestens eine der Betriebsparteien unmöglich oder unzumutbar ist. Wird - wie in dem oben angeführten Beispiel von *Worzalla*[481] - gemäß § 87 Abs. 1 Nr. 5 BetrVG eine Betriebsvereinbarung über den Urlaubsplan des Unternehmens für das aktuelle Urlaubsjahr geschlossen, wonach im

---

[479] So zur Störung der Geschäftsgrundlage von Sozialplänen: *Kessen*, Sozialplan, S. 191.
[480] BAG vom 10.8.1994, AP Nr. 86 zu § 112 BetrVG 1972; dem folgend: *Wolff*, Gestaltungsformen, S 141 f.
[481] Hess/Schlochauer/Worzalla/Glock, BetrVG, § 77 Rn. 223.

August Betriebsferien eingerichtet werden[482], aber kommt kurze Zeit später ein wichtiger Auftrag für den Zeitraum der Betriebsferien herein, so muss die Betriebsvereinbarung auch kündbar sein, wenn eine Anpassung unmöglich oder wegen des Auftragseingangs unzumutbar ist[483]. Das gilt auch, wenn der Arbeitgeber gemäß § 87 Abs. 1 Nr. 3 BetrVG zur Überbrückung eines akutem Auftragsmangels eine Betriebsvereinbarung über die Einführung von Kurzarbeit abschließt und sich kurze Zeit später ein Auftrag ergibt, der den Einsatz aller Arbeitnehmer in der vertraglich vereinbarten Arbeitszeit erfordert. Allerdings ist auch in diesen Fällen stets eine Abwägung der betroffenen Arbeitnehmer- und Arbeitgeberinteressen vorzunehmen und in jedem Einzelfall die Unzumutbarkeit der Vertragsanpassung festzustellen.

Zwar wird es in Angelegenheiten erzwingbarer Mitbestimmung regelmäßig zu einer Anpassung der Betriebsvereinbarung kommen. Es lässt sich aber nicht pauschal argumentieren, dass die Kündigung von Betriebsvereinbarungen in Angelegenheiten erzwingbarer Mitbestimmung nicht möglich ist. Im Ergebnis sind daher auch Betriebsvereinbarungen in Angelegenheiten erzwingbarer Mitbestimmung, gemäß § 313 BGB kündbar, wenn sich ihre Anpassung als unzumutbar oder unmöglich erwiesen hat[484].

2. Kündigungserklärung und Kündigungserklärungsfrist

Die außerordentliche Kündigung gemäß § 313 Abs. 3 BGB erfordert stets eine Kündigungserklärung durch eine der Vertragsparteien[485]. Will der Betriebsrat die Kündigung erklären, so ist stets eine Beschlussfassung des Betriebsrats gemäß § 33 BetrVG erforderlich[486]. Nach erfolgter Beschlussfassung ist die Kündigung gemäß § 26 Abs. 2 BetrVG durch den Betriebsratsvorsitzenden oder dessen Stellvertreter gegenüber dem Arbeitgeber zu erklären. Die Kündigung des Arbeitgebers wird dagegen wirksam, wenn sie gemäß § 26 Abs. 2 S. 2 BetrVG dem Betriebratsvorsitzenden bzw. bei dessen Verhinderung dem Stellvertreter des Betriebsratsvorsitzenden zugeht.

Für eine Kündigung gemäß § 313 BGB ist nicht erforderlich, dass kumulativ zu den Voraussetzungen der Störung der Geschäftsgrundlage auch die Vorausset-

---

[482] Zur Mitbestimmungspflicht: BAG vom 28.7.1981, AP Nr. 2 zu § 87 BetrVG 1972, Urlaub.

[483] Von einigen Literaturstimmen wird allerdings angenommen, dass auch die Rückkehr zur gewöhnlichen Arbeitszeit mitbestimmungspflichtig ist, vgl. *Fitting/Engels/Schmidt/Trebinger/Linsenmaier,* BetrVG, § 87 Rn. 151, so dass an dieser Stelle eine Berufung auf § 313 BGB nicht möglich wäre. Gegen eine Mitbestimmungspflichtigkeit der Rückkehr zur gewöhnlichen Arbeitszeit: BAG vom 21.11.1978, AP Nr. 2 zu § 87 BetrVG 1972, Arbeitszeit; *Richardi* in: Richardi, BetrVG, § 87 Rn. 347 f,

[484] So auch *Eckert,* AR-Blattei SD, Ziff. 1790, Rn. 82; *Meyer,* Abänderung, S. 176.

[485] BT-Drucks. 14/6040, S. 176; *Krebs* in: Dauner-Lieb/Heidel/Lepa/Ring, Schuldrecht, § 313 BGB, Rn. 56; *Rögler* in: Schimmel/Buhlmann, Schuldrecht, D IV, Rn. 43.

[486] *Kreutz* in: GK-BetrVG, § 77 Rn. 367.

zungen von § 314 BGB vorliegen. Der ursprünglich im Wortlaut von § 313 Abs. 3 BGB enthaltene Verweis auf § 314 BGB wurde im Gesetzgebungsverfahren gestrichen, um klarzustellen, dass zur Geltendmachung der Rechtsfolgen der Geschäftsgrundlagenstörung nur die Voraussetzungen von § 313 BGB, nicht jedoch gleichzeitig die Voraussetzungen von § 314 BGB erfüllt sein müssen[487]. Nach hier vertretener Ansicht findet daher auch auf die Kündigung einer Betriebsvereinbarung gemäß § 313 Abs. 3 BGB zudem auch die Kündigungserklärungsfrist des § 314 Abs. 3 S. 3 BGB keine Anwendung.

3. Notwenigkeit einer Prüfung der Teil- oder Änderungskündigung als Ultima Ratio

Die außerordentliche Kündigung eines Dauerschuldverhältnisses gemäß § 314 Abs. 1 S. 1 BGB erfordert stets das Vorliegen eines wichtigen Kündigungsgrundes. In dem Merkmal des „wichtigen Grundes" manifestiert sich der das Kündigungsrecht prägende, aus dem verfassungsrechtlichen Verhältnismäßigkeitsprinzip abgeleitete Grundsatz der „Ultima Ratio", wonach die fristlose Kündigung eines Dauerschuldverhältnisses nur in Betracht kommt, wenn dem Kündigenden keine im Vergleich zur Vertragsbeendigung milderen Mittel zur Verfügung stehen[488]. Auch die außerordentliche und die ordentliche Kündigung eines Arbeitsverhältnisses unterliegen stets dem Ultima-Ratio-Grundsatz[489], so dass die Wirksamkeit jeder Kündigung daran gemessen werden muss, ob sie die unausweichliche letzte Maßnahme des Arbeitgebers war, oder ob diesem ein milderes rechtliches Mittel zur Erreichung seines Ziels zur Verfügung gestanden hätte[490].

Vereinzelt wird in der Literatur angenommen, dass auch vor der Kündigung eines Vertrages wegen der Störung der Geschäftsgrundlage gemäß § 313 Abs. 3 BGB zu prüfen ist, ob der benachteiligten Partei weniger einschneidende Mittel zur Reaktion auf die Unzumutbarkeit zur Verfügung stünden[491]. Auch von den Literaturstimmen im Tarifvertragsrecht, die - entgegen der Bedenken des

---

[487] Vgl. die Anmerkung in Fn. 1 zu § 313 BGB in der konsolidierten Fassung des Diskussionsentwurfs des Gesetzes zur Modernisierung des Schuldrechts, abgedruckt in *Canaris*, Schuldrechtsreform, S. 349, 373.

[488] So kann der ultima-ratio-Grundsatz die Einhaltung einer sozialen Auslauffrist erfordern: *Gehrlein* in: Bamberger/Roth, BGB, § 314 Rn. 25.

[489] BAG vom 30.5.1978, AP Nr. 70 zu § 626 BGB; *Stahlhacke/Preis/Vossen*, Kündigungsschutz, Rn. 613; *Kittner/Däubler/Zwanziger*, KSchR, § 1 KSchG, Rn. 50; *Etzel* in: KR, § 1 KSchG, Rn. 238; *Künzl* in: Ascheid/Preis/Schmidt, KSchR, § 2 KSchG, Rn. 104.

[490] *v. Hoyningen-Huene/Linck*, KSchG, § 1, Rn. 140; *Etzel* in: KR, § 1 KSchG, Rn. 238; *Stahlhacke/Preis/Vossen*, Kündigungsschutz, Rn. 613.

[491] *Roth* in: Münchener Kommentar, BGB, § 313 Rn. 144-145.

BAG[492] - davon ausgehen, dass das die Grundsätze des Wegfalls und des Fehlens der Geschäftsgrundlage auch auf Tarifverträge Anwendung finden[493], vertritt ein Großteil die Ansicht, dass nach dem Scheitern der zwischen den Tarifvertragsparteien zu führenden Verhandlungen über die Anpassung des Tarifvertrags vor dem Ausspruch einer Beendigungskündigung zu prüfen sei, ob als milderes Mittel eine Teilkündigung des Tarifvertrages in Betracht komme[494]. Zum Teil wird darüber hinaus auch die Prüfung gefordert, ob anstelle einer Beendigungskündigung eine außerordentliche Änderungskündigung des Tarifvertrags hätte ausgesprochen werden können[495].

Eckert überträgt die im Tarifvertragsrecht vertretene Forderung nach der Prüfung des ultima-ratio-Grundsatzes auch auf Betriebsvereinbarungen und verlangt vor dem Ausspruch der Beendigungskündigung einer Betriebsvereinbarung wegen der Störung der Geschäftsgrundlage die Prüfung, ob als milderes Mittel der Ausspruch einer Teilkündigung in Betracht komme[496].

Die Teilkündigung einer Betriebsvereinbarung wird in der Literatur für zulässig erachtet, wenn entweder die Betriebsparteien die Möglichkeit der Teilkündigung ausdrücklich vereinbart haben, oder wenn die Teilkündigung einen selbständigen, vom Rest der Betriebsvereinbarung abtrennbaren Regelungskomplex betrifft[497]. Als selbständig abtrennbare Teilkomplexe werden nach überwiegender Ansicht alle Regelungen einer Betriebsvereinbarung verstanden, die eine vom Rest der Vereinbarung sachlich unabhängige, aus sich heraus handhabbare Regelung enthalten[498]. Die Gegenansicht fordert dagegen nicht nur eine sachliche

---

492 Nach Ansicht des BAG ist der Wegfall der Geschäftsgrundlage nicht „ohne weiteres" auf Tarifverträge anwendbar: BAG vom 15.12.1976, AP Nr. 1 zu § 36 BAT; BAG vom 12.9.1984, AP Nr. 35 zu § 1 TVG Auslegung. Gegen eine Anwendbarkeit auch: *Deinert* in: Däubler, TVG, § 4 Rn. 161-170; *Wank* in: Wiedemann, TVG, § 4 Rn. 73; *Zachert*, RdA 1996, S. 140, 149.

493 So *Belling/Hartmann*, ZfA 1997, S. 87, 125 f. *Hey*, ZfA 2002, S. 275, 283-294; *Heßhaus*, Tarifvertragsrecht, S. 184.

494 *Belling/Hartmann*, ZfA 1997, S. 87, 127-129; *Eckert*, AR-Blattei SD, Ziff. 1790, Rn. 68-71. Auch *Deinert* in: Däubler, TVG, § 4 Rn. 144; *Wank* in: Wiedemann, TVG, § 4 Rn. 38 und *Oetker*, RdA 1995, S. 82, 96, die die Anwendbarkeit der Störung der Geschäftsgrundlage auf Tarifverträge ablehnen, gehen davon aus, dass der Ultima-Ratio-Grundsatz jedenfalls bei der Kündigung eines Tarifvertrags zu beachten ist.

495 *Heßhaus*, Tarifvertragsrecht, S. 184, 188. Zur Änderungskündigung als milderes Mittel gegenüber der Kündigung eines Tarifvertrages: *Löwisch*, NJW 1997, S. 905, 908; *Oetker*, RdA 1995, S. 82, 96.

496 *Eckert*, AR-Blattei SD, Ziff. 1790, Rn. 84.

497 *Fitting/Engels/Schmidt/Trebinger/Linsenmaier*, BetrVG, § 77 Rn. 153; *Richardi* in: Richardi, BetrVG, § 77 Rn. 206; *Berg* in: Däubler/Kittner/Klebe, BetrVG, § 77 Rn. 55; *Hess/Schlochauer/Worzalla/Glock*, BetrVG, § 77 Rn. 213.

498 *Hueck/Nipperdey*, Arbeitsrecht, Bd. II/2, S. 1287; *Matthes* in: Münchener Handbuch Bd. 3, § 328, Rn. 44; *Fitting/Engels/Schmidt/Trebinger/Linsenmaier*, BetrVG, § 77 Rn. 153; *Hess/Schlochauer/Worzalla/Glock*, BetrVG, Rn. 213.

Selbständigkeit, sondern will die Teilkündigung auch ausschließen, wenn die Regelung bei den Verhandlungen der Betriebsparteien als „Kompromiss“ für die Einfügung einer anderen Regelung entstanden ist, so dass zwar kein sachlicher Zusammenhang, aber ein Interessenzusammenhang zwischen den Regelungen besteht[499]. Tatsächlich ist es richtig, dass es beim Abschluss einer Betriebsvereinbarung dazu kommen kann, dass bestimmte Regelungen nur Aufnahme in die Vereinbarung finden, weil sich die gegnerische Betriebspartei im Austausch an anderer Stelle eine von ihr bevorzugte Regelung durchsetzen konnte. Eine Teilkündigung würde diesen Interessenzusammenhang auseinander reißen. Es erscheint daher zutreffend, eine Teilkündigung nur zuzulassen, wenn sie sich auf sachlich selbständige Regelungskomplexe der Vereinbarung bezieht, deren Zustandekommen nicht auf einem Interessenzusammenhang mit anderen Regelungen derselben Vereinbarung beruht.

Auch die Änderungskündigung einer Betriebsvereinbarung wird von der betriebsverfassungsrechtlichen Literatur grundsätzlich für zulässig gehalten[500]. Die Änderungskündigung einer Betriebsvereinbarung setzt entsprechend der Regelung über die Änderungskündigung eines Arbeitsvertrages in § 2 KSchG voraus, dass die Kündigung unter der Bedingung ausgesprochen wird, dass die andere Betriebspartei sich nicht mit einem im Zusammenhang mit der Kündigung unterbreiteten Änderungsangebot der Betriebsvereinbarung einverstanden erklärt[501].

Trotzdem spricht die Systematik der Rechtsfolgen von § 313 BGB gegen die Notwendigkeit einer inzidenten Prüfung der Änderungs- oder Teilkündigung vor dem Ausspruch der Kündigung einer Betriebsvereinbarung wegen der Störung der Geschäftsgrundlage. Die Kündigung einer Betriebsvereinbarung wegen der Störung der Geschäftsgrundlage ist von Gesetzes wegen nur zulässig, wenn sich die primäre Rechtsfolge der Vertragsanpassung als unzumutbar oder unmöglich erwiesen hat. Die Vertragsanpassung ist daher schon nach dem Wortlaut von § 313 BGB als milderes Mittel gegenüber der Kündigung zu prüfen[502]. Bei Betriebsvereinbarungen kann die Möglichkeit der Vertragsanpassung im Streitfall außerdem abschließend von der Einigungsstelle überprüft werden. Daher ist bei einer Anwendung von § 313 BGB auf Betriebsvereinbarungen vor dem Eingreifen des Kündigungsrechts gemäß § 313 Abs. 3 BGB stets die Möglichkeit einer

---

[499] So BAG AP Nr. 10 und Nr. 24 zu § 59 BetrVG 1952; *Kreutz* in: GK-BetrVG, § 77 Rn. 365; *Richardi* in: Richardi, BetrVG, § 77 Rn. 206; siehe auch für den Tarifvertrag *Belling/Hartmann*, ZfA 1997, S. 87, 129.

[500] Kreutz in: GK-BetrVG, § 77 Rn. 370; Hess/Schlochauer/Worzalla/Glock, BetrVG, § 77 Rn. 213, Fitting/Engels/Schmidt/Trebinger/Linsenmaier, BetrVG, § 77 Rn. 150; Stege/Weinspach/ Schiefer, § 77 BetrVG, Rn. 42.

[501] *Kreutz* in: GK-BetrVG, § 77 Rn. 370.

[502] So auch *Grüneberg* in: Bamberger/Roth, BGB, § 313 Rn. 91.

für beide Vertragspartner zumutbaren Anpassung der Betriebsvereinbarung an die geänderten Verhältnisse abschließend geprüft und verneint worden.

Würde man auf die außerordentliche Kündigung gemäß § 313 Abs. 3 BGB nun inzident nochmals das Ultima-Ratio-Prinzip anwenden, würde die eben erörterte innere Abstufung von § 313 BGB außer Kraft gesetzt. Wenn es zur Kündigung einer Betriebsvereinbarung gemäß § 313 Abs. 3 BGB kommt, steht immer bereits fest, dass eine interessengerechte Anpassung des Vertrages unmöglich oder unzumutbar ist. Müsste die Partei, die sich auf die Störung der Geschäftsgrundlage beruft, trotzdem vorrangig vor einer Beendigungskündigung eine Änderungskündigung erklären, müsste es sich dabei zwangsweise immer um ein Änderungsangebot handeln, dessen Inhalt für die Gegenseite unzumutbar wäre.

Noch offensichtlicher wird der eben aufgezeigte Widerspruch, wenn man als „milderes Mittel" vor dem Ausspruch einer Beendigungskündigung eine Teilkündigung der Betriebsvereinbarung verlangt. Die Teilkündigung führt zur Beendigung eines Teils der Betriebsvereinbarung, aber setzt voraus, dass der verbleibende Vertrag selbständig und sinnvoll fortbestehen kann. Kann aber die Betriebsvereinbarung, deren Geschäftsgrundlage entfallen ist, durch die Beendigung eines Teils des Vertrages unproblematisch an die veränderten Umstände angepasst werden, so ist der Rückgriff auf die sekundäre Rechtsfolge der Kündigung gar nicht eröffnet. Weil bei der Eröffnung des Kündigungsrechts bereits auf der Ebene der Vertragsanpassung festgestellt worden ist, dass die Vertragsanpassung unzumutbar oder unmöglich ist, kann eine vorrangig vor der Kündigung gemäß § 313 Abs. 3 BGB auszusprechende Teilkündigung nur zu einem unzumutbaren verbleibenden Vertrag führen. Die vorrangige Prüfung der Vertragsanpassung schließt bereits die Prüfung aller zumutbaren und möglichen Änderungen des Vertrages ein.

Anders ist der Anwendungsbereich des Ultima-Ratio-Grundsatzes dagegen bei der Anwendung der Grundsätze des Wegfalls und des Fehlens der Geschäftsgrundlage auf Tarifverträge zu beurteilen. Wegen der sich aus Art. 9 Abs. 3 GG ergebenden Garantie der Tarifautonomie ist die Anpassung eines Tarifvertrags an die veränderten Umstände nicht vor Gericht erzwingbar[503]. Auch die Literaturstimmen, die davon ausgehen, dass die Störung der Geschäftsgrundlage im Tarifvertragsrecht einen eigenen Anwendbarkeitsbereich hat, vertreten daher überwiegend die Ansicht, dass die Tarifvertragsparteien als Ausfluss des Ultima-Ratio-Grundsatzes nur eine Obliegenheit haben, vor der Kündigung des Tarifvertrags Nachverhandlungen über die Anpassung des Tarifvertrags aufzunehmen[504]. Verweigert die gegnerische Tarifvertragspartei die Aufnahme von

[503] *Oetker,* RdA 1995, S. 82, 97.

[504] *Belling/Hartmann,* ZfA 1997, S 87, 125; *Löwisch,* Anmerkung zu BAG vom 18.12.1996, AP Nr. 1 zu § 1 TVG, Kündigung. Für die Durchsetzbarkeit der Anpassung eines Tarifvertrags vor Gericht dagegen *Hey,* ZfA 2002, S 275, 292-294.

Nachverhandlungen ernsthaft und endgültig oder benutzt sie sie ersichtlich nur, um eine Verzögerung herbeizuführen, so kann die andere Seite die Kündigung erklären[505]. Es kann in diesem Fall über eine reine Missbrauchskontrolle hinaus nicht gerichtlich überprüft werden, ob die sich auf die Störung der Geschäftsgrundlage berufende Tarifpartei der Gegenseite ein zumutbares Anpassungsangebot gemacht hat[506]. Bei einer Anwendung von § 313 BGB auf Tarifverträge kann daher wegen der Notwendigkeit der Wahrung der Tarifautonomie nicht abschließend festgestellt werden, ob eine Vertragsanpassung unmöglich oder unzumutbar war. Für den Ausspruch einer Teil- oder Änderungskündigung verbleibt daher im Gegensatz zur Störung der Geschäftsgrundlage von Betriebsvereinbarungen ein eigener Anwendungsbereich.

Festzuhalten bleibt daher, dass vor dem Ausspruch einer Beendigungskündigung einer Betriebsvereinbarung gemäß § 313 Abs. 3 BGB nicht inzident zu prüfen ist, ob als milderes Mittel eine Teil- oder Beendigungskündigung der Betriebsvereinbarung in Betracht kommt.[507] Der ultima-ratio-Grundsatz ist bereits in der Abstufung der Rechtsfolgen der Störung der Geschäftsgrundlage einer Betriebsvereinbarung dadurch manifestiert, dass die Kündigungsmöglichkeit nur eröffnet wird, wenn eine Vertragsanpassung unmöglich oder unzumutbar ist.

4. Nachwirkung gemäß § 77 Abs. 6 BetrVG

Ist eine Betriebsvereinbarung gemäß § 313 Abs. 3 S. 1 BGB gekündigt worden, stellt sich die Frage, ob die Betriebsvereinbarung mit dem Wirksamwerden der Kündigung ersatzlos entfällt oder ob sie stattdessen Nachwirkung gemäß § 77 Abs. 6 BetrVG entfaltet. § 77 Abs. 6 BetrVG bestimmt, dass die Regelungen einer Betriebsvereinbarung in Angelegenheiten erzwingbarer Mitbestimmung nach deren Ablauf so lange weiter gelten, bis sie durch eine andere Abmachung ersetzt werden. Die beendeten Regelungen finden zwar noch unmittelbar, jedoch nicht mehr zwingend auf die Arbeitsverhältnisse Anwendung[508]. Diese als „Weitergeltung" oder „Nachwirkung" bezeichnete Wirkung soll die Arbeitnehmer des Betriebes vor einem ersatzlosen Wegfall der getroffenen Regelungen schützen.

---

505 *Belling/Hartmann,* ZfA 1997, S 87, 125; *Löwisch,* Anmerkung zu BAG vom 18.12.1996, AP Nr. 1 zu § 1 TVG, Kündigung.

506 *Belling/Hartmann,* ZfA 1997, S. 87, 126 f.

507 Auch *Meyer,* RdA 1998, S. 142, 149, nimmt an, dass es bei der Berufung auf die Störung der Geschäftsgrundlage eines Tarifvertrags nicht erforderlich ist, als milderes Mittel zu einer-außerordentlichen Beendigungskündigung eine Teil- und Änderungskündigung auszusprechen.

508 *Fitting/Engels/Schmidt/Trebinger/Linsenmaier,* BetrVG, § 77 Rn. 177; *Berg* in: Däubler/Kittner/Klebe, BetrVG, § 77 Rn. 58; *Kreutz* in: GK-BetrVG, § 77 Rn. 397.

§ 76 Abs. 6 BetrVG kommt nur zur Anwendung, wenn es sich bei der beendeten Betriebsvereinbarung um eine Betriebsvereinbarung in Angelegenheiten erzwingbarer Mitbestimmung handelt. Regelungen in freiwilligen Betriebsvereinbarungen gelten dagegen nach übereinstimmender Ansicht der Rechtsprechung und der herrschenden Literaturansicht nicht weiter[509]. Enthält eine Betriebsvereinbarung teilweise erzwingbare und teilweise auf freiwilliger Basis zustande gekommene Regelungen, so werden grundsätzlich nur die erzwingbaren Regelungen von der Nachwirkung erfasst, während die Teile der Betriebsvereinbarung, die freiwillige Regelungen enthalten, ohne Nachwirkung beendet werden[510].

Oft ist allerdings eine solche Trennung zwischen freiwilligen und erzwingbaren Regelungen einer Betriebsvereinbarung nicht möglich. So ist beispielsweise die grundsätzliche Entscheidung über die Gewährung freiwilliger Sozialleistungen mitbestimmungsfrei, die Aufstellung von Grundsätzen über die Verteilung der Leistungen jedoch gemäß § 87 Abs. 1 Nr. 10 BetrVG mitbestimmungspflichtig. Nach der Rechtsprechung haben alle Regelungen, die die mitbestimmungsfreie Grundentscheidung über die Erbringung und die völlige Einstellung freiwilliger Leistungen betreffen, keine Nachwirkung, während Regelungen, die die Verteilungsgrundsätze freiwilliger Leistungen betreffen, Nachwirkung entfalten[511]. Daneben können Betriebsvereinbarungen auch andere Mischformen von freiwilligen und erzwingbaren Regelungen enthalten, die hier jedoch nicht im Detail besprochen werden können.

Obwohl die Nachwirkungsregelung in § 77 Abs. 6 BetrVG direkt hinter der Regelung der ordentlichen Kündigung einer Betriebsvereinbarung in § 77 Abs. 5 BetrVG steht, ist sie nach herrschender Ansicht nicht auf die ordentliche Kündigung von Betriebsvereinbarungen beschränkt. So kommt die Nachwirkung unstreitig auch nach Ablauf einer befristeten Betriebsvereinbarung zum Tragen[512].

Bei einer fristlosen Kündigung einer Betriebsvereinbarung lehnt ein Großteil der Literatur jedoch die Nachwirkung jedenfalls für solche Regelungen der Betriebsvereinbarung ab, auf die sich der wichtige Grund zur Kündigung be-

---

[509] BAG vom 26.4.1990, EzA Nr. 35 zu § 77 BetrVG; BAG vom 18.9.2000, EzA Nr. 2 zu § 77 BetrVG, Nachwirkung; *Kreutz* in: GK-BetrVG, § 77 Rn. 403; *Fitting/Kaiser/Heither/Engels/Schmidt*, BetrVG, § 77 Rn. 178, 186; *Hess/Schlochauer/Worzalla/Glock;* BetrVG, § 77 Rn. 229; *Richardi* in: Richardi, BetrVG, § 77 Rn. 168.

[510] Fitting/Engels/Schmidt/Trebinger/Linsenmaier, BetrVG, § 77 Rn. 189; Kreutz in: GK-BetrVG, § 77 Rn. 405; Hess/Schlochauer/Worzalla/Glock, BetrVG, § 77 Rn. 229.

[511] BAG vom 26.10.1993, AP Nr. 6 zu § 77 BetrVG, Nachwirkung; vgl. auch die Ausführungen bei *Hess/Schlochauer/Worzalla/Glock*, BetrVG, § 77 Rn. 229 a.

[512] Fitting/Engels/Schmidt/Trebinger/Linsenmaier, BetrVG, § 77 Rn. 179; Kreutz in: GK-BetrVG, § 77 Rn. 399; Hess/Schlochauer/Worzalla/Glock, BetrVG, § 77 Rn. 230.

zieht[513]. Es widerspreche dem besonderen Charakter der außerordentlichen Kündigung, wenn man über die Nachwirkungsregelung in § 77 Abs. 6 BetrVG wiederum zu einem Festhalten an den getroffenen Regelungen komme, weil das Tatbestandsmerkmal des „wichtigen Grundes" eine zumutbare weitere Bindung an den Vertrag gerade ausschließe. Wollte man eine Weitergeltung bis zum Abschluss einer Neuregelung annehmen, würde dem Merkmal der Unzumutbarkeit daher nicht ausreichend Rechnung getragen[514]. Die Vorschrift des § 77 Abs. 6 BetrVG sei daher im Wege einer teleologischen Reduktion so auszulegen, dass die Nachwirkung entfalle, wenn die Betriebsvereinbarung aus Unzumutbarkeitsgesichtspunkten entfalle[515].

Die Gegenansicht in der Literatur argumentiert dagegen, dass auch bei der außerordentlichen Kündigung grundsätzlich eine Nachwirkung der Betriebsvereinbarung gemäß § 77 Abs. 6 BetrVG eintreten müsse, damit kein regelungsloser Zustand entstehe[516]. Der wichtige Grund für die Kündigung führe lediglich zur Beseitigung der Bindung an die Betriebsvereinbarung für die ursprünglich vereinbarte Zeit, während die inhaltlichen Regelungen der Betriebsvereinbarungen unberührt blieben, so dass ihnen bis zu einer Neuregelung Nachwirkung zukommen könne[517]. Gleichermaßen hat auch das BAG angenommen, die in einem Sozialplan getroffenen Regelungen wirkten nach der außerordentlichern Kündigung des Sozialplanes solange nach, bis sie von einer neuen Regelung ersetzt würden[518]. Nach Ansicht von *Meyer* muss dies auch gelten, wenn es sich um die Kündigung eines Sozialplans wegen der Störung der Geschäftsgrundlage handelt[519].

Nicht nur der Wortlaut von § 77 Abs. 6 BetrVG, sondern auch der Gedanke des Arbeitnehmerschutzes spricht jedoch grundsätzlich dafür, dass Betriebsvereinbarungen in Angelegenheiten der erzwingbaren Mitbestimmung nach der außerordentlichen Kündigung gemäß § 313 Abs. 3 S. 2 BGB Nachwirkung entfalten. Zwar ist zutreffend, dass eine Nachwirkung zur Weitergeltung der außerordentlich gekündigten Betriebsvereinbarung führt, obwohl zuvor festgestellt worden war, dass die durch die Betriebsvereinbarung herbeigeführte vertragliche Bindung unzumutbar ist. Mit der Kündigung der Betriebsvereinbarung lebt jedoch

---

513 *Hess/Schlochauer/Worzalla/Glock*, BetrVG, § 77 Rn. 230; *Kreutz* in: GK-BetrVG, § 77 Rn. 399; *Hanau/Kania* in: Erfurter Kommentar, § 77 BetrVG, Rn. 120; *Fitting/Engels/Schmidt/Trebinger/Linsenmaier*, BetrVG, § 77 Rn. 179; so in Bezug auf Sozialpläne auch *Wolff*, Gestaltungsformen, S. 147 f.

514 Vgl. *Kreutz* in: GK-BetrVG, § 77 Rn. 399.

515 *Eckert*, AR-Blattei SD, Ziff. 1790, Rn. 85.

516 *Berg* in: Däubler/Kittner/Klebe, BetrVG, § 77 Rn. 58; *Matthes* in: Münchener Handbuch Bd. 3, § 328, Rn. 58.

517 Vgl. die Argumentation bei *Matthes* in: Münchener Handbuch Bd. 3, § 238, Rn. 58.

518 BAG vom 10.8.1994, AP Nr. 86 zu § 112 BetrVG 1972.

519 *Meyer*, NZA 1997, S. 289, 292.

der ihr zugrunde liegende gesetzliche Mitbestimmungstatbestand wieder auf und auch der konkrete Regelungszweck der Betriebsvereinbarung bleibt im Regelfall bestehen. Kündigt der Arbeitgeber beispielsweise aufgrund einer wirtschaftlichen Notlage eine Betriebsvereinbarung über Akkordlohn, so würde die Anspruchsgrundlage über die Akkordlohnsätze ersatzlos entfallen, obwohl die Arbeitnehmer weiterhin Akkordleistungen für den Arbeitnehmer erbrächten. Hätte eine Betriebsvereinbarung nach ihrer Kündigung keine Nachwirkung, so käme es daher bis zur Neuregelung des Mitbestimmungstatbestands zu einer Situation, in der die Arbeitnehmer des Betriebes trotz des wieder aufgelebten Mitbestimmungsrechts und des fortbestehenden Regelungszwecks der Betriebsvereinbarung keine konkrete Grundlage für ihre Ansprüche hätten. Nimmt man jedoch eine Nachwirkung der Vereinbarung an, so wirken die Regelungen zwar nicht mehr unmittelbar und zwingend, aber individualrechtlich weiter, so dass dem Arbeitnehmerschutzgedanken ausreichend Rechnung getragen werden kann[520].

Eine Ausnahme von der Nachwirkung einer Betriebsvereinbarung nach deren Kündigung gemäß § 313 Abs. 3 BGB muss allerdings gelten, wenn der der Betriebsvereinbarung zugrunde liegende Regelungszweck durch die Störung der Geschäftsgrundlage vollständig entfallen ist. Haben sich zum Beispiel die Betriebsparteien wegen finanzieller Schwierigkeiten des Arbeitgebers aufgrund eines Auftragsengpasses über die vorübergehende Einführung von Kurzarbeit im Betrieb geeinigt und geht plötzlich ein unerwarteter, wichtiger Auftrag ein, so muss die Betriebsvereinbarung bei Unzumutbarkeit einer Anpassung auch beendet werden können. Zwar lebt das Mitbestimmungsrecht mit der Kündigung der Betriebsvereinbarung wieder auf, eine Neuregelung ist jedoch nicht erforderlich, weil der Zweck der Kurzarbeit mit dem eingegangenen Auftrag vollständig entfallen ist. Eine Nachwirkung würde daher keinen Sinn machen. Die Regelung in § 77 Abs. 6 BetrVG ist daher in Fällen, in denen der Regelungszweck der Betriebsvereinbarung entfallen ist und deshalb weder ein regelungsloser Zustand noch eine Verletzung des Arbeitnehmerschutzgedankens zu befürchten ist, im Wege einer teleologischen Reduktion dahingehend auszulegen, dass eine Nachwirkung der Betriebsvereinbarung ausscheiden muss.

Im Ergebnis kommt einer erzwingbaren Betriebsvereinbarung nach deren außerordentlicher Kündigung gemäß § 313 Abs. 3 S. 2 BGB grundsätzlich Nachwirkung zu. Eine Ausnahme muss allerdings gelten, wenn die Störung der Geschäftsgrundlage den Regelungszweck der Betriebsvereinbarung vollständig hat entfallen lassen.

---

[520] *Meyer*, NZA 1997, S. 289, 929.

III. Zusammenfassung der Grundsätze der Kündigung

Als sekundäre Rechtsfolge der Störung der Geschäftsgrundlage können Betriebsvereinbarungen - und zwar auch solche, die inhaltlich einen Einzelfall regeln - gemäß § 313 Abs. 3 S. 2 BGB außerordentlich gekündigt werden. Bei der Erklärung der Kündigung ist die Kündigungserklärungsfrist des § 314 Abs. 3 S. 3 BGB nicht einzuhalten. Milderes Mittel gegenüber der Kündigung ist stets die Vertragsanpassung, weshalb vor der Kündigung nicht noch einmal inzident die Möglichkeit einer Teil- oder Änderungskündigung zu prüfen ist. Die Regelungen einer Betriebsvereinbarung entfalten nach einer außerordentlichen Kündigung gemäß § 313 Abs. 3 S. 2 BGB grundsätzlich Nachwirkung gemäß § 77 Abs. 6 BetrVG. Eine Ausnahme gilt nur, wenn der Regelungszweck der Betriebsvereinbarung vollständig entfallen ist.

C. Ergebnis

Die Rechtfolgen von § 313 BGB sind auf Betriebsvereinbarungen mit einigen Modifikationen gegenüber den für bürgerlich-rechtliche Verträge entwickelten Grundsätzen anwendbar. So ist der Umfang der primären Rechtsfolge der Vertragsanpassung nicht durch Abwägung der Interessen von Arbeitnehmer und Betriebsrat zu ermitteln, sondern anstelle der Interessen des Betriebsrats treten die Interessen der Arbeitnehmer. Auch hat die Durchsetzung der primären Rechtsfolge der Vertragsanpassung nicht vor dem Arbeitsgericht, sondern vor der Einigungsstelle zu erfolgen. Die Einigungsstelle kann auch über die Anpassung von freiwilligen Betriebsvereinbarungen bindend entscheiden. Eine einseitige Anpassung der Betriebsvereinbarung durch den Arbeitgeber vor der Entscheidung der Einigungsstelle ist jedoch unzulässig.

Als sekundäre Rechtsfolge der Störung der Geschäftsgrundlage einer Betriebsvereinbarung kommt - auch bei einzelfallbezogenen Betriebsvereinbarungen - die außerordentliche Kündigung in Betracht. Auf die Kündigung gemäß § 313 Abs. 3 S. 2 BGB findet die Frist des § 314 Abs. 3 S. 3 BGB keine Anwendung. Die Kündigung einer Betriebsvereinbarung in Angelegenheiten erzwingbarer Mitbestimmung führt grundsätzlich dazu, dass die Betriebsvereinbarung Nachwirkung gemäß § 77 Abs. 6 BetrVG entfaltet. Eine Ausnahme gilt jedoch, wenn der konkrete Regelungszweck der Betriebsvereinbarung durch die Störung der Geschäftsgrundlage vollständig entfallen ist.

5. Teil: Zulässigkeit eines Eingriffs in Besitzstände der Arbeitnehmer

Die Rechtsfolge der Vertragsanpassung gemäß § 313 BGB macht es zur Wiederherstellung der Vertragsgerechtigkeit regelmäßig erforderlich, Ansprüche abzuändern, die bereits in der Vergangenheit begründet worden sind, aber zum Zeitpunkt der Geltendmachung Störung der Geschäftsgrundlage noch nicht fällig waren. Regelt beispielsweise ein Vertrag eine einmalige Leistungspflicht, so wirkt die Abänderung der ursprünglichen Leistungspflicht naturgemäß auf den Zeitpunkt des Vertragsschlusses zurück. Aber auch bei Dauerschuldverhältnissen sind die abzuändernden Ansprüche der Vertragspartner bereits entstanden, aber zum Zeitpunkt der Störung der Geschäftsgrundlage zumindest teilweise noch nicht fällig. Maßgeblich für den Umfang der Rückwirkung ist stets die Abwägung der Interessen der Vertragsparteien in jedem Einzelfall[521].

A. Problemstellung

Soll eine Betriebsvereinbarung an die veränderten Umstände angepasst werden, so sind im Gegensatz zu bürgerlich-rechtlichen Verträgen nicht nur die Vertragsparteien, sondern vor allem die Arbeitnehmer von der Vertraganpassung betroffen. Um in den Genuss der durch die Betriebsvereinbarung vereinbarten Leistungen zu kommen, müssen die Arbeitnehmer stets bestimmte durch die Betriebsvereinbarung festgelegte Voraussetzungen erfüllen. Haben die Arbeitnehmer diese Anspruchsvoraussetzungen erfüllt, stellt sich die Frage, ob die bereits sicher geglaubten Ansprüche durch eine Abänderung einer Betriebsvereinbarung ohne Weiteres wieder entzogen werden können, oder ob es erforderlich ist, einen solchen Eingriff nach den Grundsätzen des Vertrauensschutzes und der Verhältnismäßigkeit zu rechtfertigen.

Besonders häufig zeigt sich die Problematik des rückwirkenden Eingriffs in Arbeitnehmeransprüche in der Praxis bei Sozialplanansprüchen und bei durch Betriebsvereinbarung zugesagten Ansprüchen auf die Gewährung einer betrieblichen Altersversorgung.

Sozialpläne dienen gemäß § 112 Abs. 1 S. 2 BetrVG dem Ausgleich oder der Milderung der wirtschaftlichen Nachteile, die den Arbeitnehmern eines Betriebes durch eine geplante Betriebsänderung im Sinne von § 111 BetrVG entstehen. In der Praxis nimmt der Nachteilsausgleich gewöhnlich die Form von Abfindungszahlungen an die durch die Betriebsänderung betroffenen Arbeitnehmer an[522]. Meist handelt es sich bei solchen Sozialplanabfindungen um Einmalzahlungen. Jedoch kann der durch die Betriebsänderung entstandene wirtschaftliche

---

[521] *Roth* in: Münchener Kommentar, BGB, § 313 Rn. 56.

[522] *Vogt*, Sozialpläne, S. 114; *Wolff*, Gestaltungsformen, S. 72 f.

Nachteil statt durch eine einmalige Abfindung auch durch sich über mehrere Monate oder gar Jahre hinziehende Zahlungen ausgeglichen werden, so dass eine längerfristige vertragliche Bindung des Arbeitgebers entsteht[523].

Nach überwiegender Ansicht entstehen Sozialplanansprüche, falls nichts anderes vereinbart worden ist, mit Erfüllung der im Sozialplan festgelegten Tatbestandsmerkmale[524]. Umstritten ist allerdings, wann diese Tatbestandsmerkmale erfüllt sind. Zum Teil wird in der Literatur angenommen, dass es zum Entstehen des Anspruchs aus einem Sozialplan erforderlich sei, dass die Arbeitnehmer durch die Betriebsänderung konkrete wirtschaftliche Nachteile erleiden[525]. So wird beispielsweise bei einer Betriebsstilllegung das Ausscheiden des Arbeitnehmers aus dem Betrieb gefordert[526]. Nach der Rechtsprechung des BAG sind die Tatbestandsmerkmale zum Entstehen eines Sozialplananspruchs dagegen erfüllt, wenn der Sozialplan abgeschlossen und die Kündigung ausgesprochen worden ist, während es nicht darauf ankommet, ob der Arbeitnehmer bereits aus dem Betrieb ausgeschieden und der Sozialplananspruch fällig geworden ist[527]. Fällig wird eine Sozialplanabfindung nach dieser Ansicht, falls nichts anderes vereinbart worden ist, grundsätzlich erst am Ende des Arbeitsverhältnisses, also mit dem Ablauf der Kündigungsfrist[528].

Die Ansicht des BAG überzeugend, weil der Arbeitgeber im oben genannten Beispiel einer Betriebsstilllegung bereits mit dem Ausspruch der Kündigung alles Erforderliche getan hat, um die Betriebsänderung einzuleiten[529]. Die typische Folge der Kündigung ist das Entstehen von Nachteilen für die Arbeitnehmer in Form des Arbeitsplatzverlustes. Mit dem Erhalt der Kündigung muss der Arbeitnehmer mit seinem Ausscheiden aus dem Betrieb rechnen. Kommt es nach Abschluss eines Sozialplanes und Ausspruch der Kündigungen zur Störung der Geschäftsgrundlage des Sozialplans, so sind die Ansprüche auf Sozialplanleistungen zu diesem Zeitpunkt zwar regelmäßig noch nicht fällig, aber bereits entstanden. Wird ein Sozialplan an die veränderten Verhältnisse angepasst, so stellt sich daher stets die Frage, inwieweit durch die Anpassung auch in bereits entstandene Arbeitnehmeransprüche eingegriffen werden darf.

---

[523] Vgl. z. B. den der Entscheidung BAG vom 5.10.2000, AP Nr. 141 zu § 112 BetrVG zugrunde liegenden Sachverhalt.

[524] *Hansen*, NZA 1985, S. 609, 610; *Annuß* in: Richardi, BetrVG, § 112, Rn. 189; *Fabricius/Oetker* in: GK-BetrVG, §§ 112, 112 a, Rn. 127; a. A. *Meyer*, NZA 1995, S. 974, 981.

[525] *Meyer*, NZA 2000, S. 297, 305.

[526] *Knorr*, Widerstreit, S. 102.

[527] BAG vom 13.12.1994, DB 1996, S. 433; BAG vom 28.8.1996, AP Nr. 104 zu § 112 BetrVG 1972; so auch *Fitting/Engels/Schmidt/Trebinger/Linsenmaier*, BetrVG, §§ 112, 112 a, Rn. 181; *Wolff*, Gestaltungsformen, S. 108 f.

[528] *Fitting/Engels/Schmidt/Trebinger/Linsenmaier*, BetrVG, § 112, 112 a, Rn. 181; *Berg* in: Däubler/Kittner/Klebe, BetrVG, §§ 112, 112 a, Rn. 138; *Wolff*, Gestaltungsformen, S. 109; wohl auch *Hess/Schlochauer/Worzalla/Glock*, BetrVG, § 112 Rn. 96.

[529] So auch: *Wolff*, Gestaltungsformen, S. 109.

Ähnlich wie Sozialplanansprüche sind auch Ansprüche und Anwartschaften auf betriebliche Altersversorgung beim Eintritt einer Störung der Geschäftsgrundlage regelmäßig bereits entstanden. Meist ist schon ein gewisser Teil der Arbeitnehmer im rentenfähigen Alter aus dem Betrieb ausgeschieden und erhält monatliche Rentenzahlungen. Zudem sieht § 1 b Abs. 1 BetrAVG vor, dass auch Arbeitnehmer, die schon vor dem Eintritt des Versorgungsfalls aus dem Betrieb ausscheiden, eine unverfallbare Anwartschaft auf eine spätere Altersversorgung behalten, sofern sie zum Zeitpunkt des Ausscheidens mindestens das 30. Lebensjahr vollendet haben und die Versorgungszusage zu diesem Zeitpunkt mindestens fünf Jahre bestanden hat.

Die Frage nach dem zulässigen Umfang der Anpassung einer Betriebsvereinbarung über eine betriebliche Altersversorgung ist zudem von besonderer Bedeutung, weil betriebliche Altersversorgungszusagen im Regelfall über Jahrzehnte hinweg andauernde finanzielle Verpflichtungen des Arbeitgebers gegenüber den Arbeitnehmern begründen. Der Arbeitgeber wird für die Zukunft zur Zahlung der Altersversorgung verpflichtet, obwohl die Arbeitnehmer möglicherweise vor dem Eintritt ihres Rentenalters noch jahrelang im Betrieb tätig sind oder den Betrieb sogar zwischenzeitlich unter Fortbestehen einer unverfallbaren Anwartschaft verlassen haben. Erst mit dem Eintritt des rentenfähigen Alters kommt es zu konkreten Versorgungsansprüchen des jeweiligen Arbeitnehmers, die bis zu seinem Tod andauern, und bei einer entsprechenden Vereinbarung sogar darüber hinaus in Form einer Hinterbliebenenrente an dessen Angehörige weiter gezahlt werden müssen. Ist die Geschäftsgrundlage einer Betriebsvereinbarung gestört, in der betriebliche Altersversorgungsleistungen vereinbart sind, so ist daher von besonderer Bedeutung, ob eine Abänderung auch unverfallbare Anwartschaften und bestehende Rentenansprüche erfassen kann.

B. Lösungswege in der Rechtsprechung

Das BAG hatte sich in seiner bisherigen Rechtsprechung zur Störung der Geschäftsgrundlage sowohl mit der Zulässigkeit eines Eingriffs in bereits entstandene Sozialplanansprüche als auch mit der Abänderung von Ansprüchen auf betriebliche Altersversorgung auseinanderzusetzen.

I. Rückwirkender Eingriff in Sozialplanansprüche

Die bisherige Rechtsprechung des BAG zur Abänderung von Sozialplänen mit Rückwirkung auf bereits entstandene Arbeitnehmeransprüche ist vor allem durch zwei Entscheidungen des 10. sowie des 1. Senates gekennzeichnet.

1. Lösungsansätze des 10. und des 1. Senats des BAG

Grundlegend zur Zulässigkeit der rückwirkenden Abänderung eines Sozialplans hat sich der 10. Senat des BAG in seiner bereits mehrfach angesprochenen Entscheidung zur Störung der Geschäftsgrundlage von Sozialplänen vom 10.8.1994 geäußert[530]. Der Senat erläuterte, dass die bereits entstandenen, aber noch nicht erfüllten Arbeitnehmeransprüche aus dem Sozialplan nur aufgrund eines besonderen Rechtsgrunds gekürzt werden könnten. Als einen solchen Rechtsgrund sah der 10. Senat den Wegfall der Geschäftsgrundlage an[531].

Der 10. Senat begründete die Zulässigkeit eines rückwirkenden Eingriffs in bereits entstandene Arbeitnehmeransprüche bei einem Wegfall der Geschäftsgrundlage damit, dass die Ansprüche aus einem Sozialplan untrennbar mit dem Schicksal des Sozialplanes verbunden seien. Der Sozialplan sei insofern mit einem Vertrag zugunsten Dritter vergleichbar, bei dem der Dritte seine Ansprüche nur aus dem Vertrag zwischen Versprechendem und Versprechensempfänger ableiten könne. Beim Vertrag zugunsten Dritter komme die Abhängigkeit der Ansprüche des Dritten vom Schicksal des Vertrages vor allem in der Regelung des § 334 BGB zum Ausdruck, wonach der Versprechende Einwendungen aus dem Vertrag auch gegenüber dem Dritten geltend machen kann. Auch beim Sozialplan stünden daher die Arbeitnehmeransprüche stets unter dem Vorbehalt, dass eine für den Sozialplan vorausgesetzte Geschäftsgrundlage nicht später in Wegfall gerate und deshalb die Regelungen des Sozialplans angepasst werden müssten. Das Vertrauen der Arbeitnehmer in den unveränderten Fortbestand einmal entstandener Sozialplanansprüche sei daher nicht schutzwürdig[532].

Der 10. Senat hat seine Rechtsprechung noch einmal in einer Entscheidung vom 28.8.1996 bekräftigt[533]. Dagegen wirft ein neueres Urteil des 1. Senats des BAG vom 5.10.2000 Fragen auf[534]. Dem Urteil lag die Klage eines Arbeitnehmers auf Leistungen aus einem Sozialplan zugrunde, durch den in Raten zu zahlende Abfindungszahlungen an die Arbeitnehmer vereinbart waren. Wegen der schlechten wirtschaftlichen Lage des Unternehmens waren die Betriebsparteien jedoch von einem Wegfall der Geschäftsgrundlage ausgegangen und hatten sich auf eine neue Vereinbarung mit erheblichen Kürzungen der Ansprüche geeinigt.

Obwohl ein Rückgriff auf die Störung der Geschäftsgrundlage im Sachverhalt angelegt erscheint, beruft sich der 1. Senat in seinem Urteil darauf, dass es sich bei der neu abgeschlossenen Betriebsvereinbarung um eine auf einer freiwilligen

---

530 BAG vom 10.8.1994, AP Nr. 86 zu § 112 BetrVG 1972.

531 BAG vom 10. 8.1994, AP Nr. 86 zu § 112 BetrVG 1972, unter II 1 c) bb) der Gründe.

532 BAG vom 10.8.1994, ebenda; genauso auch LAG Hamburg vom 11.11.1998, 5 Sa 25/98, n. v., unter II 2. der Gründe.

533 BAG vom 28.8.1996, AP Nr. 104 zu § 112 BetrVG 1972.

534 BAG vom 5.10.2000, AP Nr. 141 zu § 112 BetrVG 1972.

Einigung der Betriebsparteien beruhende ablösende Betriebsvereinbarung handele. Es gelte die Zeitenkollisionsregel, wonach die neue Betriebsvereinbarung anstelle der alten trete und sie ablöse. Auch bereits entstandene Sozialplanansprüche könnten für die Zukunft abgeändert werden, der Eingriff in solche Besitzstände der Arbeitnehmer setze jedoch die Einhaltung der Grundsätze der Verhältnismäßigkeit und des Vertrauensschutzes voraus[535]. Eine solche Rechtfertigung des Eingriffs in bereits entstandene, aber noch nicht fällige Arbeitnehmeransprüche entspreche auch der Ansicht der Literatur, die das Vertrauen der Arbeitnehmer in solche Ansprüche nicht für schützenswert halte, wenn der Betroffene mit einer rückwirkenden Verschlechterung rechnen müsse, wenn die Rechtslage unklar und verworren sei, die bisherige Regelung abgelaufen oder deren Geschäftsgrundlage weggefallen sei. Allerdings müssten die Eingriffe auch in diesen Fällen am Zweck der Maßnahme gemessen geeignet, erforderlich und proportional sein[536].

Im Ergebnis kommt der 1. Senat dazu, dass Vertrauensschutzgesichtspunkte eingehalten worden sind, er begründet seine Ansicht jedoch nicht mit der Störung der Geschäftsgrundlage, sondern allein damit, dass den Arbeitnehmern die unsichere Finanzierungsgrundlage des Sozialplans klar erkennbar gewesen sei. Es sei den Betriebsparteien daher möglich gewesen, den geltenden Sozialplan bezüglich der noch ausstehenden Ratenzahlungen auch zum Nachteil der betroffenen Arbeitnehmer für die Zukunft abzuändern[537].

Obwohl der 1. Senat im Gegensatz zum 10. Senat eine Rechtfertigung des Eingriffs in Sozialplanansprüche nach den Grundsätzen des Vertrauensschutzes und der Verhältnismäßigkeit fordert, steht die Rechtsprechung des 1. Senats aber bei genauerem Hinsehen der Rechtsprechung des 10. Senats nicht entgegen. Der 1. Senat wählt nicht den Weg über die Störung der Geschäftsgrundlage, sondern löst den Sachverhalt nach der Zeitenkollisionsregel, wonach die neuere Betriebsvereinbarung stets die ältere ablöst, aber ein Eingriff in bestehende Rechte oder Anwartschaften nur unter Beachtung der Grundsätze der Verhältnismäßigkeit und des Vertrauensschutzes möglich ist[538]. Dabei nennt der 1. Senat unter anderem die Störung der Geschäftsgrundlage als einen in der Literatur anerkannten Fall, in dem das Vertrauen der Arbeitnehmer in die bereits erworbenen Sozialplanansprüche nicht schützenswert ist.

Nachdenklich macht allerdings, warum der 1. Senat nicht auf den Wegfall der Geschäftsgrundlage zurückgreift, obwohl sich die Betriebspartner bei ihrer Ab-

---

[535] BAG vom 5.10.2000, AP Nr. 141 zu § 112 BetrVG 1972, unter II 2 a der Gründe.
[536] BAG vom 5.10.2000, ebenda.
[537] BAG vom 5.10.2000, AP Nr. 141 zu § 112 BetrVG 1972, Leitsatz 1.
[538] *Fitting/Engels/Schmidt/Trebinger/Linsenmaier,* BetrVG, § 77 Rn. 192-194; BAG GS vom 16.9.1986, AP Nr. 17 zu § 77 BetrVG 1972; BAG vom 22.5.1990, AP Nr. 3 zu § 1 BetrAVG, Betriebsvereinbarung.

änderung des Sozialplans ausdrücklich auf das Vorliegen des Rechtsinstituts bezogen haben. Möglicherweise liegt der Grund für diese Abweichung darin, dass der 1. Senat den Sachverhalt aus dem Blickwinkel einer individualarbeitsrechtlichen Klage im Urteilsverfahren zu prüfen hatte. Möglicherweise lässt sich die Rechtsprechung des 1. Senats aber auch als Versuch einer Abkehr von den durch den 10. Senat entwickelten Leitlinien hin zu einer Rechtfertigung des Eingriffs in Arbeitnehmeransprüche nach den Grundsätzen des Vertrauensschutzes und der Verhältnismäßigkeit verstehen. Welche Richtung der 1. Senat tatsächlich einschlagen wollte, wird sich allerdings erst mit der zukünftigen Rechtsprechung des BAG zeigen[539].

2. Anpassung der Ansprüche bereits aus dem Betrieb ausgeschiedener Arbeitnehmer

Kommt es zur Störung der Geschäftsgrundlage eines Sozialplans, so ist wegen der je nach Betriebszugehörigkeit unterschiedlich langen Kündigungsfristen regelmäßig bereits ein Teil der Arbeitnehmer aus dem Betrieb ausgeschieden.

Nach der Rechtsprechung des BAG kann jedoch auch in die noch nicht erfüllten Sozialplanansprüche der bereits aus dem Betrieb ausgeschiedenen Arbeitnehmer nachträglich eingegriffen werden. So hatte der 10. Senat des BAG in seinem Beschluss vom 10.8.1994 entschieden, dass nicht nur die über einen längeren Zeitraum hinweg in mehreren Raten zu erbringenden Sozialplanansprüche der aktiven Arbeitnehmer, sondern auch die noch nicht erfüllten Ansprüche der Arbeitnehmer, die zum Zeitpunkt der Anpassung des Sozialplans bereits aus dem Betrieb ausgeschieden waren, unter dem Vorbehalt der Störung der Geschäftsgrundlage stünden. Das Vertrauen der ausgeschiedenen Arbeitnehmer in den unveränderten Fortbestand ihrer zukünftig fällig werdenden Ansprüche sei daher nicht schutzwürdig[540]. Für die Anpassung der Ansprüche der bereits ausgeschiedenen Arbeitnehmer habe der Betriebsrat ein Restmandat. Schließlich könne der Betriebsrat auch für bereits ausgeschiedene Arbeitnehmer noch nachträglich einen Sozialplan vereinbaren. Daher müsse der Betriebsrat auch die Befugnis zur nachträglichen verschlechternden Anpassung von Sozialplanleistungen nach den Grundsätzen der Störung der Geschäftsgrundlage haben[541].

Dieser Argumentation hat sich auch der 1. Senat des BAG in seinem Urteil vom 10.5.2000 angeschlossen[542]. Das Mandat des Betriebsrats ende erst, wenn im Zusammenhang mit der Betriebsstilllegung keine Verhandlungsgegenstände

---

539 Vgl. auch die Erörterung bei *Wolff*, Gestaltungsformen, S. 123 f.

540 BAG vom 10.8.1994, AP Nr. 86 zu § 112 BetrVG 1972, unter B II 1 c) cc) der Gründe; bestätigt durch BAG vom 28.8.1996, AP Nr. 104 zu § 112 BetrVG 1972, unter II 2 b) der Gründe.

541 BAG vom 10.8.1994, AP Nr. 86 zu § 112 BetrVG 1972, unter B II 1 c) cc) der Gründe.

542 BAG vom 5.10.2000, AP Nr. 141 zu § 112 BetrVG 1972.

mehr offen seien. Ein solcher offener Verhandlungsgegenstand sei jedoch auch die Anpassung eines bereits vorhandenen, aber noch nicht vollständig abgewickelten Sozialplans an veränderte Umstände[543].

II. Widerruf von Ansprüchen und Anwartschaften auf betriebliche Altersversorgung

Wie schon oben bei der Erörterung der Bedeutung der wirtschaftlichen Notlage des Arbeitgebers im Rahmen von § 313 BGB ausgeführt[544], geht das BAG davon aus, dass Zusagen einer betrieblichen Altersversorgung widerrufen werden können, wenn ihre Geschäftsgrundlage entfallen ist[545]. Allerdings sind die Grundsätze über den Widerruf von Altersversorgungsleistungen nicht allein für Betriebsvereinbarungen entwickelt worden, sondern beziehen sich auf alle Arten unmittelbarer Versorgungszusagen.

Laut der Rechtsprechung führt der begründete Widerruf von Altersversorgungszusagen dazu, dass der Versorgungsanspruch der Arbeitnehmer kraft Gesetzes eingeschränkt wird oder ganz wegfällt[546]. Obwohl der Widerruf einer betrieblichen Altersversorgung wegen einer wirtschaftlichen Notlage des Arbeitgebers nach der Änderung der Insolvenzsicherung der Altersversorgung in § 7 BetrAVG nach heutiger Rechtslage grundsätzlich ausscheiden muss[547], bleiben doch die anderen in der Rechtsprechung anerkannten Fallgruppen des Widerrufs von Altersversorgungsleistungen bestehen. So werden beispielsweise die Äquivalenzstörung[548], die wesentliche Änderung des Personenkreise, der Beiträge oder Leistungen der gesetzlichen Sozialversicherung[549] und das Bestehen einer außerplanmäßigen Überversorgung[550] als Gründe für die Störung der Geschäftsgrundlage einer Altersversorgungsvereinbarung angesehen.

Nach der Rechtsprechung und Literatur besteht das Recht zum Widerruf von Altersversorgungsleistungen zudem nicht nur gegenüber den aktiven Arbeitnehmern, sondern auch gegenüber den bereits mit einer unverfallbaren Versor-

---

543 BAG vom 5.10.2000, AP Nr. 141 zu § 112 BetrVG 1972, unter II 1 c) der Gründe.

544 Vgl. die Ausführungen im 3. Teil unter C V 4.

545 BAG vom 26.4.1988, AP Nr. 3 zu § 1 BetrAVG, Geschäftsgrundlage; BAG GS vom 16.9.1986, AP Nr. 17 zu § 77 BetrAVG. Vgl. auch *Blomeyer/Otto,* BetrAVG, Einleitung, Rn. 607; *Blomeyer* in *Hromadka,* Arbeitsbedingungen, S. 193, 201 f.

546 BAG GS vom 16.9.1986, AP Nr. 17 zu § 77 BetrVG 1972, unter IV 2. der Gründe.

547 BAG vom 17.6.2003, DB 2004, S. 324; eine Ausnahme besteht nach der Rechtsprechung nur dann, wenn der Arbeitgeber einen Vergleich gemäß § 7 Abs. 1 S. 4 Nr. 2 BetrAVG schließt und der Pensionssicherungsverein diesem zustimmt.

548 *Höfer,* BetrAVG, ART, Rn. 432-434.

549 BAG vom 14.5.1971, AP Nr. 153 zu § 242 BGB, Ruhegehalt; *Höfer,* BetrAVG, ART, Rn. 481-484.

550 BAG vom 23.9.1997, AP Nr. 26 zu § 1 BetrAVG, Überversorgung.

gungsanwartschaft aus dem Betrieb ausgeschiedenen Arbeitnehmern sowie gegenüber Rentnern[551].

C. Lösungsmodelle der Literatur

In der Literatur lassen sich zwei einander gegenüberstehende Ansätze für die Begründung eines Eingriffs in bereits entstandene Arbeitnehmeransprüche aufgrund der Störung der Geschäftsgrundlage erkennen. Die ganz überwiegende Literaturansicht hält einen rückwirkenden Eingriff in bereits entstandene Ansprüche der Arbeitnehmer aufgrund der Störung der Geschäftsgrundlage grundsätzlich für zulässig[552]. Vor allem die Rechtsprechung des 10. Senats des BAG zum rückwirkenden Eingriff in Sozialplanansprüche hat in der Kommentarliteratur weitgehend Zustimmung gefunden[553].

Ein kleinerer Teil der Literatur kritisiert dagegen die Rechtsprechung des 10. Senats und vor allem die vom 10. Senat gezogene Parallele zwischen Betriebsvereinbarungen und dem Vertrag zugunsten Dritter. Diese Literaturstimmen sind der Ansicht, dass ein durch die Anpassung einer Betriebsvereinbarung oder eines Sozialplans verursachter rückwirkender Eingriff in Arbeitnehmeransprüche aufgrund der unmittelbaren und zwingenden Wirkung von Betriebsvereinbarungen gemäß § 77 Abs. 4 S. 2 BetrVG nach den verfassungsrechtlichen Grundsätzen der Verhältnismäßigkeit und des Vertrauensschutzes gerechtfertigt sein muss[554].

So hält *Beathalter* die vom BAG gewählte Begründung des rückwirkenden Eingriffs in Rechte der Arbeitnehmer durch den Rückgriff auf den Vertrag zugunsten Dritter für verfehlt[555]. Die erworbenen Ansprüche und Anwartschaften der Arbeitnehmer seien durch Art. 14 GG geschützt, weshalb ein Eingriff in Besitzstände der Arbeitnehmer auch im Falle des Wegfalls der Geschäftsgrundlage stets einer Rechtfertigung nach den verfassungsrechtlichen Rechtsgrundsätzen des Vertrauensschutzes und der Verhältnismäßigkeit bedürfe[556]. Im Ergebnis könne daher in Ansprüche und Rechte der Arbeitnehmer, die durch eine Be-

---

[551] BAG vom 23.9.1997, AP Nr. 26 zu § 1 BetrAVG, Ablösung, vgl. *Höfer*, BetrAVG, ART, Rn. 404.

[552] *Kemper*, DB 1987, S. 986 f., *Hilger* in: FS für Larenz, S. 241, 262; *Hromadka/Maschmann*, Arbeitsrecht Bd. 2, § 16 Rn. 644; *Eckert*, AR-Blattei SD, Ziff. 1790, Rn. 86.

[553] So *Fitting/Engels/Schmidt/Trebinger/Linsenmaier*, BetrVG, §§ 112, 112 a Rn. 210; *Fabricius/Oetker* in: GK-BetrVG, §§ 112, 112 a, Rn. 182; *Däubler* in: Däubler/Kittner/Klebe; BetrVG, § 112, 112 a Rn. 137; *Annuß* in: Richardi, BetrVG § 112 Rn. 187; a. A.: *Rumpff/Boewer*, Mitbestimmung, S. 369.

[554] *Beathalter*, Gestaltungsmöglichkeiten, S. 205; *Meyer*, Abänderung, 139-142; *v. Hoyningen-Huene*, Anm. zu AP Nr. 86 zu § 112 BetrVG 1972; *Fabricius/Oetker* in: GK-BetrVG, §§ 112, 112 a, Rn. 181.

[555] *Beathalter*, Gestaltungsmöglichkeiten, S. 205 f.

[556] *Beathalter*, Gestaltungsmöglichkeiten, S. 207.

triebsvereinbarung oder einen Sozialplan begründet seien, nur rückwirkend eingegriffen werden, wenn die Arbeitnehmer mit einer rückwirkenden Neuregelung hätten rechnen müssen. Im Fall der wirtschaftlichen Notlage des Arbeitgebers bestünde beispielsweise kein Vertrauensschutz, weil es sich bei der wirtschaftlichen Leistungsfähigkeit des Arbeitgebers um eine für alle Parteien erkennbare, gesetzesimmanente Schranke der Regelungsbefugnis der Betriebsparteien aus §§ 76 Abs. 5 S. 3 und § 112 Abs. 5 S. 1 BetrVG handele[557]. Im Übrigen komme ein Eingriff in erworbene Ansprüche nur in Betracht, „wenn der Belegschaft bestimmte Geschäftsgrundlagen einer Betriebsvereinbarung bekannt waren“[558].

Auch *Meyer* hat ein eigenständiges Lösungsmodell für die Rechtfertigung eines Eingriffs in Besitzstände der Arbeitnehmer durch die Vertragsanpassung entwickelt, bezieht sich jedoch dabei ausschließlich auf Sozialplanansprüche[559]. Er überträgt die Grundsätze einer rückwirkenden Abänderung von Gesetzen auf Sozialplanansprüche. Im Gegensatz zur Rechtsprechung des BAG[560] macht *Meyer* jedoch das Entstehen von Sozialplanansprüchen am Entstehen individueller Nachteile für die Arbeitnehmer, also an deren Ausscheiden aus dem Betrieb fest. Er ist der Ansicht, in Rechte der noch in einem aktiven Arbeitsverhältnis stehenden Arbeitnehmer könne nach den Grundsätzen des Vertrauensschutzes und der Verhältnismäßigkeit stets ohne Verletzung von Art. 14 GG eingegriffen werden, weil Sozialplanansprüche zu diesem Zeitpunkt allenfalls die Form von unter einem immanenten Änderungsvorbehalt stehenden Anwartschaften hätten[561]. Dagegen seien die Ansprüche der bereits ausgeschiedenen Arbeitnehmer gemäß Art. 14 GG geschützt, so dass in diese Ansprüche nur rückwirkend eingegriffen werden könne, wenn eine Kürzung der Ansprüche aus Solidarität mit den noch im Betrieb tätigen Arbeitnehmern geboten sei[562]. Die Solidaritätspflicht ergebe sich daraus, dass wegen kürzerer Kündigungsfristen meist die jüngeren Arbeitnehmer den Betrieb zuerst verlassen würden, so dass es eine gegen § 75 Abs. 1 S. 2 BetrVG verstoßende Benachteiligung der verbliebenen älterer Arbeitnehmer darstelle, wenn nur die älteren Arbeitnehmer die Folgen der Störung der Geschäftsgrundlage zu tragen hätten[563].

D. Stellungnahme

Obwohl die in der Rechtsprechung und Literatur vertretenen Ansichten zur Begründung eines rückwirkenden Eingriffs in Besitzstände der Arbeitnehmer in

---

557 *Beathalter,* Gestaltungsmöglichkeiten, S. 226 f.
558 *Beathalter,* Gestaltungsmöglichkeiten, S. 226.
559 *Meyer,* Abänderung, S. 136-150; *ders.,* NZA 1995, S. 974.
560 BAG vom 13.12.1994, DB 1996, S. 433, BAG vom 28.8.1996, AP Nr. 104 zu § 112 BetrVG 1972.
561 *Meyer,* NZA 1995, S. 974, 981.
562 *Meyer,* NZA 1995, S. 974, 982 und 284.
563 *Meyer,* NZA 1995, S. 974, 983 f.

ihren Einzelheiten stark voneinander abweichen, lassen sich aus ihnen doch zwei grundlegende Ansätze herauskristallisieren.

Zum einen lässt sich der Eingriff in bereits entstandene Ansprüche der Arbeitnehmer im Anschluss an die Rechtsprechung des 10. Senats des BAG damit begründen, dass das Vertrauen der Arbeitnehmer in den Bestand ihrer Ansprüche bereits von Anfang an nicht schutzwürdig ist, weil die Störung der Geschäftsgrundlage die aufgrund von Betriebsvereinbarungen oder Sozialplänen erworbenen Ansprüche ihrer Natur nach immanent beschränkt. Nach dieser Ansicht ist eine besondere Rechtfertigung des Eingriffs in Arbeitnehmeransprüche bei Vorliegen der Voraussetzungen der Störung der Geschäftsgrundlage nicht erforderlich. Zum anderen lässt sich mit der Literatur argumentieren, dass die Störung der Geschäftsgrundlage den Eingriff in Besitzstände der Arbeitnehmer allein nicht zu rechtfertigen vermag. Nach dieser Ansicht muss ein rückwirkender Eingriff in Ansprüche der Arbeitnehmer auch bei Vorliegen der Voraussetzungen von § 313 BGB nach den verfassungsrechtlichen Grundsätzen der Verhältnismäßigkeit und des Vertrauensschutzes gerechtfertigt sein.

I. Zur Rechtfertigung eines Eingriffs in Besitzstände der Arbeitnehmer

Nach den vom 10. Senat des BAG entwickelten Grundsätzen wirkt sich die Störung der Geschäftsgrundlage einer Betriebsvereinbarung stets direkt auf die Ansprüche der Arbeitnehmer aus, ohne dass die Arbeitnehmer insoweit Vertrauensschutz genießen würden. Durch die Anpassung eines Sozialplans für die Zukunft können daher auch Sozialplanansprüche abgeändert werden, deren Entstehensvoraussetzungen die Arbeitnehmer bereits vollständig erfüllt haben. Bei genauer Analyse erscheint die vom 10. Senat gewählte Herleitung des stillschweigenden Änderungsvorbehaltes von Sozialplanansprüchen aus einer Parallele zum Vertrag zugunsten Dritter allerdings nicht überzeugend.

a. Vergleich von § 313 BGB mit dem Vertrag zugunsten Dritter

Der echte Vertrag zugunsten Dritter ist ein schuldrechtlicher Verpflichtungsvertrag, der gemäß § 328 Abs. 1 BetrVG durch die Besonderheit geprägt ist, dass ein Dritter die vertraglich geschuldete Leistung einfordern kann. Das eigentliche Schuldverhältnis liegt zwischen dem Schuldner (Versprechender) und dem Gläubiger (Versprechensempfänger), während der Dritte aus diesem Vertrag allein ein Forderungsrecht gegenüber dem Schuldner erwirbt. Es handelt sich um die atypische Gestaltung eines schuldrechtlichen Synallagma[564]. Der vom 10. Senat des BAG zur Begründung des rückwirkenden Eingriffs in Arbeitnehmeransprüche herangezogene § 334 BGB bestimmt, dass der Versprechende

[564] *Gottwald* in: Münchener Kommentar BGB, § 328 Rn. 20.

Einwendungen aus dem Vertrag auch gegenüber dem Dritten geltend machen kann. Die Regelung dient dazu, das vertragliche Synallagma des Vertrages zugunsten Dritter auch beim Bestehen von Einwendungen zu erhalten, so dass die Leistung kondiziert werden kann, wenn sie rechtsgrundlos erfolgt ist.

Eine Betriebsvereinbarung begründet im Gegensatz zum Vertrag zugunsten Dritter keine schuldrechtlichen Ansprüche zwischen den Betriebsparteien auf die Gewährung einer Leistung an die Arbeitnehmer. Es entsteht auch kein aus einem etwaigen atypischen Synallagma abgeleitetes Forderungsrecht der Arbeitnehmer. Vielmehr erwerben die Arbeitnehmer Ansprüche aus der Betriebsvereinbarung, weil die Vereinbarung normativ auf die individualrechtlichen Arbeitsverhältnisse im Betrieb einwirkt, ohne selbst Bestandteil der Arbeitsverträge zu werden. Arbeitgeberseitige Leistungen aus einer Betriebsvereinbarung können daher nur von den Arbeitnehmern selbst, aber nicht vom Betriebsrat eingefordert werden.

Die Betriebsvereinbarung und der Vertrag zugunsten Dritter ähneln sich daher im Ergebnis zwar darin, dass ein bzw. mehrere Dritte in das Rechtsverhältnis zwischen den Vertragsparteien mit einbezogen werden. In ihrer Rechtswirkung, die beim Vertrag zugunsten Dritter schuldrechtlich, bei Betriebsvereinbarungen jedoch normativ ist, unterscheiden sie sich jedoch ganz wesentlich voneinander[565]. Der für den Vertrag zugunsten Dritter konzipierte § 334 BGB eignet sich daher nicht zur Begründung der Zulässigkeit eines Eingriffs in durch eine Betriebsvereinbarung begründete Ansprüche der Arbeitnehmer aufgrund der Störung der Geschäftsgrundlage.

b. Schutz von Arbeitnehmeransprüchen gemäß Art. 14 GG

Es spricht vielmehr schon bei einer ersten Analyse viel dafür, dass die Antwort auf die Frage nach der Notwendigkeit der Rechtfertigung eines rückwirkenden Eingriffs in Arbeitnehmeransprüche in den Grundsätzen des Eigentumsschutzes gemäß Art. 14 GG zu suchen ist. So sieht das BAG - und diesem folgend auch ein Teil der verfassungsrechtlichen Literatur - die Ansprüche der Arbeitnehmer auf die Gewährung einer betrieblichen Altersversorgung als Rechte an, die vom Schutzbereich von Art. 14 GG erfasst sind[566]. Dagegen ist der Schutz von Sozialplanansprüchen gemäß Art. 14 GG durch das BAG in seiner Rechtsprechung zur Störung der Geschäftsgrundlage von Sozialplänen nicht thematisiert worden. Allerdings wird im zu Sozialplänen publizierten Schrifttum davon ausgegangen,

---

[565] So auch *v. Hoyningen-Huene,* Anm. zu BAG vom 10.8.1994, AP Nr. 86 zu § 112 BetrVG, unter IV. 1.a.

[566] BAG vom 20.11.1990, BAGE 66, S. 282, 285; *Berkemann* in: Umbach/Clemens, GG, Art. 14, Rn. 421.

dass auch Sozialplanansprüche als geschütztes Eigentum im Sinne von Art. 14 GG gelten[567].

Abzulehnen ist allerdings die Ansicht *Meyers,* der das Entstehen von schutzwürdigen Sozialplanansprüchen aus individualrechtlicher Sicht am Ausscheiden des jeweiligen Arbeitnehmers aus dem Betrieb festmacht und annimmt, dass den Arbeitnehmern vor diesem Zeitpunkt nur unter einem Änderungsvorbehalt stehende Anwartschaften auf die Sozialplanabfindung zustehen[568]. Die Höhe von Sozialplanansprüchen darf nämlich nach der Rechsprechung und herrschenden Ansicht durch eine kollektive Betrachtung ermittelt werden[569], weil sich im Regelfall die individuellen Folgen der Betriebsänderung für jeden einzelnen Arbeitnehmer kaum feststellen lassen. Folgte man dagegen dem individualrechtlichen Ansatz *Meyers,* der für das Entstehen des Sozialplananspruchs auf den Eintritt konkreter Nachteile abstellt, so müsste man konsequent nicht nur das Entstehen, sondern auch die Höhe der Sozialplanansprüche nach den individuellen Nachteilen bemessen, die den Arbeitnehmern durch die Betriebsänderung entstehen. Eine solche Analyse der Nachteile aus der individuellen Sicht jedes Arbeitnehmers wäre jedoch in der Praxis vor allem bei größeren Umstrukturierungen nur mit enormem Aufwand möglich. Überzeugender als die Ansicht *Meyers* ist daher die Ansicht des BAG[570], wonach das Entstehen der Sozialplanansprüche an dem kollektivrechtlichen Merkmal des Beginns der Umsetzung der geplanten Betriebsänderung - bei einer Betriebsstilllegung also am Ausspruch der Kündigung[571] - festzumachen ist. Sozialplanansprüche entstehen daher zutreffend mit dem Beginn der Umsetzung der Betriebsänderung durch Kündigung oder andere zur Umsetzung der jeweiligen Betriebsänderung erforderliche Maßnahmen und unterliegen ab diesem Zeitpunkt auch dem Schutz von Art. 14 GG.

Allerdings muss auch die Ansicht der Literatur, die aufgrund des Eigentumsschutzes des Art. 14 GG eine Rechtfertigung des Eingriffs in Arbeitnehmeransprüche nach den Grundsätzen der Verhältnismäßigkeit und des Vertrauensschutzes fordert[572], noch einmal genauer durchleuchtet werden. So nimmt die Literatur keine Stellung dazu, dass nach der Rechtsprechung des BVerfG auch Ansprüche aus bürgerlich-rechtlichen Verträgen – wie beispielsweise Kauf-

---

[567] *Beathalter,* Gestaltungsmöglichkeiten, S. 207; ähnlich auch *Däubler,* NZA 1985, 545, 547; differenzierend nach dem Entstehenszeitpunkt der Ansprüche *Meyer,* NZA 1995, 974, 982.
[568] *Meyer,* NZA 1995, S. 974, 982 und 984.
[569] *Hansen,* NZA 1985, 609, 611; *Fitting/Engels/Schmidt/Trebinger/Linsenmaier,* BetrVG, §§ 112, 112 a Rn. 120 f.; BAG vom 23. 4. 1985, AP Nr. 26 zu § 112 BetrVG 1972; BAG vom 5.10.2000, AP Nr. 141 zu § 112 BetrVG 1972.
[570] BAG vom 13.12.1994, DB 1996, S. 433; BAG vom 28.8.1996, AP Nr. 104 zu § 112 BetrVG 1972.
[571] BAG vom 13.12.1994, DB 1996, S. 433; BAG vom 28.8.1996, AP Nr. 104 zu § 112 BetrVG 1972.
[572] So beispielsweise *Beathalter,* Gestaltungsmöglichkeiten, S. 207.

preisansprüche - dem verfassungsrechtlichen Eigentumsschutz unterliegen, wenn sie als subjektives Recht einem Rechtsträger privatnützig und verfügungsfähig zugeordnet sind[573]. Darüber hinaus äußert sich die Literatur auch nicht dazu, dass auch der Eigentumsschutz des Grundgesetzes nicht unbeschränkt besteht, sondern gemäß Art. 14 Abs. 1 S. 2 GG seine Schranken in den Gesetzen findet. Der Eigentumsschutz kann daher im Rahmen der verfassungsmäßig vorgegebenen Grenzen durch Gesetze begrenzt oder ganz ausgeschlossen werden[574]. Ein solches Gesetz, durch das vertragliche Ansprüche beschränkt oder ausgeschlossen werden können, stellt auch § 313 BGB dar. Ist die Geschäftsgrundlage eines Vertrages gestört, so eröffnet § 313 BGB die Möglichkeit einer Anpassung des Vertrags an die veränderten Umstände. Ab dem Zeitpunkt der Geltendmachung der Störung der Geschäftsgrundlage müssen die Vertragsparteien damit rechnen, dass ihre Ansprüche an die ursprünglich vorausgesetzten Umstände und Vorstellungen auch für die Zukunft und darüber hinaus auch rückwirkend angepasst werden. Bei bürgerlich-rechtlichen Verträgen stehen die Ansprüche der Vertragsparteien daher stets unter dem Vorbehalt, dass sich die dem Vertrag vorausgesetzten Umstände oder Vorstellungen nicht ändern oder von Anfang an falsch waren. Auch die besondere Schutzwürdigkeit der aus einer Betriebsvereinbarung hergeleiteten Ansprüche der Arbeitnehmer ist daher nicht allein mit einem bloßen Hinweis auf Art. 14 GG begründbar.

Maßgeblich für die besondere Schutzbedürftigkeit der Arbeitnehmeransprüche gemäß Art. 14 GG ist vielmehr, dass sich die Position der Arbeitnehmer wegen der normativen Wirkung von Betriebsvereinbarungen erheblich von der Rechtsposition der Vertragsparteien eines bürgerlich-rechtlichen Vertrags unterscheidet. Bei den Arbeitnehmern, die Ansprüche aus einer Betriebsvereinbarung oder einem Sozialplan herleiten können, handelt es sich nicht um die Vertragsparteien der jeweiligen Vereinbarung, sondern um am Vertragsschluss selbst nicht beteiligte Personen. Die Arbeitnehmer haben keinen Einfluss auf das Zustandekommen der Betriebsvereinbarungen, sondern sind den getroffenen Regelungen wie Gesetzen unterworfen. Sie können nur die durch die Betriebsvereinbarungen festgelegten Voraussetzungen erfüllen. So werden die Voraussetzungen für das Zustandekommen eines Anspruchs auf eine Sozialplanabfindung oder auf betriebliche Altersversorgung durch die Betriebsparteien begründet und die Arbeitnehmer als quasi „Dritte" müssen diese Merkmale – genau wie gesetzliche Anspruchsvoraussetzungen – erfüllen, um in den Genuss der Leistungen zu kommen.

---

[573] BVerfG vom 15.6.1976, BVerfGE 42, S. 263, 294; BVerfG vom 8.6.1977, BVerfGE 45, S. 142, 179; BVerfG vom 8.4.1997, BVerfGE 95, S. 267, 300; *Wieland* in: Dreier, GG, Art. 14 Rn. 39; *Wendt* in: Sachs, GG, Art. 14, Rn. 22-24.

[574] *Berkemann* in: Umbach/Clemens, GG, Art. 14 Rn. 160.

In Ansprüche, die sich auf bestimmte Gesetzesnormen stützen, kann jedoch nicht ohne weiteres durch eine Abänderung des Gesetzes rückwirkend eingegriffen werden. Für die Abänderung von Gesetzesnormen finden vielmehr stets die verfassungsrechtlichen Grundsätze des Vertrauensschutzes und der Verhältnismäßigkeit Anwendung. Die Grundsätze des Vertrauensschutzes schränken die Zulässigkeit der Rückwirkung von Gesetzen ein. Ein rückwirkender Eingriff in schon abgewickelte, in der Vergangenheit liegende Tatbestände ist demnach nur zulässig, wenn aufgrund einer unklaren Rechtlage auf den Bestand der gesetzlichen Regelung nicht ernsthaft vertraut werden konnte (so genannte „echte Rückwirkung")[575]. Dagegen kann in Rechtspositionen, die in der Vergangenheit wurzeln, die aber noch nicht abgeschlossen sind und in die Gegenwart oder Zukunft wirken, grundsätzlich eingegriffen werden, falls nicht ausnahmsweise ein besonderer Vertrauenstatbestand vorliegt (so genannte „unechte Rückwirkung")[576]. Eine zusätzliche Grenze setzt zudem der verfassungsrechtliche Verhältnismäßigkeitsgrundsatz, der vor allem im Falle der Betroffenheit von Grundrechten eine allgemeine Leitlinie für alle verfassungsrechtlichen Rechtmäßigkeitsprüfungen darstellt[577].

Die Grundsätze der Verhältnismäßigkeit und des Vertrauensschutzes müssen auch auf einen rückwirkenden Eingriff in bereits entstandene Ansprüche der Arbeitnehmer aufgrund einer Betriebsvereinbarungen oder eines Sozialplans übertragbar sein, weil Betriebsvereinbarungen gemäß § 77 Abs. 4 S. 2 BetrVG wie Gesetzen unmittelbare und zwingende Wirkung zukommt[578]. Die normative Wirkung bildet den wesentlichen Unterschied zwischen Betriebsvereinbarungen von bürgerlich-rechtlichen Verträgen. Die Schutzwürdigkeit der Ansprüche, die die Arbeitnehmer aufgrund der Erfüllung der Voraussetzungen der betriebsverfassungsrechtlichen Normenordnung begründet haben, entspricht daher der Schutzwürdigkeit der Ansprüche, die ein Teilnehmer am Rechtsverkehr durch die Erfüllung von Gesetzesnormen begründen kann. Vertrauensschutz und Verhältnismäßigkeit stellen daher die verfassungsrechtlichen „Schranken-Schranken" eines Eingriffs in durch Betriebsvereinbarung begründete Arbeitnehmeransprüche aufgrund der Störung der Geschäftsgrundlage dar.

---

575 BVerfG vom 23.3.1971, BVerfGE 30, S. 392, 401; BVerfG vom 7.6.1992, BVerfGE 87, S. 48, 61.

576 BVerfG vom 23.3.1971, BVerfGE 30, S. 392, 402; BVerfG vom 5.5.1987, BVerfGE 75, S. 246, 280.

577 *Roellecke* in: Umbach/Clemens, GG, Art. 20 Rn. 99.

578 *v. Hoyningen-Huene*, Anm. zu AP Nr. 86 zu § 112 BetrVG 1972; *Meyer*, NZA 1995, 974, 982 f.; *Fabricius/Oetker* in: GK-BetrVG, §§ 112, 112 a, Rn. 181.

c. Auswirkungen der Pflicht zur Rechtfertigung des Eingriffs in Arbeitnehmeransprüche

Die Pflicht zur Rechtfertigung des Eingriffs in Arbeitnehmeransprüche hat konkrete Auswirkungen auf den zulässigen Umfang der Anpassung einer Betriebsvereinbarung wegen der Störung der Geschäftsgrundlage. Sozialplanansprüche sind mit der Umsetzung der Betriebsänderung, also regelmäßig mit dem Ausspruch der Kündigung, bereits entstanden und damit zum Vollrecht erstarkt[579]. Ein Eingriff in bereits entstandene, aber noch nicht erfüllte Sozialplanansprüche bedarf daher ab dem Zeitpunkt der individualrechtlichen Kündigung einer Rechtfertigung nach den Grundsätzen der Verhältnismäßigkeit und des Vertrauensschutzes. Bereits erbrachte Sozialplanleistungen können dagegen grundsätzlich nicht mehr rückwirkend abgeändert werden[580], sondern ein Eingriff kann nur für die Zukunft erfolgen. Kein Vollrecht besteht dagegen, wenn zwar der Sozialplan bereits abgeschlossen ist, aber die Umsetzung der Betriebsänderung noch nicht begonnen worden ist. In diesem Stadium ist eine Abänderung der Sozialplanansprüche daher grundsätzlich möglich, ohne dass eine Rechtfertigung des Eingriffs nach Vertrauensschutz- und Verhältnismäßigkeitsgesichtspunkten erforderlich ist.

Auch betriebliche Altersversorgungsansprüche erstarken mit dem Erreichen des Rentenalters zum Vollrecht. Soll in solche Altersversorgungsansprüche aufgrund der Störung der Geschäftsgrundlage eingegriffen werden, müssen daher die Grundsätze der Verhältnismäßigkeit und des Vertrauensschutzes eingehalten werden. Eine Abänderung bereits erbrachter Altersversorgungsleistungen ist daher nicht möglich, sondern es kann allein um eine Abänderung für die Zukunft gehen. Problematisch ist dagegen die Behandlung von unverfallbaren Anwartschaften auf betriebliche Altersversorgung bei einer Störung der Geschäftsgrundlage. Trotz der Unverfallbarkeit ist bei diesen Anwartschaften noch die Erfüllung eines weiteren Merkmals, nämlich die Erreichung einer Altersgrenze, erforderlich, um sie zu vollen Altersversorgungsansprüchen erstarken zu lassen. Beurteilt man den Status der unverfallbaren Anwartschaften daher nach den zur echten und unechten Rückwirkung entwickelten Grundsätzen, so sind diese Ansprüche als noch nicht abgeschlossene Tatbestände anzusehen. Der Eingriff in unverfallbare Anwartschaften auf Altersversorgung bedarf deshalb beim Vorliegen einer Störung der Geschäftsgrundlage keiner weiteren Rechtfertigung nach den Grundsätzen der Verhältnismäßigkeit und des Vertrauensschutzes. Gleiches gilt für die Abänderung von verfallbaren Altersversorgungsansprüchen der noch im Betrieb beschäftigten Arbeitnehmer.

---

[579] Differenzierend dagegen *Meyer,* NZA 1995, 974, 982, der die Voraussetzungen zum Entstehen eines Vollrechts erst mit dem Ausscheiden der Arbeitnehmer aus dem Betrieb als erfüllt ansieht.

[580] Vgl. *Eckert,* AR-Blattei SD, Ziff. 1790, Rn. 83.

Kein Vertrauensschutz der Arbeitnehmer in das zukünftige Fortbestehen von bereits entstandenen Vollrechten besteht, wenn eine unklare Rechts- oder Sachlage vorlag oder die Betroffenen mit einer Abänderung ihrer Ansprüche rechnen musste. Eine Situation, in der die Betroffenen mit einem Eingriff rechnen müssen, liegt beispielsweise vor, wenn sich die Grenzen der in einer Betriebsvereinbarung oder einem Sozialplan getroffenen Regelung aus den gesetzlichen Vorschriften des BetrVG ergeben. So ergibt sich die Notwendigkeit zur Beachtung der Belange des Betriebes und der Arbeitnehmer beim Abschluss einer Betriebsvereinbarung aus § 2 Abs. 1 BetrVG und § 76 Abs. 5 S. 3 BetrVG bzw. beim Abschluss eines Sozialplans aus § 112 Abs. 5 S. 1 BetrVG. Wie *Beathalter*[581] zutreffend ausführt, ist deshalb für die Arbeitnehmer ersichtlich, dass bei einer wirtschaftlichen Notlage, die das Wohl der Arbeitnehmer und des Betriebes gleichermaßen gefährdet, die gesetzlich festgelegte Grenze für ein Festhalten an einer Betriebsvereinbarung erreicht ist, wenn durch die Lösung von der Betriebsvereinbarung der Betrieb erhalten werden kann. Bei einer Betriebsvereinbarung über eine betriebliche Altersversorgung stellt die drohende Insolvenz des Arbeitgebers dagegen keinen Grund für die Berufung auf die Störung der Geschäftsgrundlage dar, weil schon die für die Berufung auf die wirtschaftliche Notlage erforderliche Interessenverschiebung der Pensionäre, der Inhaber unverfallbarer Anwartschaften und der Arbeitnehmer zugunsten eines Betriebserhalts nicht vorliegt.

Bei der betrieblichen Altersversorgung liegt eine Situation, in der eine rückwirkende Neuregelung zu erwarten ist, dagegen beispielsweise vor, wenn es um den Abbau einer außerplanmäßigen Überversorgung geht. Die eigentlich beabsichtigte Höhe der Versorgung ergibt sich bei Altersversorgungsvereinbarungen regelmäßig aus der Betriebsvereinbarung selbst. Ist zum Beispiel in der Betriebsvereinbarung festgelegt, dass die betriebliche Altersversorgung die gesetzliche Rente bis auf 100% des ursprünglich gezahlten Gehalts aufstocken soll, so ist für alle von der Vereinbarung erfassten Pensionäre und Inhaber unverfallbarer Anwartschaften erkennbar, dass das Versorgungsniveau nicht über 100% hinausgehen soll. Ohne in den Vertrauensschutz der Betroffenen einzugreifen, kann daher die außerplanmäßige Überversorgung auf die ursprüngliche Versorgungshöhe zurückgeführt werden. Eine unklare oder verworrene Rechtslage kann dagegen zum Beispiel vorliegen, wenn sich das Gesetz, auf das sich die Betriebsvereinbarung gestützt hat, geändert hat, so dass die Betriebsvereinbarung oder einzelne ihrer Regelungen ihren Sinn verloren haben.

Es bleibt daher festzuhalten, dass ein Eingriff in bereits entstandene Vollrechte der Arbeitnehmer durch die Abänderung einer Betriebsvereinbarung oder eines Sozialplans gemäß § 313 Abs. 3 BGB einer Rechtfertigung nach den Grundsätzen des Vertrauensschutzes und der Verhältnismäßigkeit bedarf. In noch nicht

---

[581] *Beathalter,* Einseitige Gestaltungsmöglichkeiten, S. 226 f.

zum Vollrecht erstarkte Rechte kann dagegen bei Vorliegen der Voraussetzungen von § 313 BGB ohne weitere Rechtfertigung eingegriffen werden.

II. Zur Einbeziehung bereits aus dem Betrieb ausgeschiedener Arbeitnehmer

Auch wenn der Eingriff in Arbeitnehmeransprüche nach den Grundsätzen des Vertrauensschutzes und der Verhältnismäßigkeit gerechtfertigt ist, stellt sich die Frage, ob die Abänderung von Altersversorgungsleistungen oder Sozialplanansprüchen auch Wirkung gegenüber den bereits aus dem Betrieb ausgeschiedenen Arbeitnehmern entfaltet.

Zu überzeugen vermögen die durch das BAG vorgebrachten Argumente, dass sich das Mandat des Betriebsrats zur Anpassung eines Sozialplans auch auf die bereits aus dem Betrieb ausgeschiedenen Arbeitnehmer erstreckt. Ein Sozialplan kann nach übereinstimmender Ansicht der Literatur und Rechtsprechung auch noch nach der endgültigen Durchführung einer Betriebsänderung abgeschlossen werden[582]. Daher muss es dem Betriebsrat auch möglich sein, nachträglich einen bereits abgeschlossenen Sozialplan an die veränderten Umstände anzupassen, wobei aus Vertrauensschutzgesichtspunkten allerdings nur in zukünftige Ansprüche, wie beispielsweise ein monatlich zu zahlendes Wegegeld, eingegriffen werden kann[583]. Das muss selbst dann gelten, wenn der Betrieb aufgrund der Betriebsänderung nicht mehr existiert, denn gemäß § 21 b BetrVG hat der Betriebsrat auch dann ein Restmandat, wenn der Betrieb bereits durch Stilllegung, Untergang und Spaltung des Betriebes untergegangen ist[584].

Würden von der Abänderung eines Sozialplans nur die noch im Betrieb verbliebenen Arbeitnehmer erfasst, führte dies zudem zu einer ungerechtfertigten Ungleichbehandlung der noch im Betrieb verbliebenen und der bereits ausgeschiedenen Arbeitnehmer, obwohl beide Arbeitnehmergruppen von derselben Betriebsänderung betroffen sind und durch die Umsetzung der Betriebsänderung gleichartige wirtschaftliche Nachteile zu erwarten haben. Aus dem verfassungsrechtlichen Gleichbehandlungsgrundsatz, der in der Pflicht der Betriebsparteien zur Gleichbehandlung der Arbeitnehmer gemäß § 75 Abs. 1 BetrVG seinen Anknüpfungspunkt im Betriebsverfassungsrecht gefunden hat, ergibt sich daher, dass sich die Anpassung eines Sozialplans sowohl auf die ausgeschiedenen als

---

[582] BAG vom 15.10.1979, AP Nr. 5 zu § 111 BetrVG 1972 unter II 3 der Gründe; LAG Hamm, AP Nr. 1 zu § 112 BetrVG 1972; *Annuß* in: Richardi, BetrVG, § 112 Rn. 67; *Fitting/Engels/Schmidt/Trebinger/Linsenmaier,* BetrVG, §§ 112, 112 a Rn. 111; *Weiss/Weyand,* BetrVG, § 112 Rn. 16; *Kaven,* Sozialplan, S 63.

[583] BAG vom 10.8.1994, AP Nr. 86 zu § 112 BetrVG 1972; BAG vom 5.10.2000, AP Nr. 141 zu § 112 BetrVG 1972.

[584] Vgl. Fitting/Engels/Schmidt/Trebinger/Linsenmaier, BetrVG, §§ 112, 112 a Rn. 211.

auch auf die noch im Betrieb tätigen, vom Sozialplan erfassten Arbeitnehmer beziehen muss[585].

Nicht für alle Fallgestaltungen überzeugend erscheint dagegen die Argumentation *Meyers,* der die Pflicht zur Einbeziehung der ausgeschiedenen Arbeitnehmer in die Sozialplananpassung mit der Unzulässigkeit der Diskriminierung älterer Arbeitnehmer begründet[586]. Zwar ist zutreffend, dass fast immer die älteren Arbeitnehmer länger im Betrieb verbleiben, weil sie meist schon lange im Betrieb beschäftigt sind und für sie die längsten Kündigungsfristen gemäß § 622 Abs. 2 BGB gelten. Würde sich die Abänderung eines Sozialplans nur auf die verbliebenen Arbeitnehmer erstrecken, würde sie daher regelmäßig zu einer Diskriminierung der älteren gegenüber den jüngeren, bereits aus dem Betrieb ausgeschiedenen Arbeitnehmer führen[587]. Jedoch ist es nicht zwingend immer so, dass jüngere Arbeitnehmer vor den älteren Arbeitnehmern aus dem Betrieb ausscheiden, denn auch junge Arbeitnehmer können, falls sie von Anfang an im Betrieb tätig sind, eine lange Betriebszugehörigkeit und damit eine lange Kündigungsfrist gemäß § 622 Abs. 2 BGB haben, als später in den Betrieb eingetretene ältere Arbeitnehmer. Sie können auch wegen ihrer Unterhaltspflichten sozial besonders schutzwürdig gemäß § 1 Abs. 3 KSchG sein und deshalb zu der Arbeitnehmergruppe gehören, die wegen der erforderlichen Durchführung von Restarbeiten als letzte entlassen wird. Die Vermeidung einer Diskriminierung älterer Arbeitnehmer kann daher kein allgemeingültiges Argument für die Einbeziehung bereits aus dem Betrieb ausgeschiedener Arbeitnehmer in die Sozialplanabänderung sein.

Die durch das BAG entwickelten Grundsätze lassen sich auch auf die Abänderung von Ansprüchen auf betriebliche Altersversorgung aufgrund der Störung der Geschäftsgrundlage übertragen. Auch in diesem Fall lässt sich das Bestehen eines Restmandats zur Anpassung der Ansprüche bereits ausgeschiedener Arbeitnehmer damit begründen, dass die Betriebsvereinbarung über die betriebliche Altersversorgung ausgeschiedene und noch im Betrieb tätige Arbeitnehmer aus Gleichbehandlungsgesichtspunkten gleichermaßen erfassen muss. Wie bei allen Betriebsvereinbarungen mit Dauerwirkung kann jedoch die Anpassung der Altersversorgungsansprüche nur ab dem Zeitpunkt der Geltendmachung der Geschäftsgrundlagenstörung für die Zukunft erfolgen.

---

[585] *Wolff,* Gestaltungsformen, S. 120 f.; *Ohl,* Sozialplan, S. 74-76; so für den Abschluss eines Sozialplans auch *Rumpff/Boewer,* Mitbestimmung, S. 371 f.
[586] *Meyer,* NZA 1995, S. 974, 984.
[587] *Meyer,* NZA 1995, S. 974, 984.

E. Ergebnis

Bei der Anpassung einer Betriebsvereinbarung oder eines Sozialplans wegen der Störung der Geschäftsgrundlage können auch bereits entstandene Ansprüche der Arbeitnehmer für die Zukunft abgeändert werden, wenn ein solcher Eingriff nach den Grundsätzen des Vertrauensschutzes und der Verhältnismäßigkeit gerechtfertigt ist. Kein Vertrauensschutz besteht in Fällen, in denen eine unklare Sach- oder Rechtslage vorlag oder in denen die Arbeitnehmer aus anderen Gründen mit einer Abänderung der Vereinbarung rechnen mussten. Keiner besonderen Rechtfertigung bedarf dagegen die Abänderung von unverfallbaren Anwartschaften und die Abänderung eines Sozialplans, wenn wegen der noch ausstehenden Kündigungen bzw. einer anderweitigen Umsetzung der Betriebsänderung noch keine konkreten Ansprüche auf die Sozialplanabfindungen entstanden sind.

Das Mandat des Betriebsrats zur Abänderung der Betriebsvereinbarung über die Gewährung einer betrieblichen Altersversorgung oder eines Sozialplans erfasst auch die bereits aus dem Betrieb ausgeschiedenen Arbeitnehmer.

6. Teil: Besonderheiten der Störung der Geschäftsgrundlage von Sozialplänen

Gleichermaßen wie beim Abschluss von Betriebsvereinbarungen können die Betriebsparteien auch beim Abschluss von Sozialplänen von bestimmten Umständen oder Vorstellungen ausgehen, die zwar keine inhaltliche Aufnahme in die Vereinbarung gefunden, aber den Vertragsschluss wesentlich beeinflusst haben. Verändern sich die Umstände im Nachhinein oder stellt sich eine bestimmte Vorstellung der Betriebspartner als von Anfang an unzutreffend heraus, so kann die durch den Sozialplan eingegangene Bindung zu einer unzumutbaren Belastung für den Arbeitgeber oder für die Arbeitnehmer werden. Es ist daher zu untersuchen, ob die oben entwickelten Grundsätze für die Anwendung von § 313 BGB auf Betriebsvereinbarungen auch auf Sozialpläne übertragbar sind.

Gemäß § 112 Abs. 1 S. 3 BetrVG haben Sozialpläne die Wirkung von Betriebsvereinbarungen. Die Rechtsprechung und ein Großteil der Literatur leiten aus dieser gesetzlichen Vorschrift her, dass es sich bei Sozialplänen um „Betriebsvereinbarungen besonderer Art“ handelt, auf die die für Betriebsvereinbarungen entwickelten Grundsätze nur entsprechend Anwendung finden[588]. Nach anderer Ansicht sind Sozialplänen dagegen als echte Betriebsvereinbarungen anzusehen[589]. Der Streit um den Rechtscharakter von Sozialplänen bleibt jedoch in der Praxis weitgehend ohne Auswirkungen, weil im Ergebnis Einigkeit darüber besteht, dass die Vorschriften über Betriebsvereinbarungen auf Sozialpläne Anwendung finden, soweit sie mit deren besonderen Zwecksetzungen vereinbar sind[590].

Sozialpläne dienen nach der in § 112 Abs. 1 S. 2 BetrVG geregelten Legaldefinition dem Ausgleich oder der Milderung der wirtschaftlichen Nachteile, die den Arbeitnehmern eines Betriebes aufgrund einer geplanten Betriebsänderung entstehen. Der Abschluss von Sozialplänen, die auf eine konkrete Betriebsänderung bezogen sind, ist gemäß § 112 Abs. 4 BetrVG grundsätzlich vor der Einigungsstelle erzwingbar. Eine gesetzliche Ausnahme legt § 112 a Abs. 1 BetrVG fest, wonach ein Sozialplan im Falle eines reinen Personalabbaus nur erzwungen werden kann, wenn im Verhältnis zur Betriebsgröße ein bestimmter Anteil der Arbeitnehmer entlassen wird. Gemäß § 112 a Abs. 2 BetrVG sind zudem Unternehmensneugründungen in den ersten vier Jahren gänzlich von der Sozialplanpflicht ausgenommen.

---

[588] BAG vom 27.8.1975, AP Nr. 2 zu § 112 BetrVG 1972, BAG vom 29.11.1978, AP Nr. 7 zu § 112 BetrVG; *Kaven,* Sozialplan, S. 124 f. *Hess/Schlochauer/Worzalla/Glock,* BetrVG, § 112 Rn. 46; *v. Hoyningen-Huene,* Betriebsverfassungsrecht, S. 372; *Fitting/Engels/Schmidt/Trebinger/Linsenmaier,* BetrVG, §§ 112, 112 a, Rn. 112.

[589] *Fuchs,* Sozialplan, S. 14 f.; *Ohl,* Sozialplan, S. 66 f.; *Annuß* in: Richardi, BetrVG, § 112, Rn. 171; *Galperin/Löwisch,* BetrVG, § 112 Rn. 47.

[590] Vgl. *Eckert,* AR-Blattei SD, Ziff. 1790, Rn. 87; *Kessen,* Sozialplan, S. 8.

In der Praxis ist neben den erzwingbaren Sozialplänen gemäß §§ 112, 112 a BetrVG auch die Möglichkeit zum Abschluss freiwilliger Sozialpläne anerkannt. Meist haben diese Sozialpläne die Form von Dauer- oder Rahmensozialplänen, die sich nicht auf eine konkrete Betriebsänderung beziehen, sondern allgemeine Grundsätze für das Vorgehen der Betriebsparteien bei zukünftigen Betriebsänderungen festlegen[591]. Auch das BAG hat die Möglichkeit zum Abschluss von vorsorglichen Sozialplänen für Betriebsänderungen anerkannt, die noch nicht konkret geplant sind, mit deren Realisierung aber innerhalb eines überschaubaren Zeitraums zu rechnen ist[592].

A. Anwendbarkeit von § 313 BGB auf Sozialpläne

Die Anwendbarkeit der Grundsätze des Wegfalls und des Fehlens der Geschäftsgrundlage auf Sozialpläne wird heute nicht nur durch das BAG[593], sondern darüber hinaus auch von der herrschenden Ansicht in der Literatur anerkannt[594]. Trotzdem werden von einem Teil der Literaturstimmen Bedenken gegen eine Anwendbarkeit der Störung der Geschäftsgrundlage auf Sozialpläne geäußert.

I. Bedenken aufgrund der Funktion von Sozialplanabfindungen

Die Rechtsprechung und der überwiegende Teil der Literatur haben Sozialplanabfindungen über Jahrzehnte hinweg als Leistungen mit Doppelcharakter betrachtet, denen sowohl die Funktion einer Entlohnung für geleistete Dienste, als auch eine Überbrückungsfunktion für die Zukunft zukomme[595]. Seit Mitte der 90er Jahre ist das BAG jedoch mehr und mehr von seiner ursprünglichen These der Doppelfunktion von Sozialplanleistungen abgewichen. Das Gericht - und diesem folgend inzwischen auch ein erheblicher Teil der Literatur - geht heute von einer ausschließlichen Zukunftsorientierung der Sozialplanabfindungen aus und spricht diesen Leistungen einen Entlohnungscharakter für die Vergangen-

---

591 *Wolff,* Gestaltungsformen, S. 44-52; *Birk,* ZfA 1986, S. 73, 89-92; *Vogt,* Sozialpläne, S. 77 f.; *Rumpff/Boewer,* Mitbestimmung, S. 379 f.

592 BAG vom 26.8.1997, AP Nr. 112 zu § 112 BetrVG 1986; BAG vom 19.9.1999, AP Nr. 37 zu § 113 BetrVG 1972.

593 So BAG vom 10.8.1994, AP Nr. 86 zu § 112 BetrVG 1972; BAG vom 28.8.1996, AP Nr. 104 zu § 112 BetrVG 1972; BAG vom 5.10.2000, AP Nr. 141 zu § 112 BetrVG 1972.

594 *Kessen,* Sozialplan, S. 192; *Rumpff/Boewer,* Mitbestimmung, S. 370; *Willemsen/Tiesler,* Interessenausgleich, Rn. 321-324; *Wolff,* Gestaltungsformen, S. 140 f.; *Meyer,* Abänderung, S. 68 f.; *Fitting/Engels/Schmidt/Trebinger/Linsenmaier,* BetrVG, § 112, 112 a Rn. 207-211; *Fabricius/Oetker* in: GK-BetrVG, §§ 112, 112a Rn.174-182; a. A jedoch noch *Naendrup,* AuR 1984, S. 193, 202.

595 Grundlegend: BAG GS vom 13.12.1978, AP Nr. 6 zu § 112 BetrVG; *Fabricius/Oetker* in: GK-BetrVG, §§ 112, 112 a, Rn. 98-100; *Richardi,* Sozialplan, S. 14 f. 102.

heit ab[596]. Damit haben sich Rechtsprechung und herrschende Literatur wieder an eine ältere Literaturmeinung angenähert, die die Sozialplanleistungen bereits früher als Leistungen mit einer rein zukunftgerichteten Überbrückungsfunktion betrachtete[597].

Aus der zukunftsorientierten Überbrückungsfunktion von Sozialplanabfindungen leitet eine Minderansicht in der Literatur Bedenken gegen die Anwendbarkeit der Störung der Geschäftsgrundlage auf Sozialpläne her[598]. Wenn Sozialplanleistungen keine Entgelt- sondern eine reine Überbrückungsfunktion für die Zukunft hätten, fehle es an einem Äquivalenzverhältnis zwischen der Sozialplanabfindung zu einer Gegenleistung der Arbeitnehmer, so dass die Äquivalenzstörung eines Sozialplans als üblichster Fall der Störung der Geschäftsgrundlage ausscheiden müsse[599].

Im Hinblick auf diese Kritik erscheint es zunächst erforderlich, die Ansicht der Rechtsprechung zu hinterfragen, die Sozialplanabfindungen nur eine Überbrückungsfunktion für die Zukunft zubilligen will. Wäre es richtig, dass Sozialplanabfindungen sich nicht auf die in der Vergangenheit geleisteten Dienste der Arbeitnehmer beziehen, dürfte sich auch die Höhe der Sozialplanabfindungen nicht nach der Dauer der Betriebszugehörigkeit der Arbeitnehmer bemessen. Die in der Praxis am häufigsten verwendeten Berechnungsmethoden sehen jedoch die Betriebszugehörigkeit neben dem Alter des Arbeitnehmers als einen der wesentlichen Faktoren für die Bemessung der Höhe der Sozialplanleistungen an[600]. Berechtigt erscheint zudem auch die durch *v. Hoyningen-Huene* aufgeworfene Frage, warum der Arbeitgeber überhaupt zur Zahlung von Sozialplanabfindungen verpflichtet sei, wenn Sozialplanleistungen mit der in der Vergangenheit für den Arbeitgeber geleisteten Arbeit gar nicht in Verbindung stünden. Die Zukunftsvorsorge sei schließlich von den Sozialversicherungsbeiträgen gedeckt, von denen der Arbeitgeber einen erheblichen Anteil zahle[601]. Nach hier vertretener Ansicht sprechen daher gewichtige Argumente dafür, dass Sozialplanabfindungen nicht nur eine Überbrückungsfunktion für die Zukunft, sondern gleichzeitig auch Entgeltcharakter für erbrachte Leistungen haben.

---

596 BAG vom 30.10.2001, AP Nr. 145 zu § 112 BetrVG 1972; so auch schon BAG vom 9.11.1994, AP Nr. 85 zu § 112 BetrVG 1972; BAG vom 10.8.1994, AP Nr. 86 zu § 112 BetrVG 1972; *Knorr,* Widerstreit, § 6, Rn. 23; *Kessen,* Sozialplan, S. 56; *Rumpf/Boewer,* Mitbestimmung, S. 364; *Fitting/Engels/Schmidt/Trebinger/Linsenmaier,* BetrVG, §§ 112, 112 a, Rn. 101, *Annuß* in: Richardi, BetrVG, § 112, Rn. 55.

597 *Hanau,* ZfA 1974, S. 98, 102; *Beuthien,* ZfA 1982, S. 181, 202 f.

598 Vgl. hierzu *Eckert,* AR-Blattei SD, Ziff. 1790, Rn. 88; *Winderlich,* BB 1994, S. 2483, 2485.

599 *Winderlich,* BB 1994, S. 2483, 2485.

600 Vgl. die Berechnungsmethoden bei *Hase/Neumann-Cosel/Rupp,* Handbuch Interessenausgleich, S. 284-290 und *Röder/Baeck,* Interessenausgleich, S. 123 und 159.

601 Anm. *von Hoyningen-Huene* zu BAG vom 30.10.2001, AP Nr. 45 zu § 112 BetrVG 1972.

Selbst wenn man jedoch Sozialplanleistungen mit der neueren Rechtsprechung als rein zukunftsorientierte Leistungen ansieht, spricht dies nicht gegen die Anwendung von § 313 BGB auf Sozialpläne. Zwar lässt sich das Vorliegen einer Störung der Geschäftsgrundlage nicht einfach durch das Verhältnis der Geldleistung des Arbeitgebers zu einer konkreten Arbeitsleistung ermitteln. Die Kalkulation der Sozialplanabfindungen erfolgt jedoch gemäß § 112 Abs. 1 S. 2 BetrVG zum Ausgleich der von den Arbeitnehmern zu erwartenden wirtschaftlichen Nachteile der Arbeitnehmer. Die Sozialplanleistungen dienen also einem konkreten Zweck, der gestört sein kann, wenn sich der von den Betriebsparteien vorausgesetzte Geldwert so erheblich ändert, dass die zu erwartenden Nachteile nicht mehr im vorausgesetzten Umfang ausglichen werden können. Auch wenn man Sozialplanabfindungen als rein zukunftbezogen ansieht, können daher Schwankungen des Geldwerts zur Störung der Geschäftsgrundlage eines Sozialplans führen.

Im Ergebnis steht daher der von der Rechtsprechung angenommene rein zukunftsorientierte Charakter von Sozialplanleistungen der Anwendbarkeit von § 313 BGB auf Sozialpläne nicht entgegen.

II. Bedenken aufgrund des Verhältnisses zur Kündigung von Sozialplänen

Bedenken gegen eine Anwendung von § 313 BGB auf Sozialpläne lassen sich - gleichermaßen wie bei Betriebsvereinbarungen - auch mit dem Verhältnis der Störung der Geschäftsgrundlage zu den gesetzlichen Regelungen über die ordentliche und die außerordentliche Kündigung begründen.

In der Rechtsprechung und Literatur wird die ordentliche Kündigung eines Sozialplans gemäß § 112 Abs. 1 S. 4 BetrVG in Verbindung mit § 77 Abs. 5 BetrVG grundsätzlich nur für zulässig erachtet, wenn der zu kündigende Sozialplan Regelungen mit Dauerwirkung enthält[602], oder eine solche Kündigungsmöglichkeit ausdrücklich vereinbart worden ist[603]. Abgelehnt wird die ordentliche Kündigungsmöglichkeit eines Sozialplans dagegen, wenn es sich bei dem zu kündi-

[602] BAG vom 10.8.1994, AP Nr. 86 zu § 112 BetrVG 1972; *Willemsen/Tiesler*, Interessenausgleich, Rn. 321; *Winderlich*, BB 1994, S. 2483 f.; *Hanau/Kania* in: Erfurter Kommentar, § 112 BetrVG, Rn. 39; für einen Ausschluss der ordentlichen Kündigung auch bei Sozialplänen mit Dauerwirkung dagegen *Annuß* in: Richardi, BetrVG, § 112 Rn. 185.

[603] BAG vom 10.8.1004, AP Nr. 86 zu § 112 BetrVG 1972; *Fabricius/Oetker* in: GK-BetrVG, §§ 112, 112 a, Rn. 164; *Fitting/Engels/Schmidt/Trebinger/Linsenmaier*, BetrVG, §§ 112, 112 a, Rn. 206.

genden Sozialplan um einen auf eine konkrete Betriebsänderung bezogenen, erzwingbaren Sozialplan ohne Dauerwirkung handelt[604].

In den Fällen, in denen nach herrschender Ansicht die Möglichkeit zur ordentlichen Kündigung eines Sozialplans besteht, will *Winderlich* einen Rückgriff auf die Störung der Geschäftsgrundlage ausschließen[605]. Die gesetzliche Kündigungsregelung des § 77 Abs. 5 BetrVG diene dazu, „den Betriebspartnern deutlich zu machen, wann die Wirkungen des Sozialplans enden“[606]. Sei eine ordentliche Kündigungsmöglichkeit sogar ausdrücklich vereinbart worden, könne die durch die Vereinbarung des Kündigungsrechts entstandene Vertragsbindung der Betriebsparteien nicht durch einen Rückgriff auf die Störung der Geschäftsgrundlage umgangen werden[607]. Auch müssten sich die Arbeitnehmer auf die gesetzlichen Kündigungsfristen verlassen können, um beurteilen zu können, ob ihnen aus dem Sozialplan eine Abfindung zustehe, die möglicherweise die Erhebung einer Kündigungsschutzklage überflüssig mache. Aus Rechtssicherheitsgründen sei daher ein Rückgriff auf die Störung der Geschäftsgrundlage nicht eröffnet, wenn die Möglichkeit zur ordentlichen Kündigung des Sozialplans bestehe[608].

Gegen die von *Winderlich* vertretene Ansicht lässt sich jedoch einwenden, dass die Störung der Geschäftsgrundlage vorrangig zu einer Anpassung der Vereinbarung an die geänderten Umstände führt, während die ordentliche Kündigung die Lösung vom Vertrag bewirkt, ohne dass hierfür ein Kündigungsgrund vorliegen muss. Würde man annehmen, dass das Recht zur ordentlichen Kündigung eines Sozialplans die Anwendung von § 313 BGB ausschließt, so würde der Tatsache keine Rechnung gezollt, dass die Störung der Geschäftsgrundlage im Gegensatz zur ordentlichen Kündigung einen besonderen Grund für die Lösung vom Vertrag erfordert. Auch die gegenüber einer Vertragsbeendigung durch Kündigung viel weniger einschneidende Rechtsfolge der Vertragsanpassung würde keinerlei Bedeutung erlangen. Richtigerweise verdrängt daher die Möglichkeit der ordentlichen Kündigung eines Sozialplans § 313 BGB weder auf Tatbestands- noch auf Rechtsfolgenebene.

Zudem wird die Möglichkeit zum Rückgriff auf die Störung der Geschäftsgrundlage auch nicht durch das Recht zur außerordentlichen Kündigung eines Sozialplans gemäß § 314 BGB verdrängt. Die Mehrzahl der Literaturstimmen lehnt bereits das Bestehen eines außerordentlichen Kündigungsrechts von Sozi-

---

[604] BAG vom 10.8.1994, AP Nr. 84 zu § 112 BetrVG 1972; *Fitting/Engels/Schmidt/Trebinger/Linsenmaier*, BetrVG, § 112, 112 a, Rn. 206.

[605] *Winderlich*, BB 1994, S. 2483, 2484; kritisch gegenüber der Ansicht von *Winderlich* äußert sich auch *Eckert*, AR-Blattei SD, Ziff. 1790, Rn. 90.

[606] *Winderlich*, BB 1994, S. 2483, 2484.

[607] *Winderlich*, BB 1994, S. 2483, 2484.

[608] Winderlich, ebenda.

alplänen ab, falls es sich nicht ausnahmsweise um einen Sozialplan mit Dauerwirkung handelt[609]. Das BAG hat dagegen bisher die Frage nach der außerordentlichen Kündbarkeit eines erzwingbaren Sozialplans ausdrücklich offen gelassen[610]. Unabhängig davon, ob man nur Sozialpläne mit Dauerwirkung oder auch einzelfallbezogene Sozialpläne für kündbar hält, kann jedoch das außerordentliche Kündigungsrecht den Rückgriff auf § 313 BGB nicht ausschließen, weil die Störung der Geschäftsgrundlage aufgrund ihrer besonderen, flexiblen Rechtsfolge der Vertragsanpassung einen eigenständigen Anwendungsbereich neben § 314 BGB hat[611].

III. Bedenken aufgrund des Nachteilsausgleichs gemäß § 113 BetrVG

Schließlich wird gegen eine Anwendbarkeit der Störung der Geschäftsgrundlage auf Sozialpläne eingewandt, dass das BetrVG für die Fälle des Abweichens von einem geplanten Interessenausgleich eine abschließende Sonderregelung in Form des Nachteilsausgleiches gemäß § 113 BetrVG enthalte. Weil der Gesetzgeber dagegen die Abweichung von einem Sozialplan nicht geregelt habe, müsse bei Änderungen der dem Sozialplan zugrunde liegenden Umstände ein Rückgriff auf die Störung der Geschäftsgrundlage ausgeschlossen sein[612].

Betrachtet man allerdings die gesetzliche Regelung über den Nachteilsausgleich in § 113 BetrVG genauer, so erscheint es rechtssystematisch unzutreffend, aus dem Nachteilsausgleichs auf die Unzulässigkeit einer Anwendung von § 313 BGB auf Sozialpläne zu schließen. § 113 BetrVG bezieht sich inhaltlich nicht auf den Sozialplan, sondern auf den Interessenausgleich gemäß § 112 Abs. 1 S. 1 BetrVG. Bei einem Interessenausgleich handelt es sich um eine Einigung der Betriebsparteien darüber, ob, wann und in welcher Form die geplante Betriebsänderung durchgeführt werden soll[613]. Zwar werden in der Praxis Interessenausgleich und Sozialplan oft in einer einheitlichen Vereinbarung zusammengefasst, es handelt sich jedoch um verschiedene Rechtsinstitute. Der Interessenausgleich ist nicht auf finanziellen Ausgleich, sondern auf eine Einigung über die Umstände der Durchführung der Betriebsänderung gerichtet. Nur wenn der Arbeitgeber einen Interessenausgleich gar nicht versucht oder im Nachhi-

---

609 *Fitting/Engels/Schmidt/Trebinger/Linsenmaier;* BetrVG, §§ 112, 112 a, Rn. 207; *Fabricius/Oetker* in: GK-BetrVG, §§ 112, 112 a, Rn. 170-173; *Däubler* in: Däubler/Kittner/Klebe, BetrVG, §§ 112, 112 a, Rn. 136.

610 BAG vom 10.8.1994, AP Nr. 86 zu § 112 BetrVG 1972.

611 So auch BAG vom 10.8.1994, AP Nr. 86 zu § 112 BetrVG 1972, unter II. 3. c) aa) der Gründe.

612 So noch *Fabricius* in: GK-BetrVG, 6. Aufl., §113 Rn. 10, der § 113 BetrVG als gesetzliche Verankerung des Wegfalls der Geschäftsgrundlage betrachtet. Zu dieser Problematik auch *Eckert,* AR-Blattei SD, Ziff. 1790, Rn. 91, sowie *Kessen,* Sozialplan, S. 180-182.

613 *Fitting/Engels/Schmidt/Trebinger/Linsenmaier,* BetrVG, § 112, 112 a, Rn. 11; *Fabricius/Oetker* in: GK-BetrVG, §§ 112, 112 a, Rn. 6.

nein ohne zwingenden Grund von dem Interessenausgleich über die geplante Betriebsänderung abweicht, so greift § 113 BetrVG ein, wonach die Arbeitnehmer vor dem Arbeitsgericht Klage auf Zahlung eines Nachteilsausgleichs erheben können[614]. Der Abschluss eines Sozialplanes ist dagegen gemäß § 112 Abs. 4 BetrVG auf den Ausgleich der durch die geplante Betriebsänderung entstehenden Nachteile gerichtet.

Daneben hat der Nachteilsausgleich gemäß § 113 BetrVG auch einen wesentlich beschränkteren Anwendungsbereich als die Störung der Geschäftsgrundlage eines Sozialplans gemäß § 313 BGB. § 113 BetrVG greift nur ein, wenn ein Interessenausgleich nicht versucht wurde oder die Betriebsänderung nicht wie im Interessenausgleich vereinbart durchgeführt wird. Dagegen kommt der Rückgriff auf die Störung der Geschäftsgrundlage eines Sozialplans nicht nur in Betracht, wenn sich die geplante Betriebsänderung und die von den Arbeitnehmern zu erwartenden wirtschaftlichen Nachteile geändert haben, sondern auch in allen anderen klassischen Fallgruppen der Störung der Geschäftsgrundlage[615]. Der Anwendungsbereich von § 313 BGB auf Sozialpläne ist daher wesentlich weiter als der Anwendungsbereich von § 113 BetrVG.

Im Ergebnis steht daher auch die gesetzliche Regelung über den Nachteilsausgleich gemäß § 113 BetrVG einer Anwendbarkeit der Störung der Geschäftsgrundlage auf Sozialpläne nicht entgegen.

B. Tatbestand der Störung der Geschäftsgrundlage von Sozialplänen

Die für die Anwendbarkeit der tatbestandlichen Voraussetzungen von § BGB auf Betriebsvereinbarungen geltenden Besonderheiten lassen sich auch auf Sozialpläne übertragen.

I. Voraussetzungen

Auch die Geschäftsgrundlage eines Sozialplans kann sowohl durch bestimmte objektive Umstände als auch durch bestimmte subjektive Vorstellungen der Betriebsparteien gebildet werden. Wie bei Betriebsvereinbarungen bestimmt sich zudem das Tatbestandsmerkmal der Unzumutbarkeit des Festhaltens an einem Sozialplan nicht im Verhältnis der Betriebsparteien zueinander, sondern es treten wegen der normativen Wirkung des Sozialplans anstelle der Interessen des Betriebsrats die Interessen der durch den Betriebsrat vertretenen Arbeitnehmer.

---

[614] Fitting/Engels/Schmidt/Trebinger/Linsenmaier, BetrVG, § 113, Rn. 2.

[615] Vgl. zu den Fallgruppen der Störung der Geschäftsgrundlage von Sozialplänen die Ausführungen unten unter B II.

Obwohl alle erzwingbaren Sozialplänen gemäß §§ 112, 112 a BetrVG bereits von Gesetzes wegen stets demselben Zweck, nämlich der Schaffung eines Ausgleichs der Nachteile dienen, die die Arbeitnehmer durch die Betriebsänderung zu erwarten haben, lässt sich doch kein einheitlicher Maßstab anlegen, um zu bestimmen, in welchen Fällen die Voraussetzungen einer Störung der Geschäftsgrundlage eines Sozialplans erfüllt sind. Weil es stets darauf ankommt, welche Umstände die Betriebsparteien zur Geschäftsgrundlage gemacht haben, welcher Art die eingetretene Störung ist und in welchem Umfang die Interessen der Parteien betroffen sind, handelt es sich bei jedem zu entscheidenden Fall um einen Einzelfall.

II. Fallgruppen der Störung der Geschäftsgrundlage von Sozialplänen

Hilfreich für die Prüfung der Störung der Geschäftsgrundlage eines Sozialplans ist ähnlich wie bei Betriebsvereinbarungen die Möglichkeit des Rückgriffs auf die bisher von der Rechtsprechung entwickelten Fallgruppen.

1. Abweichen von einer geplanten Betriebsänderung

Erzwingbare Sozialpläne gemäß §§ 112, 112 a BetrVG werden stets im Hinblick auf eine bestimmte geplante Betriebsänderung abgeschlossen. Gemäß § 111 S. 3 Nr. 1-5 BetrVG umfasst der Begriff der Betriebsänderung unter anderem die Betriebseinschränkung- und Stilllegung, die Betriebsverlegung, den Zusammenschluss oder die Spaltung von Betrieben, die grundsätzliche Änderung der Betriebsorganisation sowie die Einführung neuer Arbeitsmethoden. Jede Betriebsänderung zieht bestimmte Nachteile für die Arbeitnehmer nach sich, die durch den Sozialplan ausgeglichen werden sollen. So hat zum Beispiel eine Stilllegung des gesamten Betriebs gemäß § 111 S. 3 Nr. 1 BetrVG für die Arbeitnehmer den Verlust der Arbeitsplätze zur Folge, während eine Verlegung des Betriebs an einen anderen Standort gemäß § 111 S. 3 Nr. 2 BetrVG längere Fahrwege oder einen Umzug nach sich zieht. Wird von der geplanten Betriebsänderung abgewichen, kann es daher zu einer Störung des besonderen gesetzlichen Zweckes von Sozialplänen kommen, die durch die Betriebsänderung zu entstehenden wirtschaftlichen Nachteile auszugleichen.

a. Nicht durchgeführte Betriebsänderungen

Entscheidet sich der Arbeitgeber nach dem Abschluss eines Sozialplans, aber vor der Umsetzung der geplanten Betriebsänderung dafür, vollständig auf die geplante Betriebsänderung zu verzichten, so entfallen die Nachteile, deren Ausgleich oder Milderung der Sozialplan bezweckt. Da es sich bei der „geplanten Betriebsänderung“ um eine gesetzliche Voraussetzung für den Abschluss eines erzwingbaren Sozialplans handelt, entfällt zudem bereits das wesentliche gesetzliche Tatbestandsmerkmal für die Sozialplanpflicht. Der Sozialplan wird gegenstandslos, so dass sich ein Rückgriff auf die Grundsätze der Störung der Geschäftsgrundlage erübrigt[616].

Anders ist die Rechtslage jedoch zu beurteilen, wenn der Arbeitnehmer die Betriebsänderung schon - beispielsweise durch den Ausspruch von Kündigungen - eingeleitet hat, bevor er dazu bewogen wird, die Betriebsänderung aufzugeben. Die Kündigungen der Arbeitsverhältnisse können nämlich nach ihrem Ausspruch nicht mehr einseitig durch den Arbeitgeber zurückgenommen werden, sondern zur Fortführung jedes einzelnen Arbeitsverhältnisses ist ein Angebot des Arbeitgebers auf Vertragsfortsetzung sowie eine Annahme des Angebots durch den Arbeitnehmer erforderlich[617]. Zudem sind auf kollektivrechtlicher Ebene mit dem Ausspruch der Kündigungen gleichzeitig auch die Ansprüche der Arbeitnehmer auf die Sozialplanabfindungen bereits entstanden[618]. Der Sozialplan kann sich daher nicht mehr durch Entfallen seiner gesetzlichen Tatbestandsvoraussetzungen erledigen.

Das BAG hatte über den Sachverhalt der Aufgabe einer geplanten Betriebsänderung in einem Beschluss aus dem Jahre 1996 zu entscheiden[619]. Ein Arbeitgeber hatte in diesem Fall nach Einleitung einer Betriebsstilllegung und dem Ausspruch von Kündigungen gegenüber den Arbeitnehmern das überraschende Angebot eines Dritten zur Übernahme des Betriebes und des gesamten Personals erhalten und angenommen. Der Betriebsübernehmer hatte daraufhin den gekündigten Arbeitnehmern ein Angebot zur Fortsetzung der Arbeitsverhältnisse gemacht. Ein Betriebsübergang gemäß § 613 a BGB ist nach zutreffender Ansicht keine Betriebsänderung im Sinne von § 111 BetrVG, weil sowohl der Betrieb als auch dessen innere Struktur erhalten bleiben[620]. Bei dem der Entscheidung des BAG zugrunde liegenden Sachverhalt handelt es sich demnach um die Aufgabe einer Betriebsänderung, die durch das nachträgliche Übernahmeangebot des Dritten ausgelöst wurde. Das BAG hatte in diesem Fall entschieden, durch den Betriebsübergang an den Übernehmer sei nicht der Sozialplan als solcher, sondern allein dessen Geschäftsgrundlage entfallen. Die volle Zahlung der allein auf den Fall eines Arbeitsplatzverlustes bezogenen Sozialplanabfindungen sei dem Arbeitgeber nicht zuzumuten, da er durch die Annahme des Übernahmean-

---

616 *Winderlich,* BB 1994, S. 2483, 2485; *Fischer,* AuA 1999, S. 258.

617 *Fischer,* NZA 1999, S. 459; 463; allgemein zur Kündigungsrücknahme auch BAG vom 29.1.1989, DB 1981, 2438; *Stahlhacke/Preis/Vossen,* Kündigungsschutz, Rn. 121-132.

618 BAG vom 13.12.1994, DB 1996, 433; BAG vom 28.8.1996, AP Nr. 104 zu § 112 BetrVG 1972; so auch *Fitting/Engels/Schmidt/Trebinger/Linsenmaier,* BetrVG, §§ 112, 112 a, Rn. 181; *Wolff,* Gestaltungsformen, S. 108 f.

619 BAG vom 28.8.1996, AP Nr. 104 zu § 112 BetrVG 1972; zustimmend auch *Römer,* Outsourcing, S. 236.

620 *Fitting/Engels/Schmidt/Trebinger/Linsenmaier,* BetrVG, § 111, Rn. 50; *Annuß* in: Richardi, BetrVG, § 111, Rn. 124-126; *Rumpff/Boewer,* Mitbestimmung, S. 292.

gebotes alles ihm mögliche getan habe, um den Arbeitnehmern ihren Arbeitsplatz trotz der zunächst ausgesprochenen Kündigungen zu erhalten[621].

Tatsächlich ist den Arbeitnehmern, die das Änderungsangebot des Betriebsübernehmers angenommen haben, der wirtschaftliche Nachteil des Arbeitsplatzverlustes nicht entstanden. Eine Anpassung oder sogar eine Beendigung des Sozialplans durch einen Rückgriff auf die Störung der Geschäftsgrundlage erscheint daher für die vorliegende Fallgestaltung richtig. So hatte in dem durch das BAG zu entscheidenden Fall der Betriebsrat einer Reduzierung der vereinbarten Sozialplanabfindungen auf 50% der ursprünglichen Summe in Bezug auf die Arbeitnehmer zugestimmt, die das Weiterbeschäftigungsangebot des Betriebsübernehmers angenommen hatte[622].

Im Ergebnis ist daher bei Nichtdurchführung einer geplanten Betriebsänderung zu differenzieren: Fasst der Arbeitgeber den Entschluss zur Aufgabe der Betriebsänderung, bevor er mit deren Durchführung überhaupt begonnen hat, wird der Sozialplan bereits wegen des Fehlens des Tatbestandsmerkmals einer „geplanten Betriebsänderung" gegenstandslos. Trifft der Arbeitgeber die Entscheidung zur Nichtdurchführung der Betriebsänderung dagegen erst, wenn die Betriebsänderung bereits durch den Ausspruch von Kündigungen eingeleitet worden ist, so können die tatbestandlichen Voraussetzungen der Sozialplanpflicht im Regelfall nicht mehr im Nachhinein entfallen. Es ist dann eine Lösung vom Sozialplan nach den Grundsätzen der Störung der Geschäftsgrundlage möglich, weil sich die Vorstellung der Betriebsparteien, die Betriebsänderung werde durchgeführt werden, im Nachhinein als falsch herausgestellt hat.

b. Anders als beabsichtigt durchgeführte Betriebsänderungen

Verzögern sich die Pläne des Arbeitgebers durch äußere oder innerbetriebliche Ursachen, so kann es zu einer verspäteten Durchführung der geplanten Betriebsänderung kommen. Durch eine verspätete, aber ansonsten planmäßige Durchführung der Betriebsänderung entfallen jedoch grundsätzlich nicht die konkreten Nachteile, die die Arbeitnehmer durch die Betriebsänderung zu erwarten haben. Führt die Betriebsänderung beispielsweise zu einem Arbeitsplatzverlust, so verändert sich der hierdurch entstehende wirtschaftliche Nachteil der Arbeitgeber durch die zeitliche Verzögerung nicht. Die verspätete Durchführung der Betriebsänderung ist daher im Regelfall nicht ausreichend, um die Voraussetzungen einer Störung der Geschäftsgrundlage zu erfüllen[623].

---

[621] BAG vom 28.8.1996, AP Nr. 104 zu § 112 BetrVG 1972; für eine Lösung über den Wegfall der Geschäftsgrundlage auch *Neef/Schrader*, NZA 1998, S. 804, 808.
[622] BAG vom 28.8.1996, AP Nr. 104 zu § 112 BetrVG 1972, unter II 4 der Gründe
[623] *Winderlich*, BB 1994, S. 2483, 2484.

Die von den Arbeitnehmern zu erwartenden Nachteile können sich jedoch verändern, wenn die Betriebsänderung nicht so durchgeführt wird, wie dies bei Abschluss des Sozialplans vorgesehen war. So kann die ursprünglich geplante Betriebsänderung im Nachhinein in ihrem Umfang verändert werden wenn eine größere Anzahl von Arbeitnehmern in die geplante Teilstilllegung des Betriebes mit einbezogen oder anstatt eines bloßen Personalabbaus der gesamte Betrieb stillgelegt wird. Auch ist es möglich, dass eine Verlegung des Betriebs an einen anderen als den ursprünglich vorgesehenen Ort erfolgt.

So hatte das BAG zum Beispiel im Jahre 1981 über einen Sachverhalt zu entscheiden, in dem zunächst die Sanierung eines Unternehmens durch Schließung mehrer Filialen beschlossen und aufgrund dessen ein Sozialplan abgeschlossen worden war[624]. Bereits während der Durchführung der Schließung der Filialen erwies sich jedoch, dass eine Vollstilllegung des gesamten Unternehmens erfolgen musste, so dass die Betriebsparteien einen weiteren Sozialplan abschlossen, der für die von der endgültigen Schließung betroffenen Arbeitnehmer höhere Abfindungen vorsah. Das BAG entschied zugunsten der Kläger, vierer vom ersten Sozialplan erfasster Arbeitnehmer, dass die vom ersten Sozialplan erfassten Arbeitnehmer aus Gründen von Recht und Billigkeit gemäß § 75 BetrVG in den zweiten Sozialplan einbezogen werden müssten.

Wie allerdings *Kessen*[625] zutreffend feststellt, handelt es sich bei der vorliegenden Fallgestaltung aus kollektivrechtlicher Sicht um einen Fall der Störung der Geschäftsgrundlage. Bereits während der Durchführung der Teilstilllegung hatte der Arbeitgeber den Entschluss gefasst, die Teilstilllegung zur Vollstilllegung auszuweiten. Damit entfiel nicht die Betriebsänderung als solche, sondern sie wurde nur ausgeweitet, so dass sich die beim Abschluss des Sozialplans bestehenden Vorstellungen der Betriebsparteien im Nachhinein geändert hatten. Wird die einem Sozialplan zugrunde liegende Betriebsänderung nach ihrer Einleitung im Nachhinein in ihrem Umfang verändert, so bleibt grundsätzlich die Betriebsänderung als die wichtigste gesetzliche Tatbestandsvoraussetzung der Sozialplanpflicht bestehen. Der veränderte Umfang einer solchen Betriebsänderung führt aber dazu, dass die dem Sozialplan zugrunde gelegten Vorstellungen über die Betriebsänderung nicht mehr den tatsächlichen Umständen entsprechen, so dass die Voraussetzungen von § 313 BGB vorliegen. Allerdings erfolgt in der Praxis eine Anpassung des Sozialplans für die von der erweiterten Betriebsänderung betroffenen Arbeitnehmer meist bereits auf freiwilliger Basis, um die Gleichbehandlung aller von der nunmehr erweiterten Betriebsänderung betroffenen Arbeitnehmer zu garantieren.

---

[624] BAG vom 9.12.1981, AP Nr. 14 zu § 112 BetrVG1972.
[625] *Kessen*, Sozialplan, S. 196 f.

Die oben entwickelten Grundsätze können allerdings in zwei Fallgestaltungen keine Anwendung finden. Das ist zum einen der Fall, wenn nicht eine anders als beabsichtigte Durchführung einer Betriebsänderung vorliegt, sondern der Arbeitgeber zuerst die ursprünglich beabsichtigte und noch nicht eingeleitete Betriebsänderung gänzlich aufgibt, und dann später eine neue Betriebsänderung in Angriff nimmt. In diesem Fall wird der alte Sozialplan wegen des Entfallens der Betriebsänderung gegenstandslos und es entsteht mit der späteren Planung einer neuen Betriebsänderung ein neues Mitbestimmungsrecht des Betriebsrats aus §§ 112, 112 a BetrVG. Zum anderen ist ein Rückgriff auf die Störung auf die Geschäftsgrundlage auch nicht erforderlich, wenn die Änderung der ursprünglichen Betriebsvereinbarung die Voraussetzungen für die Sozialplanpflicht vollständig entfallen lässt, weil die gesetzlichen Grenzen eines sozialplanpflichtigen Personalabbaus nicht mehr erreicht werden. Werden beispielsweise in einem Betrieb mit mindestens 60 und weniger als 250 Arbeitnehmern - anders als ursprünglich beabsichtigt – weniger als 20 % oder weniger als 37 der regelmäßig beschäftigten Arbeitnehmer entlassen, so entfällt nachträglich das Mitbestimmungsrecht des Betriebsrats bei einem Personalabbau gemäß § 112 a Abs. 1 Nr. 2 BetrVG. Zutreffenderweise muss der Sozialplan in diesem Fall bereits von Gesetzes wegen entfallen, weil ansonsten die Regelung des § 112 a BetrVG unterlaufen würde, nach der unterhalb der gesetzlich festgelegten Grenzen gerade keine Sozialplanpflicht besteht. Allerdings können die Betriebsparteien Neuverhandlungen über einen freiwilligen Sozialplan aufnehmen.

Eine anders als beabsichtigt durchgeführte Betriebsänderung führt daher im Ergebnis zu einer Störung der Geschäftsgrundlage des Sozialplans, wenn eine Betriebsänderung nach ihrer Einleitung erweitert oder in ihrem Umfang verringert wird. Ein Rückgriff auf § 313 BGB erübrigt sich dagegen, wenn der Arbeitgeber die ursprüngliche Betriebsänderung bereits vor Beginn ihrer Umsetzung vollständig aufgibt und später eine neue Betriebsänderung plant oder wenn die Sozialplanpflicht gemäß § 112 a BetrVG durch eine Verringerung des Umfangs des ursprünglich geplanten Personalabbaus nachträglich entfällt.

2. Äquivalenzstörungen

Auch bei Sozialplänen kann - trotz des von der neueren Rechtsprechung vertretenen reinen Überbrückungscharakters von Sozialplanleistungen[626] - eine Veränderung des Geldwerts zu einer Störung der Geschäftsgrundlage führen, weil der Überbrückungszweck der Sozialplanabfindungen durch eine Hyperinflation vereitelt werden kann oder es umgekehrt durch eine Erhöhung des Geldwerts unerwarteten zu Belastungen des Arbeitgebers kommt. Allerdings spielt die Äquivalenzstörung in der Praxis grundsätzlich keine Rolle. Die Auszahlung der Sozialplanabfindungen erfolgt meist in recht engem zeitlichem Abstand zum

[626] Vgl. die Ausführungen in diesem Teil oben unter A. I.

Abschluss des Sozialplans, in dem sich der Geldwert nicht wesentlich verändern kann.

3. Irrtümer über die Sozialplanfinanzierung

Wesentlich größere Bedeutung als Veränderungen des Geldwerts haben dagegen für § 313 BGB die konkreten Vorstellungen der Betriebsparteien über den finanziellen Rahmen eines Sozialplans. So verständigen sich Betriebsrat und Arbeitgeber beim Abschluss eines Sozialplans oft darüber, welches finanzielle Gesamtvolumen dem Arbeitgeber zur Finanzierung der Sozialplanabfindungen zur Verfügung steht. Wird den Verhandlungen der Betriebsparteien ein bestimmter Dotierungsrahmen für die Sozialplanleistungen zugrunde gelegt, so handelt es sich daher um die subjektive Geschäftsgrundlage des Sozialplans im Sinne von § 313 Abs. 2 BGB. Auch die Rechtsprechung und Literatur sind übereinstimmend der Ansicht, dass die irrige Vorstellung der Betriebsparteien über die für die Finanzierung eines Sozialplans insgesamt zur Verfügung stehende Finanzmasse eine Störung der Geschäftsgrundlage des Sozialplans begründen kann[627].

Denkbar ist ein Irrtum über die Sozialplanfinanzierung zudem auch im Zusammenhang mit der gesetzlichen Regelung in § 112 Abs. 5 Nr. 2 a BetrVG. Nach dieser Vorschrift sind bei der Entscheidung der Einigungsstelle über den Sozialplan die im SGB III vorgesehenen Förderungsmöglichkeiten zur Vermeidung von Arbeitslosigkeit zu beachten. Zu diesen Förderungsmöglichkeiten gehören die in § 216 a SGB III geregelten Leistungen zur Förderung der Teilnahme an Transfermaßnahmen und das Transferkurzarbeitergeld gemäß § 216 b SGB. Irren sich jedoch die Betriebsparteien oder die Einigungsstelle über die Förderungsfähigkeit des Sozialplans nach den Förderungsmöglichkeiten des SGB III, so kann die Geschäftsgrundlage des Sozialplans entfallen.

4. Eingriffe von hoher Hand

Die Geschäftsgrundlage eines Sozialplans kann auch durch Änderungen von Gesetzen oder andere hoheitliche Eingriffe entfallen.

In der Literatur wird vor allem der der Entscheidung BAG vom 10.8.1994[628] zugrunde liegende Sachverhalt als Beispiel für einen Eingriff von hoher Hand in die Geschäftsgrundlage eines Sozialplans genannt[629]. Wie schon erörtert, hatten die Betriebsparteien in diesem Fall die Sozialplanabfindungen in Erwartung von Subventionen durch die Treuhandanstalt kalkuliert, die jedoch aufgrund einer

---

[627] BAG vom 17.2.1981, AP Nr. 11 zu § 112 BetrVG 1972, unter II 2 c) der Gründe; *Annuß* in: Richardi, BetrVG, § 112 Rn. 188; *Meyer,* NZA 1995, S. 974, 979; *Willemsen/Tiesler,* Interessenausgleich, Rn. 323-324; *Kessen,* Sozialplan, S. 193.

[628] BAG vom 10.8.1994, AP Nr. 86 zu § 112 BetrVG 1972.

[629] So *Meyer,* Abänderung, S. 74-76.

Änderung der Subventionspraxis der Treuhandanstalt wesentlich geringer als erwartet ausfielen. Maßgeblich für die Entscheidung des BAG war allerdings nicht nur die Kürzung der Subventionen, sondern dass die volle Erbringung der Sozialplanleistungen den Arbeitgeber in die Insolvenz geführt hätte. Die Entscheidung vom 10.8.1994 lässt sich daher eher in die Fallgruppe der wirtschaftlichen Notlage des Arbeitgebers einordnen.

5. Wirtschaftliche Notlage des Arbeitgebers

Die wirtschaftliche Notlage des Arbeitgebers ist durch das BAG ausdrücklich als Grund für eine Berufung auf die Störung der Geschäftsgrundlage eines Sozialplans anerkannt worden[630]. Auch die ganz überwiegende Ansicht in der Literatur sieht die Abwendung einer drohenden Insolvenz des Arbeitgebers als einen Grund für die Anpassung eines Sozialplans nach den Grundsätzen der Störung der Geschäftsgrundlage an[631]. Nur wenige Literaturstimmen erkennen die wirtschaftliche Notlage nicht als Grund für die Anpassung eines Sozialplans an, und begründen ihre Ansicht damit, dass der Arbeitgeber das Risiko seiner eigenen Insolvenz zu tragen habe und man das Risiko des Vermögensverlustes nicht über die Grundsätze des Wegfalls der Geschäftsgrundlage nachträglich umverteilen könne[632].

Den Kritikern der Fallgruppe der wirtschaftlichen Notlage ist jedoch nicht zu folgen. Im Sozialplanrecht muss der zivilrechtliche Grundsatz „Geld hat man zu haben" - gleichermaßen wie bei Betriebsvereinbarungen - weichen, wenn durch die Anpassung des Sozialplans ein Erhalt des Betriebes und der verbleibenden Arbeitsplätze herbeigeführt werden kann. Im Sozialplanrecht ergibt sich die Verpflichtung der Betriebsparteien zur Beachtung des Wohls des Betriebes und der Arbeitnehmer nicht allein nur aus dem Grundsatz der vertrauensvollen Zusammenarbeit gemäß § 2 Abs. 1 BetrVG. Maßgeblich für die Einbeziehung der wirtschaftlichen Lage des Arbeitgebers ist vielmehr § 112 Abs. 5 S. 1 BetrVG, der die wirtschaftliche Vertretbarkeit des Sozialplanes für das Unternehmen ausdrücklich als wesentliches Kriterium für die Entscheidung der Einigungsstelle nennt[633].

Allerdings lässt sich im Sozialplanrecht nicht wie im Recht der betrieblichen Altersversorgung argumentieren, dass es im Falle einer wirtschaftlichen Notlage nicht zu einer Verlagerung der Arbeitnehmerinteressen zugunsten des Betriebserhalts komme, weil der Betriebserhalt den bereits gekündigten oder schon aus

---

[630] BAG vom 10.8.1994, AP Nr. 86 zu § 112 BetrVG, unter III der Gründe.

[631] *Meyer,* Abänderung, S. 66; *Kessen,* Sozialplan, S. 195; *Durchlaub,* DB 1980, S. 496, 471; *Eckert,* AR-Blattei SD, Ziff. 1790, Rn. 94.

[632] *Winderlich,* BB 1994, S. 2483, 2485; *Däubler,* NZA 1985, S. 545, 551.

[633] *Kessen,* Sozialplan, S. 195; *Meyer,* Abänderung, S. 73 f.; ähnlich auch schon *Durchlaub,* DB 1980, S. 496, 498.

dem Betrieb ausgeschiedenen Arbeitnehmern keinen Nutzen mehr bringe. Gemäß § 112 Abs. 5 Nr. 3 BetrVG ist die Einigungsstelle ausdrücklich verpflichtet, bei der Bemessung des Gesamtbetrags der Sozialplanleistungen darauf zu achten, dass der Fortbestand des Unternehmens und die verbleibenden Arbeitsplätze nicht gefährdet werden. Mit der Gefährdung des Fortbestands des Unternehmens und der nach Umsetzung der Betriebsänderung verbleibenden Arbeitsplätze wird daher eine gesetzliche Grenze für die zulässige Belastung des Arbeitgebers durch das Gesamtvolumen des Sozialplans gezogen[634], die auch den Arbeitnehmern klar erkennbar ist. Die Notwendigkeit zur Beachtung des Wohls des Betriebes und der Arbeitnehmer fließt über den Grundsatz der vertrauensvollen Zusammenarbeit gemäß § 2 Abs. 1 BetrVG auch in die einvernehmlichen Sozialplanverhandlungen zwischen den Betriebsparteien ein, denn für die Betriebsparteien müssen grundsätzlich dieselben Grenzen für den Sozialplaninhalt gelten, wie sie im Streitfall für die Einigungsstelle gelten.

Für die Bestimmung, wann eine wirtschaftliche Notlage des Arbeitgebers vorliegt, gelten bei Sozialplänen daher die gleichen Grundsätze wie bei Betriebsvereinbarungen. Maßgeblich ist zum einen die ernsthafte Insolvenzgefährdung des Unternehmens und zum anderen, dass die Abänderung oder Einstellung der Sozialplanleistungen geeignet ist, allein oder als Teil eines Sanierungskonzeptes die Insolvenz zu vermeiden[635].

C. Rechtsfolgen

Die Rechtsfolgen der Störung der Geschäftsgrundlage eines Sozialplans werden in der Literatur und Rechtsprechung kontrovers diskutiert. Während die primäre Rechtsfolge der Vertragsanpassung einstimmig bejaht wird, ist die Möglichkeit der Kündigung eines Sozialplans wegen der Störung der Geschäftsgrundlage stark umstritten.

I. Anpassung eines Sozialplans

Die Anpassung eines Sozialplans wegen der Störung der Geschäftgrundlage richtet sich nach denselben Grundsätzen wie bei Betriebsvereinbarungen. Maßgeblich ist die Wiederherstellung einer für die Parteien zumutbaren Vertragsbindung, wobei anstelle der Interessen des Betriebsrats die Interessen der durch den Sozialplan erfassten Arbeitnehmer treten.

---

634 BAG vom 6.5.2003, AP Nr. 161 zu § 112 BetrVG 1972.
635 Vgl. die Ausführungen zur wirtschaftlichen Notlage des Arbeitgebers im 3. Teil unter B V.

1. Durchsetzung der Anpassung des Sozialplans vor der Einigungsstelle

Auch bei der Störung der Geschäftsgrundlage eines Sozialplans kann die Rechtsfolge der Vertragsanpassung gemäß § 313 Abs. 1 BGB richtigerweise nicht vor dem Arbeitsgericht durchgesetzt werden. Zuständig für die Entscheidung über die Anpassung eines Sozialplans ist - wie bei regulären Betriebsvereinbarungen - die Einigungsstelle, weil es sich bei der Anpassungsentscheidung um eine Entscheidung handelt, die vornehmlich Regelungscharakter hat. Dabei kann die Einigungsstelle nicht nur über die Anpassung erzwingbarer Sozialpläne, sondern auch über die Anpassung freiwilliger Sozialpläne bindend entscheiden.

Wolff ist dagegen der Ansicht, die Anpassung eines freiwilligen Sozialplans sei nicht vor der Einigungsstelle erzwingbar, weil § 76 Abs. 6 BetrVG auch auf die nachträgliche Anpassung eines Sozialplans Anwendung finden müsse[636]. Dabei missachtet er jedoch, dass sich der Arbeitgeber, der eine freiwillige Betriebsvereinbarung abschließt, für eine Vertragsbindung entschieden hat, auf die er sich von Gesetzes wegen eigentlich nicht hätte einlassen müssen. Mit dem Abschluss des Sozialplans hat der Arbeitgeber das sich aus § 76 Abs. 6 BetrVG ergebende Recht zur freiwilligen Entscheidung über den Vertragsabschluss erschöpft. Die nachträgliche Anpassung der eingegangenen Vertragsbindung ist daher nicht mehr vom Freiwilligkeitsgrundsatz gemäß § 76 Abs. 6 BetrVG geprägt, sondern ergibt sich direkt aus § 313 Abs. 1 BGB, wonach die sich auf die Störung der Geschäftsgrundlage berufende Partei einen durchsetzbaren Anspruch auf Vertragsanpassung hat[637].

2. Notwendigkeit einer vorherigen gerichtlichen Entscheidung über die Voraussetzungen von § 313 BGB

Auch in Bezug auf die Anpassung von Sozialplänen gemäß § 313 Abs. 1 BGB wird diskutiert, ob es aus Gründen der Rechtssicherheit erforderlich ist, vor der Entscheidung der Einigungsstelle über die Anpassung eines Sozialplans zunächst eine Entscheidung des Arbeitsgerichts über das Vorliegen der Voraussetzungen der Störung der Geschäftsgrundlage herbeizuführen[638].

Wie bei Betriebsvereinbarungen ist es jedoch nach zutreffender Ansicht auch bei Sozialplänen weder sinnvoll noch erforderlich, vor der Entscheidung der Einigungsstelle pauschal eine gerichtliche Entscheidung über das Vorliegen der Voraussetzungen der Störung der Geschäftsgrundlage zu fordern. Sind sich die Parteien über die Voraussetzungen von § 313 BGB einig, so würde durch eine gerichtliche Vorabentscheidung das Verfahren über die Vertragsanpassung un-

---

636 *Wolff*, Gestaltungsformen, S. 144.
637 Vgl. hierzu die Ausführungen im 4. Teil unter A III 1.
638 *Beathalter*, Gestaltungsmöglichkeiten, S. 236-239; *Weber*, Abänderung, S. 172, 175-179.

nötig verlängern. Auch das Vertrauen der Arbeitnehmer wird nicht unangemessen beeinträchtigt, wenn das Vorliegen der Voraussetzungen von § 313 BGB nicht vor, sondern erst nach der abschließenden Einigungsstellenentscheidung gerichtlich überprüft wird. Mit der Kenntnis von der Geltendmachung der Störung der Geschäftsgrundlage wissen die Arbeitnehmer, dass sie mit einer Abänderung ihrer Ansprüche rechnen müssen. Da es sich bei der Entscheidung der Einigungsstelle über das Vorliegen der Voraussetzungen von § 313 BGB um eine Rechtsfrage handelt, die nicht unter die Ausschlussfrist von § 76 Abs. 5 S. 4 BetrVG fällt[639], bewirkt es auch keine Verkürzung des Rechtsschutzes, wenn das Fehlen der Voraussetzungen von § 313 BGB erst nach der Einigungsstellenentscheidung gerichtlich überprüfbar ist.

II. Beendigung eines Sozialplans gemäß § 313 Abs. 3 BGB

Auch bei der Störung der Geschäftsgrundlage eines Sozialplans kommt als sekundäre Rechtsfolge nicht der Rücktritt gemäß § 313 Abs. 3 S. 1 BGB, sondern allein die Kündigung gemäß § 313 Abs. 3 S. 2 BGB in Betracht. Zwar beziehen sich Sozialpläne gemäß §§ 112, 112 a BetrVG fast immer auf einen einmaligen Sachverhalt, nämlich auf den Ausgleich einer vom Arbeitgeber geplanten Betriebsänderung im Sinne von § 111 BetrVG und entfalten nur ausnahmsweise Dauerwirkung, wenn der aus der Betriebsänderung resultierende wirtschaftliche Nachteil nicht wie üblich durch eine einmalige Abfindungszahlung an die Arbeitnehmer, sondern durch mehrmalige auf bestimmte oder unbestimmte Zeit laufende Zahlungen ausgeglichen wird[640]. Die durch den Rücktritt herbeigeführte Rechtsfolge der Entstehung eines Rückabwicklungsschuldverhältnisses zwischen den Vertragsparteien ist jedoch nicht mit der normativen Wirkung vereinbar, die Sozialpläne nach herrschender Ansicht[641] gemäß § 112 Abs. 1 S. 3 BetrVG in Verbindung mit § 77 Abs. 4 S. 1 BetrVG entfalten.

Es verbleibt daher als sekundäre Rechtfolge der Störung der Geschäftsgrundlage allein das Recht zur Kündigung gemäß § 313 Abs. 3 S. 2 BGB.

---

639 *Hess/Schlochauer/Worzalla/Glock*, BetrVG, § 76 Rn. 122; *Hanau/Kania* in: Erfurter Kommentar, § 76 BetrVG, Rn. 28; *Kreutz* in: GK-BetrVG, § 76 Rn. 119; *Fitting/Engels/Schmidt/Trebinger/Linsenmaier*, BetrVG, § 76 Rn. 102.

640 BAG vom 10.8.1994, AP Nr. 86 zu § 112 BetrVG 1972; *Fitting/Engels/Schmidt/Trebinger/Linsenmaier*, BetrVG, §§ 112, 112 a, Rn. 206.

641 *Fuchs*, Sozialplan, S. 14 f.; *Annuß* in: Richardi, BetrVG, § 112 Rn. 176; *Däubler* in: Däubler/Kittner/Klebe, BetrVG, §§ 112, 112 a, Rn. 25.; *Fitting/Engels/Schmidt/Trebinger/Linsenmaier*, BetrVG, §§ 112, 112 a, Rn. 173.

1. Kündbarkeit eines Sozialplans

In der Literatur und Rechtsprechung ist stark umstritten, ob die Störung der Geschäftsgrundlage eines Sozialplans bei Unzumutbarkeit oder Unmöglichkeit der Vertragsanpassung ein Recht zur Kündigung des Sozialplans eröffnet.

Wie schon oben bei der Prüfung der Rechtsfolgen der Störung der Geschäftsgrundlage von Betriebsvereinbarungen erörtert[642], hat das BAG in seiner Grundsatzentscheidung vom 10.8.1994 zum Wegfall der Geschäftsgrundlage in einem ersten Prüfungsschritt zur Kündbarkeit von Sozialplänen Stellung genommen. Das Gericht hat ausgeführt, dass der Grundsatz, dass jedes Dauerschuldverhältnis bei Unzumutbarkeit außerordentlich gekündigt werden könne, für einen Sozialplan nur gelten könne, wenn die durch die Betriebsänderung zu erwartenden wirtschaftlichen Nachteile nicht durch einmalige, sondern durch auf bestimmte oder unbestimmte Zeit laufende Leistungen ausgeglichen oder gemildert werden sollen. Es spreche daher viel dafür, dass ein Sozialplan, der die Abfindung für die anlässlich einer bestimmten Betriebsänderung entlassenen Arbeitnehmer regelt, nicht außerordentlich gekündigt werden könne[643]. Bei der nachfolgenden Prüfung der Störung der Geschäftsgrundlage hat das Gericht betont, die Rechtsfolge der Vertragsanpassung bilde den wesentlichen Unterschied zwischen dem Wegfall der Geschäftsgrundlage und der außerordentlichen Kündigung[644]. Die sekundäre Rechtsfolge der Vertragsbeendigung hat das BAG bei seiner Prüfung der Störung der Geschäftsgrundlage dagegen vollkommen außer Acht gelassen.

Aus der Entscheidung des BAG schließt ein Teil der Literaturstimmen, dass ein Sozialplan im Falle der Störung der Geschäftsgrundlage nicht kündbar sei[645]. Dagegen ist ein nicht unbeachtlicher Teil der Literatur der Meinung, dass jedenfalls in dem Fall, dass sich die Anpassung eines Sozialplans an die veränderten Verhältnisse als unzumutbar oder unmöglich erweist, auch ein Recht zur außerordentlichen Kündigung des Sozialplanes bestehen müsse[646].

Für eine Kündbarkeit eines Sozialplans als sekundäre Rechtsfolge der Störung der Geschäftsgrundlage spricht die Systematik von § 313 BGB. Bei Unzumutbarkeit oder Unmöglichkeit der sekundären Rechtsfolge der Vertragsanpassung sieht die Vorschrift sowohl für Dauerschuldverhältnisse als auch für Verträge

---

642 Vgl. die Ausführungen im 4. Teil unter B II 1 a.

643 BAG vom 10.8.1994, AP Nr. 86 zu § 112 BetrVG 1972, unter II 3 c) aa) der Gründe.

644 BAG vom 10.8.1994, AP Nr. 86 zu § 112 BetrVG 1972, unter II 3 c) aa) der Gründe.

645 So *Wolff*, Gestaltungsformen, S. 141, 148; *Eckert*, AR-Blattei SD, Ziff. 1790, Rn. 97-99.

646 *Kaven*, Sozialplan, S. 137; *Meyer*, Abänderung, S. 79 f.; *Fabricius/Oetker* in: GK-BetrVG, § 112, 112 a, Rn. 182; *Hess/Schlochauer/Worzalla/Glock;* BetrVG, § 112 BetrVG, Rn. 118-123; *Fabricius/Oetker* in: GK-BetrVG, §§ 112, 112 a, Rn. 182, eingeschränkt jedoch *Kessen*, Sozialplan, S. 191, der eine Kündigung nur zulassen will, wenn es sich um eine freiwillige Betriebsvereinbarung handelt.

ohne Dauerwirkung die Möglichkeit zur Beendigung des Vertrages vor. Diese Systematik ist auf reguläre Betriebsvereinbarungen ohne weiteres übertragbar. Liegt eine Störung der Geschäftsgrundlage vor und hat sich die Anpassung der Betriebsvereinbarung als unzumutbar oder unmöglich erwiesen, so muss nach der in § 313 BGB vorgesehenen Abstufung der Rechtsfolgen auch eine Beendigung der Betriebsvereinbarung möglich sein. Weil aber die Rechtsfolge des Rücktritts mit der normativen Wirkung von Betriebsvereinbarungen unvereinbar ist, kommt nur eine Beendigung für die Zukunft durch Kündigung in Betracht.

Die abweichende Ansicht des BAG könnte allerdings bei erzwingbaren Sozialplänen gemäß §§ 112, 112 a BetrVG dadurch gerechtfertigt sein, dass das Mitbestimmungsrecht des Betriebsrats zum Abschluss eines Sozialplans grundsätzlich nicht untergeht, falls nicht eine der gesetzlichen Voraussetzungen des Mitbestimmungsrechts, wie beispielsweise die Betriebsänderung selbst, weggefallen ist. Es lässt sich daher argumentieren, dass die Anpassung eines erzwingbaren Sozialplans nie unmöglich oder unzumutbar sein kann, da der Arbeitgeber stets verpflichtet ist, dem Willen des Betriebsrats nachzukommen und einen neuen Sozialplan abzuschließen, der den veränderten Umständen Rechnung trägt.

Es sind jedoch auch Fälle denkbar, in denen die in einem Sozialplan getroffenen Regelungen mit den veränderten Umständen überhaupt nicht mehr vereinbar sind. So muss eine Beendigung einer Betriebsvereinbarung wegen der Störung der Geschäftsgrundlage auch möglich sein, wenn der Arbeitgeber die Durchführung der Betriebsvereinbarung nach deren Einleitung aufgegeben hat und alle Arbeitnehmer das arbeitgeberseitige Angebot der unveränderten Fortführung ihrer Arbeitsverhältnisse angenommen haben. Da in diesem Fall die Betriebsänderung entfallen ist, spricht viel dafür, dass dem Arbeitgeber eine Vertragsanpassung unzumutbar ist, wenn tatsächlich keiner der Arbeitnehmer einen wirtschaftlichen Nachteil erlitten hat. Auch wenn die Betriebsparteien in einem Sozialplan statt einer einheitlichen Abfindungssumme monatliche Zahlungen an die Arbeitnehmer für die Dauer eines Jahres vereinbart haben und sich im Nachhinein herausstellt, dass sich die Betriebsparteien bei der Kalkulation der Gesamtsumme der Leistungen geirrt hatten, muss es dem Arbeitgeber möglich sein, sich von den noch zu erbringenden Leistungen zu lösen, wenn ihn die Erbringung der vollen Gesamtsumme in eine wirtschaftliche Notlage bringt. Darüber hinaus müssen auch freiwillige Sozialpläne, die im Regelfall Dauerwirkung entfalten, kündbar sein, wenn sich ihre Anpassung als unmöglich oder unzumutbar herausstellt. Ändern sich beispielsweise die Umstände, die einem vorsorglichen Sozialplan zugrunde gelegt worden sind, so stark, dass er auf die Gegebenheiten des Betriebes in keiner Hinsicht mehr angewandt werden kann, so kann wegen Unmöglichkeit der Anpassung nur eine Kündigung in Betracht kommen.

Im Ergebnis ist daher die sekundäre Rechtsfolge der Kündigung gemäß § 313 Abs. 3 auch bei Sozialplänen eröffnet. Allerdings ist der Rückgriff auf die

Kündigung bei erzwingbaren Sozialplänen in der Regel verschlossen, weil der Zweck des Sozialplans, einen Ausgleich für die von den Arbeitnehmern durch die Betriebsänderung zu erwartenden Nachteile durch die Störung der Geschäftsgrundlage meist nicht berührt wird und die Vertragsanpassung daher möglich und zumutbar ist.

2. Nachwirkung gemäß § 77 Abs. 6 BetrVG

Für das BAG und die Literatur, die annehmen, dass eine Kündigung eines erzwingbaren Sozialplans als Rechtsfolge der Störung der Geschäftsgrundlage eines Sozialplans ausscheiden muss, stellt sich die Frage nach der Nachwirkung eines erzwingbaren Sozialplans nach seiner Kündigung gemäß § 77 Abs. 6 BetrVG nicht[647]. Nimmt man jedoch wie hier zutreffend an, dass auch ein erzwingbarer Sozialplan bei Vorliegen einer Störung der Geschäftsgrundlage ausnahmsweise gekündigt werden kann, falls Anpassung der in ihm enthaltenen Regelungen einer der Betriebsparteien unmöglich oder unzumutbar ist, ist es erforderlich, sich mit der Nachwirkung eines Sozialplans nach der außerordentlichen Kündigung gemäß § 313 Abs. 3 BGB auseinanderzusetzen.

Nach Ansicht von *Meyer* entfalten die Regelungen eines erzwingbaren Sozialplans auch nach einer Kündigung wegen der Störung der Geschäftsgrundlage Nachwirkung gemäß § 77 Abs. 6 BetrVG[648]. Für die Nachwirkung von Sozialplänen spricht grundsätzlich der Arbeitnehmerschutzgedanke. Es soll das Entstehen eines regelungslosen Zustandes bis zu einer neuen Einigung der Betriebsparteien vermieden werden. Aus diesem Grund gilt gleichermaßen wie für die Kündigung einer Betriebsvereinbarung auch für die Kündigung eines Sozialplans die Nachwirkungsregelung in § 77 Abs. 6 BetrVG[649]. Allerdings muss auch im Sozialplanrecht der Geltungsbereich der Nachwirkungsregelung im Wege einer teleologischen Reduktion eingeschränkt werden, wenn der Zweck des Sozialplans durch die Störung der Geschäftsgrundlage vollständig entfallen ist. Liegt kein regelungsbedürftiger Sachverhalt mehr vor, so entfällt auch die § 77 Abs. 6 BetrVG zugrunde liegende Schutzbedürftigkeit der Arbeitnehmer. So ist in dem oben genannten Fall, dass eine Betriebsstilllegung durch die Übernahme des Betriebs durch einen Dritten hinfällig wird und alle Arbeitnehmer ihre Arbeitsverhältnisse bei dem Dritten unter unveränderten Bedingungen fortsetzen, der Zweck eines Ausgleichs von durch eine Betriebsänderung zu erwartenden Nachteilen hinfällig geworden.

Im Ergebnis entfaltet ein Sozialplan nach seiner Kündigung grundsätzlich Nachwirkung gemäß § 77 Abs. 6 BetrVG. Eine Ausnahme gilt nur, wenn der

---

647 *Wolff,* Gestaltungsformen, S. 148.
648 *Meyer,* NZA 1997, S. 289, 292.
649 Vgl. die Ausführungen im 4. Teil unter II 4.

Regelungszweck des Sozialplans durch die Störung der Geschäftsgrundlage vollständig entfallen ist.

D. Zulässigkeit eines Eingriffs in bereits entstandene Sozialplanansprüche

Das Sozialplanrecht ist einer der wesentlichen Fälle, in denen im Fall der Störung der Geschäftsgrundlage in bereits entstandene, jedoch erst zukünftig fällig werdende Ansprüche der Arbeitnehmer eingegriffen werden kann, falls ein solcher Eingriff zur Wiederherstellung der Vertragsgerechtigkeit erforderlich ist[650]. Ein Eingriff in bereits entstandene Sozialplanansprüche erfordert jedoch nach den oben im 5. Teil dieser Arbeit entwickelten Grundsätzen richtigerweise eine Rechtfertigung nach den Grundsätzen des Vertrauensschutzes und der Verhältnismäßigkeit[651]. So ist eine rückwirkende Abänderung von bereits entstandenen, aber noch nicht fälligen Arbeitnehmeransprüchen beispielsweise zulässig, wenn die Rechtlage unklar war oder die Arbeitnehmer mit einer Abänderung rechnen mussten.

Bei einer Abänderung von Sozialplanansprüchen erstreckt sich das Mandat des Betriebsrats zudem nach den oben entwickelten Grundsätzen auch auf bereits aus dem Betrieb ausgeschiedene Arbeitnehmer[652]. Da der Betriebsrat einen Sozialplan auch noch nach Durchführung der Betriebsänderung abschließen kann, muss es ihm auch möglich sein, einen bereits bestehenden Sozialplan im Nachhinein an veränderte Umstände anzupassen[653].

E. Ergebnis

Für die Störung der Geschäftsgrundlage von Sozialplänen gelten im Wesentlichen dieselben Grundsätze wie für die Störung der Geschäftsgrundlage regulärer Betriebsvereinbarungen. Aus dem besonderen gesetzlichen Zweck von Sozialplänen ergibt sich, dass die Abweichung von einer geplanten Betriebsänderung zur Störung der Geschäftsgrundlage eines Sozialplans führen kann. Eine weitere wesentliche Fallgruppe der Störung der Geschäftsgrundlage eines Sozialplans stellt wie bei Betriebsvereinbarungen die wirtschaftliche Notlage des Arbeitgebers dar. Äquivalenzstörungen spielen dagegen in der Praxis fast keine Rolle.

---

[650] Vgl. BAG vom 10.8.1994, AP Nr. 86 zu § 112 BetrVG 1972.

[651] *Beathalter,* Gestaltungsmöglichkeiten, S. 207, 228; differenzierend nach dem Entstehenszeitpunkt der Sozialplanansprüche *Meyer,* NZA 1995, S. 975, 979-984. Auch *Belling/Hartmann,* ZfA 1997, S. 87, 120 f., fordern eine Rechtfertigung für den rückwirkenden Eingriff in tarifvertragliche Ansprüche nach den Grundsätzen des Vertrauensschutzes und der Verhältnismäßigkeit.

[652] Vgl. die Ausführungen im 5. Teil unter B II und D II.

[653] BAG vom 5.10.2000, AP Nr. 141 zu § 112 BetrVG 1972.

Die Rechtsfolge der Störung der Geschäftsgrundlage eines Sozialplans ist im Regelfall die Vertragsanpassung. Der sich aus § 112 BetrVG ergebende Regelungszweck eines Ausgleichs der durch eine Betriebsänderung von den Arbeitnehmern zu erwartenden Nachteile bleibt grundsätzlich auch bei einer Änderung der Umstände erhalten, so dass die Vertragsanpassung als möglich und zumutbar anzusehen ist. Allerdings kann es ausnahmsweise auch dazu kommen, dass die Vertragsanpassung unzumutbar oder unmöglich ist, so dass die sekundäre Rechtsfolge der außerordentlichen Kündigung eingreift. Nach der Kündigung entfaltet der Sozialplan grundsätzlich Nachwirkung gemäß § 77 Abs. 6 BetrVG. Eine Ausnahme gilt nur, wenn der Regelungszweck des Sozialplans durch die Störung der Geschäftsgrundlage vollständig entfallen ist.

7. Teil: Zusammenfassung der wichtigsten Ergebnisse

1. Das seit der Schuldrechtsreform in § 313 BGB gesetzlich verankerte, für bürgerlich-rechtliche Verträge entwickelte Rechtsinstitut der Störung der Geschäftsgrundlage ist auch auf Betriebsvereinbarungen anwendbar.

2. Weder die normative Wirkung von Betriebsvereinbarungen noch der Gesichtspunkt des Vertrauensschutzes der Arbeitnehmer steht einer Anwendung von § 313 BGB auf Betriebsvereinbarungen entgegen. Die Störung der Geschäftsgrundlage wird zudem wegen seiner flexiblen Rechtsfolge der Vertragsanpassung auch nicht durch das Recht zur außerordentlichen Kündigung eines Dauerschuldverhältnisses gemäß § 314 BGB verdrängt.

3. Geschäftsgrundlage einer Betriebsvereinbarung können sowohl objektive Umstände als auch subjektive Vorstellungen der Betriebsparteien sein, die diese der Betriebsvereinbarung zugrunde gelegt haben. Dagegen kann das gesetzliche Tatbestandsmerkmal der Unzumutbarkeit des Festhaltens an der Betriebsvereinbarung nicht an einer Abwägung der Interessen der Betriebsparteien gegeneinander festgemacht werden. Anstelle der Interessen des Betriebsrats treten vielmehr die Interessen der durch den Betriebsrat repräsentierten Arbeitnehmer.

4. Die Fallgruppen der Störung der Geschäftsgrundlage im Betriebsverfassungsrecht entsprechen grundsätzlich den Fallgruppen, die die Rechtsprechung für bürgerlich-rechtliche Verträge entwickelt hat. Von Bedeutung sind vor allem Zweckstörungen, Äquivalenzstörung, der Irrtum über die Finanzierungsgrundlage der Betriebsvereinbarung sowie Eingriffe von hoher Hand. Als Sonderfall der Anwendung von § 313 BGB auf Betriebsvereinbarungen ist zudem die wirtschaftliche Notlage des Arbeitgebers anzuerkennen. Eine wirtschaftliche Notlage liegt vor, wenn dem Arbeitgeber bei einem Festhalten an der Betriebsvereinbarung die Insolvenz droht und durch die Anpassung oder Beendigung der Betriebsvereinbarung - auch im Zusammenwirken mit anderen Sanierungsmaßnahmen - der Betrieb und die Arbeitsplätze erhalten bleiben können. Eine Ausnahme gilt im Recht der betrieblichen Altersversorgung, wo die wirtschaftliche Notlage nicht als Grund zur Berufung auf § 313 BGB anzuerkennen ist.

5. Die Durchsetzung der primären Rechtsfolge der Vertragsanpassung gemäß § 313 Abs. 1 BGB kann im Gegensatz zum bürgerlichen Recht nicht - wie in der Regierungsbegründung zu § 313 BGB vorgesehen - direkt auf eine angepasste Leistung, sondern wegen der normativen Wirkung von Betriebsvereinbarungen nur auf die Anpassung der Vereinbarung selbst gerichtet werden. Diese Modifikation ist jedoch zulässig, weil § 313 BGB

keine zwingenden Vorgaben zur Durchsetzung der Vertragsanpassung enthält. Eine Neuverhandlungspflicht der Betriebsparteien vor der Durchsetzung der Vertragsanpassung besteht nicht.

6. Für die Entscheidung über die Anpassung einer Betriebsvereinbarung gemäß § 313 Abs. 1 BGB ist nicht das Arbeitsgericht, sondern die Einigungsstelle zuständig. Die Einigungsstelle kann dabei auch über die Anpassung von freiwilligen Betriebsvereinbarungen bindend entscheiden. Es ist nicht erforderlich, vor der Entscheidung der Einigungsstelle eine gerichtliche Entscheidung über die Rechtsfrage des Vorliegens der Voraussetzungen von § 313 BGB herbeizuführen, sondern die Einigungsstelle kann über diese Vorfrage mit entscheiden. Der Arbeitgeber ist nicht berechtigt, die Betriebsvereinbarung vor der Entscheidung durch die Einigungsstelle einseitig anzupassen, auch wenn er sich in einer wirtschaftlichen Notlage befindet.

7. Als sekundäre Rechtsfolge von § 313 BGB kommt - auch wenn es sich um eine Betriebsvereinbarung handelt, die inhaltlich einen Einzelfall regelt - nur die außerordentliche Kündigung der Betriebsvereinbarung gemäß § 313 Abs. 3 S. 2 BGB in Betracht. Die Kündigungserklärungsfrist des § 314 Abs. 3 S. 3 BGB findet auf § 313 Abs. 3 S. 2 BetrVG keine Anwendung. Die Kündigung einer erzwingbaren Betriebsvereinbarung gemäß § 313 Abs. 3 BGB führt grundsätzlich dazu, dass die Regelungen der Betriebsvereinbarung bis zu einer Neuregelung Nachwirkung gemäß § 77 Abs. 6 BetrVG entfalten. Im Wege der teleologischen Reduktion findet die Nachwirkung jedoch in den seltenen Fällen keine Anwendung, wenn durch die Störung der Geschäftsgrundlage der Regelungszweck der Betriebsvereinbarung vollständig entfallen ist.

8. Durch die Vertragsanpassung gemäß § 313 Abs. 1 BGB können auch bereits in der Vergangenheit entstandene Arbeitnehmeransprüche für die Zukunft abgeändert werden. Bei einer solchen rückwirkenden Abänderung der in einer Betriebsvereinbarung vereinbarten Ansprüche müssen jedoch die Grundsätze des Vertrauensschutzes und der Verhältnismäßigkeit eingehalten werden. Das Mandat des Betriebsrats für die Anpassung einer Betriebsvereinbarung über betriebliche Altersversorgung oder eines erzwingbaren Sozialplans erstreckt sich auch auf bereits aus dem Betrieb ausgeschiedene Arbeitnehmer.

9. § 313 BGB findet auch auf Sozialpläne Anwendung. Der zukunftsorientierte Überbrückungscharakter von Sozialplanabfindungen steht einer Anwendbarkeit von § 313 BGB auf Sozialpläne nicht entgegen. Auch die Tatsache, dass die Folgen des Abweichens von einem Interessenausgleich in § 113 BetrVG geregelt sind, während die Folgen des Abweichens von ei-

nem Sozialplan keine Regelung im BetrVG gefunden haben, spricht nicht gegen die Anwendung von § 313 BGB auf Sozialpläne.

10. Die Fallgruppen der Störung der Geschäftsgrundlage von Sozialplänen entsprechen den für Betriebsvereinbarungen entwickelten Fallgruppen. Ein Sonderfall der Zweckstörung kann eintreten, wenn der Arbeitgeber nach Abschluss des Sozialplans und der Einleitung der geplanten Betriebsänderung von der Betriebsänderung abweicht. Ein wichtiger Fall der Störung der Geschäftsgrundlage eines Sozialplans ist zudem die wirtschaftliche Notlage des Arbeitgebers.

11. Als Rechtfolge der Störung der Geschäftsgrundlage eines Sozialplans kommt im Regelfall nur die primäre Rechtsfolge der Vertraganpassung in Betracht. Die Vertragsanpassung kann dabei auch bereits entstandene, aber noch nicht fällige Sozialplanansprüche der Arbeitnehmer für die Zukunft abändern, wenn ein solcher Eingriff nach den Grundsätzen der Verhältnismäßigkeit und des Vertrauensschutzes gerechtfertigt ist.

12. In seltenen Fällen kann sich auch die Anpassung eines Sozialplans als unzumutbar oder unmöglich erweisen, mit der Folge, dass der Sozialplan gemäß § 313 Abs. 3 S. 2 BGB gekündigt werden kann. Nach der Kündigung entfaltet ein erzwingbarer Sozialplan grundsätzlich Nachwirkung. Im Wege einer teleologischen Reduktion gilt jedoch eine Ausnahme wenn der Regelungszweck des Sozialplans durch die Störung der Geschäftsgrundlage vollständig entfallen ist.

Literaturverzeichnis

Abas, Piet, Rebus sic stantibus, Eine Untersuchung zur Anwendung der clausula rebus sic stantibus in der Rechtsprechung einiger europäischer Länder, Köln/Berlin/Bonn/München 1993.

Adomeit, Klaus, Arbeitsplätze und Solidarität, NJW 1994, S. 837.

Ahrend, Peter/Förster, Wolfgang/Rühmann, Jochen, Gesetz zur Verbesserung der betrieblichen Altersversorgung, 8. Auflage München 2002.

Ahrens, Martin, Eingeschränkte Rechtskontrolle von Betriebsvereinbarungen, NZA 1999, S. 686, 689.

Altvater, Lothar/Bacher, Eberhard/Hörter, Georg/Peiseler, Manfred/Sabottig, Giovanni/Schneider, Wolfgang/ Vohs, Gerhard, BPersVG, Bundespersonalvertretungsgesetz mit Wahlordnung und ergänzenden Vorschriften, Kommentar für die Praxis, 4. Auflage Köln 1996.

Arndt, Hans-Jürgen/Aufhauser, Rudolf/Brunhöber, Ralf/Warga, Norbert, LPVG BW, Landespersonalvertretungsgesetz Baden-Württemberg, Kommentar für die Praxis, Köln 1990.

Ascheid, Reiner/Preis, Ulrich/Schmidt, Ingrid, Großkommentar zum Kündigungsschutzrecht, München 2000.

Bamberger, Heinz Georg/Roth, Herbert, Kommentar zum Bürgerlichen Gesetzbuch, Band 1, § 1-610, München 2003.

Baumbach, Adolf/Lauterbach, Wolfgang/Albers, Jan/Hartmann, Peter, Zivilprozessordnung mit Gerichtsverfahrensgesetz und anderen Nebengesetzen, 60. Auflage München 2002.

Baumann-Czichon, Bernhard/Germer, Lothar, Mitarbeitervertretungsgesetz der Evangelischen Kirche in Deutschland, Der Neue Kommentar für die Praxis, Bremen 1998.

Beathalter, André, Einseitige *Gestaltungsmöglichkeiten* der Arbeitgeberseite zur Einwirkung auf Gesamtvereinbarungen im Rahmen wirtschaftlicher Krisen, Berlin 1999.

Becker, Friedrich/Etzel, Gerhard/Fischermeier, Ernst/Friedrich, Hans-Wolf/Lipke, Gert-Albert/Pfeiffer, Thomas/Rost, Friedhelm/Spilger, Andreas Michael/Weigand, Horst/Wolff, Ingeborg, KR, Gemeinschaftskommentar zum Kündigungsschutzgesetz und zu sonstigen kündigungsschutzrechtlichen Vorschriften, 6. Auflage Neuwied/Kriftel 2002 (zitiert als: *Bearbeiter* in: KR).

Belling, Detlev W., Die *Haftung* des Betriebsrats und seiner Mitglieder für Pflichtverletzungen, Tübingen 1990.

ders., Die außerordentliche Anpassung von Tarifverträgen an veränderte Umstände, NZA 1996, S. 906.

Belling, Detlev W./Hartmann, Christian, Die Unzumutbarkeit als Begrenzung der Bindung an den Tarifvertrag, ZfA 1997, S. 87.

Beuthien, Volker, Zweckerreichung und Zweckstörung im Schuldverhältnis, Tübingen 1969.

ders., Der Sozialauftrag des Sozialplans, - Arbeitsplatzabfindung und arbeitsvertragliche Risikoverteilung, ZfA 1982, S. 181.

Biberacher, Hansjörg, Betriebliche *Rechtssetzungsmacht*, Frankfurt/Main 1983.

Bietmann, Rolf, Betriebliche *Mitbestimmung* im kirchlichen Dienst, Königstein/Taunus, 1982.

Birk, Rolf, Innerbetriebliche Absprachen - Typen und Rechtswirkungen - , ZfA 1986, S. 73.

Bleistein, Franzjosef/Thiel, Adolf, Kommentar zur Rahmenordnung für eine Mitarbeitervertretungsordnung (MAVO), 3. Auflage Köln 1997.

Blomeyer, Wolfgang, Der Betriebsrentner im Spannungsfeld zwischen Arbeitgeber, Unternehmen, Belegschaft und Insolvenzsicherung, dargelegt am Problem der Ruhegeldkürzung bei wirtschaftlicher Notlage des Unternehmens, RdA 1977, S. 1.

ders., Die „Billigkeitskontrolle" der abändernden Betriebsvereinbarung über betriebliche Ruhegelder, DB 1984, S. 927.

ders., Rechtliche Kriterien für die Unternehmensbewertung der betrieblichen Altersversorgung, RdA 1986, S. 67.

Blomeyer, Wolfgang/Otto, Klaus, BetrAVG, Gesetz zur Verbesserung der betrieblichen Altersversorgung, 3. Auflage München 2004.

Braun, Johann, Wegfall der Geschäftsgrundlage - BGH, WM 1978, 322, JuS 1979, S. 692.

Brockhaus, Enzyklopädie, Dreiundzwanzigster Band, Us-Wej, 19. Auflage Mannheim 1994.

Brox, Hans, Allgemeiner Teil des BGB, 26. Auflage, Köln/Berlin/Bonn/München 2002.

Brox, Hans/Walker, Wolf-Dietrich, Allgemeines Schuldrecht, 29. Aufl. München 2003.

Buchner, Herbert, Kündigung der Tarifregelungen über die Entgeltanpassung in der Metallindustrie der östlichen Bundesländer, NZA 1993, S. 289.

Canaris, Claus-Wilhelm, Grundrechtswirkungen und Verhältnismäßigkeitsprinzip in der richterlichen Anwendung und Fortbildung des Privatrechts, JuS 1989, S. 161.

ders., Die Reform des Rechts der Leistungsstörungen, JZ 2001, S. 499.

ders., *Schuldrechtsreform* 2002, München 2002.

Carstensen, Jörg, Die *Neuverhandlungspflicht* als latenter Anspruch auf Geldersatz unter besonderer Berücksichtigung der Praxis des Bau- und Anlagenvertrages, Sinzheim 1995.

Chiotellis, Aristide, Rechtsfolgenbestimmung bei Geschäftsgrundlagenstörung in Schuldverträgen, München 1981.

Däubler, Wolfgang, Nachträgliche Kürzung von Sozialplanansprüchen?, NZA 1985, S. 545.

ders., Das deutsche Arbeitsrecht - ein Standortnachteil?, DB 1993, S. 781.

ders., Die Anpassung von Tarifverträgen an veränderte wirtschaftliche Umstände, ZTR 1996, S. 241.

ders., Kommentar zum Tarifvertragsgesetz mit Kommentierung des Arbeitnehmerentsendegesetzes, Baden-Baden 2003.

Däubler, Wolfgang/Kittner, Michael/Klebe, Thomas, (Hrsg.), Betriebsverfassungsgesetz mit Wahlordnung, Kommentar für die Praxis, 9. Auflage, Köln 2004.

Dauner-Lieb, Barbara/Heidel, Thomas/Lepa, Manfred,/Ring, Gerhard, Anwaltkommentar *Schuldrecht*, Erläuterungen der Neuregelungen zum Verjährungsrecht, Schuldrecht, Schadensersatzrecht und Mietrecht, Bonn 2002.

Dauner-Lieb, Barbara/Dötsch, Wolfgang, Prozessuale Fragen rund um § 313 BGB, NJW 2003, S. 921.

Dietz, Rolf/Richardi, Reinhard, Bundespersonalvertretungsgesetz, 2. Band, § 53-Schluß mit Wahlordnung, Kommentar unter Berücksichtigung der Landespersonalvertretungsgesetze, 2. Auflage, München 1978.

Dreier, Horst (Hrsg.), Grundgesetz, Kommentar, Band 1, Artikel 1-19, Tübingen 1996.

Durchlaub, Wolfgang, Kürzung des Sozialplanes im Falle wirtschaftlicher Schwierigkeiten, DB 1980, S. 496.

Eckert, Hans-Werner, Arbeitsrecht-Blattei SD, Handbuch für die Praxis, Blattei-Handbuch, Rechts- und Wirtschaftspraxis, SD, Ziff. 1790, Wegfall der Geschäftsgrundlage im Arbeitsrecht, Stuttgart, März 2001.

Ehmann, Horst/Sutschet, Holger, Modernisiertes *Schuldrecht*, Lehrbuch der Grundsätze des neuen Rechts und seiner Besonderheiten, München 2002.

Eickmann, Dieter/Flessner, Axel/Irschlinger, Friedrich/Kirchhof, Hans-Peter/Kreft, Gerhart/Landfermann, Hans-Georg/Marotzke, Wolfgang, Heidelberger Kommentar zur Insolvenzordnung, 2. Auflage, Heidelberg 2001.

Eidenmüller, Horst, Neuverhandlungspflichten bei Wegfall der Geschäftsgrundlage, ZIP 1995, S. 1063.

ders., Der Spinnerei-Fall: Die Lehre von der Geschäftsgrundlage nach der Rechtsprechung des Reichsgerichts und im Lichte der Schuldrechtsmodernisierung, Jura 2001, S. 824.

Enneccerus, Ludwig/Lehmann, Heinrich, Lehrbuch des Bürgerlichen Rechts, Recht der *Schuldverhältnisse*, 15. Auflage, Tübingen 1958.

Entwurf der Kommission zur Überarbeitung des Schuldrechts, Abschlussbericht der Kommission zur Überarbeitung des Schuldrechts hrsg. vom Bundesminister der Justiz, Köln, 1992.

Erfurter Kommentar zum Arbeitsrecht, hrsg. von Thomas Dieterich, Peter Hanau und Günter Schaub, 3. Auflage, München 2003 (zitiert: *Bearbeiter* in: Erfurter Kommentar).

Erman, Bürgerliches Gesetzbuch, Handkommentar, 10. Auflage, Köln/Münster 2000.

Ernst Wolfgang/Zimmermann, Reinhard (Hrsg.), Zivilrechtswissenschaft und Schuldrechtsreform, Tübingen 2001.

Esser, Josef/Schmidt, Eike, Schuldrecht Band I, Allgemeiner Teil, Teilband 2, Durchführungshindernisse und Vertragshaftung, Schadensausgleich und Mehrseitigkeit beim Schuldverhältnis, Ein Lehrbuch, Heidelberg 1993.

Fabricius, Fritz/Kraft, Alfons/Wiese, Günther/Kreutz, Peter/Oetker, Hartmut, Gemeinschaftskommentar, Band I: §§ 1-73 mit Wahlordnungen, 6. Auflage, Neuwied/Kriftel/Berlin 1997; Band II: §§ 74-132 mit Kommentierungen des BetrVG 1952, 6. Auflage, Neuwied/Kriftel/Berlin 1998 (zitiert als: *Bearbeiter* in: GK-BetrVG).

Fabricius, Fritz/ Kraft, Alfons/ Wiese, Günther/ Kreutz, Peter/ Oetker, Hartmut, Raab, Thomas/Weber, Christoph, Gemeinschaftskommentar, Band I: §§ 1-73 b mit Wahlordnungen; Band II: §§ 74-132 mit Kommentierung des BetrVG 1952, 7. Auflage Neuwied/Kriftel/Berlin 2002 (zitiert als: *Bearbeiter* in: GK-BetrVG).

Fenn, Herbert, Fürsorgetheorie und Entgelttheorie im Recht der Arbeitsbedingungen, AuR 1971, S. 321.

Fiebig, Andreas, Der *Ermessensspielraum* der Einigungsstelle, Berlin 1992.

Fikentscher, Wolfgang, Die *Geschäftsgrundlage* als Frage des Vertragsrisikos, München 1971.

Fischer, Ulrich, Folgen einer (teilweise) unterlassenen Betriebsänderung, AuA 1999, S. 258.

ders., Die Rücknahme der Arbeitgeberkündigung vor und im Kündigungsschutzprozess – rechtliche und taktische Überlegungen, NZA 1999, S. 459.

Fitting, Karl/Engels, Gerd/Schmidt, Ingrid/Trebinger, Yvonne/Linsenmaier, Wolfgang, Betriebsverfassungsgesetz, Handkommentar, 22. Auflage, München 2004.

Flume, Werner, Allgemeiner Teil des Bürgerlichen Rechts, Zweiter Band, Das Rechtsgeschäft, 3. Auflage, Berlin/Heidelberg/New York 1979.

Fuchs, Harald, Der Sozialplan nach dem Betriebsverfassungsgesetz 1972, Köln 1977.

Fuhrmann, Hans-Gerhard/Neumann, Peter/Thorenz, Hubert, Personalvertretungsrecht Schleswig-Holstein, Kommentar zum Gesetz über die Mitbestimmung der Personalräte, 4. Auflage, Kiel 1994.

Galperin, Hans/Löwisch, Manfred, Kommentar zum Betriebsverfassungsgesetz, Band I, Organisation der Betriebsverfassung (§§ 1-73 und Wahlordnung), 6. Auflage Heidelberg 1982.

dies., Kommentar zum Betriebsverfassungsgesetz, Band II, Regelung der Mitbestimmung (§§ 74-132), 6. Auflage Heidelberg 1982.

Gamillscheg, Franz, Die Solidarität als Rechtsbegriff, Festschrift für Erich Fechner, Tübingen 1974, S. 135.

Gaul, Dieter, Die betriebliche Einigungsstelle, 2. Auflage, Freiburg 1980.

Germelmann, Claas-Hinrich/Matthes, Hans-Christoph/Müller-Glöge, Rudi/Prütting, Hanns, Arbeitsgerichtsgesetz, Kommentar, 4. Auflage, München 2002.

Gotthardt, Michael, Arbeitsrecht nach der Schuldrechtsreform, München 2002.

Grabendorf, Walter/Windscheid, Clemens/Ilbertz, Wilhelm/Widmaier, Ulrich, Bundespersonalvertretungsgesetz mit Wahlordnung unter Einbeziehung der Landespersonalvertretungsgesetze, Kommenar, 8. Auflage, Stuttgart/Berlin/Köln 1995.

Griebeling, Gert/Griebeling, Stefan, Betriebliche Altersversorgung, 2. Auflage, München 2003.

Grunsky, Wolfgang, Arbeitsgerichtsgesetz, Kommentar, 7. Auflage, München 1995.

Haas, Lothar/Medicus, Dieter/Rolland, Walter/Schäfer, Carsten/Wendtland, Holger, Das neue *Schuldrecht,* München 2002.

Haarmann, Wilhelm, Wegfall der Geschäftsgrundlage bei *Dauerrechtsverhältnissen*, Berlin 1979.

Härle, Philipp, Die *Äquivalenzstörung,* Ein Beitrag zur Lehre von der Geschäftsgrundlage, Frankfurt am Main/Berlin/Bern/New York/Paris/Wien 1995.

Hammen, Horst, Die „richterliche Inhaltskontrolle" von Betriebsvereinbarungen (Sozialplänen) durch das Bundesarbeitsgericht insbesondere aus revisionsrechtlicher Sicht, RdA 1986, S. 23.

Hammer, Ulrich, Kirchliches Arbeitsrecht, Handbuch, Frankfurt am Main 2002.

Hammer, Michael, Die betriebsverfassungsrechtliche *Schutzpflicht* für die Selbstbestimmungsfreiheit des Arbeitnehmers, Bedeutung des § 75 Abs. 2 BetrVG für Grund und Grenzen betrieblicher Regelungsgewalt, Heidelberg 1998.

Hanau, Peter, Probleme der Mitbestimmung des Betriebsrats über den Sozialplan, ZfA 1974, S. 98.

ders., Rechtswirkungen der Betriebsvereinbarung, RdA 1989, S. 207.

ders., Betriebsvereinbarung oder Regelungsabrede? AuA 1995, S. 401.

Hanau, Peter/Preis, Ulrich, Die Kündigung von Betriebsvereinbarungen, NZA 1991, S. 81.

dies., Der Übergang von der Gesamtversorgung zu einer von der Sozialversicherung abgekoppelten Betriebsrente unter besonderer Berücksichtigung der Rechtsprechung des Bundesarbeitsgerichts, RdA 1988, S. 65.

Hansen, Hans Joachim, Der Entstehungszeitpunkt des Anspruchs auf eine Sozialplanabfindung, NZA 1985, S. 609.

Hase, Detlef/von Neumann-Cosel, Reino/Rupp, Rudi, Handbuch Interessenausgleich und Sozialplan, Handlungsmöglichkeiten bei Umstrukturierung von Unternehmen und Betrieb, 3. Auflage, Köln 2000.

Heinze, Meinhard, Inhalt und Grenzen betriebsverfassungsrechtlicher Rechte, ZfA 1988, S. 53.

ders., Betriebsvereinbarung versus Tarifvertrag? NZA 1989, S. 41.

ders., Regelungsabrede, Betriebsvereinbarung und Spruch der Einigungsstelle, Zustandekommen und Rechtswirkungen betrieblicher Regelungen, NZA 1994, S. 580.

Heither, Friedrich H., Aktuelle Rechtsprechung zu Fragen der betrieblichen Altersversorgung bei individualrechtlicher Ausgestaltung, DB 1991, S. 165.

Hempelmann, Gerrit, Die freiwillige *Betriebsvereinbarung* in Vergangenheit und Gegenwart, Frankfurt/Main 1997.

Henssler, Martin, Flexibilisierung der Arbeitsmarktordnung, ZfA 1994, S. 487.

Henssler, Martin/Westphalen, Friedrich Graf von, Praxis der *Schuldrechtsreform*, 2. Auflage, Recklinghausen 2002.

Herschel, Wilhelm, Betriebsvereinbarung oder Betriebssatzung? RdA 1948, S. 47.

ders., Betriebssatzung oder Betriebsvereinbarung? BArbBl. 1954, S. 161.

ders., *Arbeitsrecht*, überarbeitete Auflage, Heidelberg 1980.

Hess, Harald/Schlochauer, Ursula/Glaubitz, Werner, Kommentar zum Betriebsverfassungsgesetz, 5. Auflage, Neuwied/Kriftel/Berlin 1998.

Hess, Harald/Schlochauer, Ursula/Worzalla, Michael/ Glock, Dirk, Kommentar zum Betriebsverfassungsgesetz, 6. Auflage, Neuwied/Kriftel/Berlin 2003.

Heßhaus, Andrea, Kündigung und Wegfall der Geschäftsgrundlage im *Tarifvertragsrecht*, Konstanz 1997.

Heubeck, Georg/Höhne, Gerhard/Paulsdorf, Jürgen/Rau/Hans-Gerd/Weinert, Wolfgang, Kommentar zum Betriebsrentengesetz, 2. Auflage 1982.

Hey, Felix Christopher, Die Kodifizierung der Grundsätze über die Geschäftsgrundlage durch das Schuldrechtsmodernisierungsgesetz, in: Kontinuität im Wandel der Rechtsordnung, Beiträge für Claus-Wilhelm Canaris, München 2002, 21.

ders., Wegfall der Geschäftsgrundlage bei Tarifverträgen, ZfA 2002, S. 275.

Hilger, Marie Luise, Das betriebliche *Ruhegeld*, Zugleich ein Beitrag zum Recht der betrieblichen Arbeitsbedingungen, Heidelberg 1959.

dies., Vertragsauslegung und Wegfall der Geschäftsgrundlage im betrieblich-kollektiven Bereich, in: Festschrift für Karl Larenz zum 80. Geburtstag, München 1983, S. 241.

Höfer, Reinhold, Gesetz zur Verbesserung der betrieblichen Altersversorgung, Band 1, Arbeitsrecht, unter Berücksichtigung der gesellschafts-, insolvenz- und internationalrechtlichen Bezüge sowie des Versorgungsausgleichs, München; Stand September 2003.

Horn, Norbert, Neuverhandlungspflicht, AcP 181 (1981), S. 255.

Hoyningen-Huene, Gerrick von, Die *Billigkeit* im Arbeitsrecht, München 1978.

ders., Die Inhaltskontrolle von Betriebsvereinbarungen der betrieblichen Altersversorgung, BB 1992, S. 1640.

ders., *Betriebsverfassungsrecht*, 5. Auflage, München 2002. *Hoyningen-Huene, Gerrick von/Linck, Rüdiger*, Kündigungsschutzgesetz, 13. Auflage, München 2002.

Hoyningen-Huene, Gerrick von/Linck, Rüdiger, Kündigungsschutzgesetz, 13. Auflage, München 2002.

Hromadka, Wolfgang, Die Änderung von *Arbeitsbedingungen*, Heidelberg 1989.

ders., Änderung von Arbeitsbedingungen, RdA 1992, S. 234.

ders., Die *Betriebsverfassung*, Ein Überblick über Betriebsverfassungsgesetz und Sprecherausschussgesetz, 2. Auflage, München 1994.

Hromadka, Wolfgang/Maschmann, Frank, *Arbeitsrecht Band 2*, Kollektivarbeitsrecht und Arbeitsstreitigkeiten, 1999.

Huber, Peter/Faust, Florian, *Schuldrechtsmodernisierung*, Einführung in das neue Recht, München 2002.

Hueck, Alfred, Der *Treuegedanke* im modernen Privatrecht, München 1947.

Hueck, Alfred/Nipperdey, Hans Carl, Lehrbuch des *Arbeitsrechts*, Band I, 7. Auflage Berlin/Frankfurt a. M. 1963.

dies., Lehrbuch des *Arbeitsrechts*, Band II, Kollektives Arbeitsrecht, 2. Halbband, 7. Auflage Berlin/Frankfurt a. M. 1970.

Jacobi, Erwin, *Grundlehren* des Arbeitsrechts, Leipzig 1927.

Jacobs, Matthias, Die vereinbarte Nachwirkung bei freiwilligen Betriebsvereinbarungen, NZA 2000, S. 69.

Jauernig, Othmar, Bürgerliches Gesetzbuch, 10. Auflage München 2003.

Jobs, Friedhelm, Gerichtliche Billigkeitskontrolle bei abändernden Betriebsvereinbarungen? ArbuR 1986, S. 147.

Kaller, Paul Kurt, *Juristisches Taschenlexikon*, Wiesbaden 1996.

Kallrath, Simone, Gerichtliche *Kontrolle* von Betriebsvereinbarungen, Lohmar/Köln 1997.

Kasseler Handbuch zum Arbeitsrecht, hrsg. von Wolfgang Leinemann, Band 1, Arbeitsverhältnis, Inhalt des Arbeitsverhältnisses und Arbeitsverhältnisse mit erhöhtem Schutz, 2. Auflage, Neuwied/Kriftel 2000 (zitiert als: *Bearbeiter* in: Kasseler Handbuch).

Kauffmann, Hermann, Die Solidaritätspflicht und ihre Wirkung auf das Arbeitsverhältnis im Lichte der Rechtsprechung des Bundesarbeitsgerichts, DB 1966, S. 33.

Kaven, Michael, Das Recht des *Sozialplans*, Berlin 1997.

Kegel, Gerhard, Empfiehlt es sich, den Einfluss grundlegender Veränderungen des Wirtschaftslebens auf Verträge gesetzlich zu regeln und in welchem Sinn? (Geschäftsgrundlage, Vertragshilfe, Leistungsverweigerungsrecht), Gutachten für den 40. Deutschen Juristentag, in: Verhandlungen des 40. Deutschen Juristentages, Band 1 (Gutachten), Tübingen 1953, S. 135.

Kemper, Kurt, Zur Zulässigkeit verschlechternder Betriebsvereinbarungen kraft Vorbehalts bei betrieblicher Altersversorgung, DB 1987, S. 986.

Kessen, Martin, Der Inhalt des *Sozialplans*, Köln 1998.

Kittner, Michael/Däubler, Wolfgang/Zwanziger, Bertram, KSchR, Kündigungsschutzrecht, Kommentar für die Praxis zu Kündigungen und anderen Formen der Beendigung des Arbeitsverhältnisses, 5. Auflage, Köln 2001.

Kittner, Michael/Zwanziger, Bertram, Arbeitsrecht, Handbuch für die Praxis, 2. Auflage Frankfurt am Main 2003.

Knack, Hans Joachim, Verwaltungsverfahrensgesetz (VwVfG), Kommentar, 8. Auflage, Köln/Berlin/Bonn/München 2004.

Knorr, Gerhard, Der Sozialplan im *Widerstreit* der Interessen, München 1995.

Köbler, Gerhard, Juristisches Wörterbuch, Für Studium und Ausbildung, 10. Auflage, München 2001.

Köbler, Ralf, Die „*clausula* rebus sic stantibus“ als allgemeiner Rechtsgrundsatz, Tübingen 1991.

Köhler, Helmut, Unmöglichkeit und *Geschäftsgrundlage* bei Zweckstörungen im Schuldverhältnis, München 1971.

ders., BGB Allgemeiner Teil, 25. Auflage, München 2001.

ders., Die Lehre von der Geschäftsgrundlage als Lehre von der *Risikobefreiung,* in: 50 Jahre Bundesgerichtshof, Festgabe der Wissenschaft, Band I, Bürgerliches Recht, München 2000.

Koller, Ingo, Die *Risikozurechnung* bei Vertragsstörungen in Austauschverträgen, München 1979.

Kopp, Ferdinand O./Ramsauer, Ulrich, Verwaltungsverfahrensgesetz, 8. Auflage, München 2003.

Krause, Hermann, Haftungsfragen beim Mitbestimmungsrecht, BB 1951, S. 677.

Krückmann, Die Voraussetzung als virtueller Vorbehalt, AcP 131 (1929), 1 (Teil 1) und 257 (Teil 2).

Küttner, Wolfdieter/Schmidt, Uwe, Einseitige Anordnung von Überstunden durch den Arbeitgeber im Arbeitskampf? DB 1988, S. 704.

Larenz, Karl, Geschäftsgrundlage und Vertragserfüllung, Die Bedeutung „veränderter Umstände" im Zivilrecht, 3. Auflage, München/Berlin 1963.

ders., Lehrbuch des *Schuldrechts*, Band 1, Allgemeiner Teil, 14. Auflage, München 1997.

Larenz, Karl/Wolf, Manfred, Allgemeiner Teil des Bürgerlichen Rechts, 8. Auflage, München 1997.

Lörcher, Gino, Die Anpassung langfristiger Verträge an veränderte Umstände, DB 1996, S. 1269.

Locher, Eugen, Geschäftsgrundlage und Geschäftszweck, AcP 121 (1923), S. 1.

Lorenz, Stephan/Riehm, Thomas, Lehrbuch zum neuen *Schuldrecht*, München 2002.

Löwisch, Manfred, Tariföffnung bei Unternehmens- und Arbeitsplatzgefährdung, NJW 1997, S. 905.

Löwisch, Manfred/Kaiser, Dagmar, Betriebsverfassungsgesetz, 5. Auflage, Heidelberg 2002.

Mangoldt, Hermann von/Klein, Friedrich/Starck, Christian, Das Bonner Grundgesetz, Band 2, Artikel 20-78, 4. Auflage München 2000.

Medicus, Dieter, „Geld muss man haben", Unvermögen und Schuldnerverzug bei Geldmangel, AcP 188, S. 489.

ders., Allgemeiner Teil des BGB, Ein Lehrbuch, 8. Auflage, Heidelberg 2002.

ders., Bürgerliches Recht: eine nach Anspruchsgrundlagen geordnete Darstellung zur Examensvorbereitung, 16. Auflage Köln/Berlin 1993.

Meyer, Cord, Abänderung von Sozialplanregelungen, NZA 1995, S. 974.

ders., Die Dauersozialpläne als neuartige Regelungsform des Sozialplans, NZA 1996, S. 239.

ders., Die nachträgliche *Abänderung* von Sozialplänen, Opladen 1996.

ders., Die Nachwirkung von Sozialplänen gem. § 77 VI BetrVG, NZA 1997, S. 289.

ders., Chancen und Grenzen der Anpassung von Tarifverträgen, RdA 1998, S. 142.

ders., Sozialplangestaltung bei nachträglichem Betriebsübergang, NZA 2000, S. 297.

Montasser, Thomas, Lexikon der *Rechtsbegriffe*, Eltville am Rhein 1991.

Münch, Ingo von/Kunig, Philip, Grundgesetzkommentar, Band 2, Art. 20-69, 5. Auflage München 2001.

Münchener Handbuch zum Arbeitsrecht, hrsg. von Reinhard Richardi und Otfried Wlotzke, Band 1, Individualarbeitsrecht, Band 3, Kollektives Arbeitsrecht, 2. Auflage, München 2000 (zitiert als: *Bearbeiter* in: Münchener Handbuch).

Münchener Kommentar zum Bürgerlichen Gesetzbuch, hrsg. von Kurt Rebmann, Franz Jürgen Säcker und Roland Rixecker, Band 2 a, Schuldrecht Allgemeiner Teil (§§ 241-432), 4. Auflage München 2003 (zitiert als: *Bearbeiter* in: Münchener Kommentar).

Naendrup, Peter-Hubert, Einseitige Kürzung von Sozialplänen - Zur Bestandskraft kollektivvertraglicher Vereinbarungen, AuR 1984, S. 193.

Nebel, Andreas, Die *Normen* des Betriebsverbandes am Beispiel der ablösenden Betriebsvereinbarung, Heidelberg 1989.

Neef, Klaus/Schrader, Peter, Betriebsübergang und Sozialplanregelung, NZA 1998, S. 804.

Neft, Hans/Ocker, Andreas, Die Einigungsstelle im Betriebsverfassungsrecht, Leitfaden für die betriebliche Praxis, 2. Auflage, Berlin 1995.

Nelle, Andreas, Neuverhandlungspflichten, Neuverhandlung zur Vertragsanpassung und Vertragsergänzung als Gegenstand von Pflichten und Obliegenheiten, München 1994.

Neumann-Duesberg, Horst, Betriebsverfassungsrecht, Berlin 1960.

Nikisch, Arthur, Arbeitsrecht, III. Band, 2. Auflage, Tübingen 1966.

Oechsler, Walter A./Schönfeld, Thorleif, Die *Einigungsstelle* als Konfliktlösungsmechanismus, Eine Analyse der Wirkungsweise und Funktionsfähigkeit, Neuwied/Frankfurt am Main 1989.

Oertmann, Paul, Die *Geschäftsgrundlage,* ein neuer Rechtsbegriff, Leipzig 1921.

Oetker, Hartmut, Das *Dauerschuldverhältnis* und seine Beendigung, Bestandsaufnahme und kritische Würdigung einer tradierten Figur der Schuldrechtsdogmatik, Kiel 1994.

ders., Die Kündigung von Tarifverträgen, RdA 1995, S. 82.

Oetker, Hartmut/Friese, Birgit, Massebelastende Betriebsvereinbarungen in der Insolvenz (§ 120 InsO), DZWIR 2000, S. 397.

Ohl, Heinrich, Der *Sozialplan,* Karlsruhe 1978.

Orth, Klaus/Welkoborsky, Horst, LPVG NW, Landespersonalvertretungsgesetz Nordrhein-Westfalen, Kommentar für die Praxis, 5. Auflage, Köln 1993.

Ostrowicz, Alexander/Künzl, Reinhard/Schäfer, Horst, Der *Arbeitsgerichtsprozess;* Eine systematische Darstellung des gesamten Verfahrensrechts mit einstweiligem Rechtsschutz und Zwangsvollstreckungsrecht, 2. Auflage, Berlin 2002.

Palandt, Bürgerliches Gesetzbuch, 63. Auflage, München 2004.

Peer, Gundula Maria, Die Rechtsfolgen von Störungen der Geschäftsgrundlage; Ein Vergleich zwischen § 313 RegE eines Schuldrechtsmodernisierungsgesetzes und dem geltenden deutschen und österreichischen Recht sowie modernen Regelwerken, Jb.J.ZivilRWiss 2001, S. 61.

Pick, Eckhardt, Zum Stand der Schuldrechtsmodernisierung, ZIP 2001, S. 1173.

Preis, Ulrich, Arbeitsrecht, Praxis-Lehrbuch zum Individualarbeitsrecht, 2. Auflage Köln 2003.

Pünnel, Leo/Isenhardt, Udo, Die *Einigungsstelle* des BetrVG 1972, 4. Auflage, Neuwied/Frankfurt am Main, 1997.

Radke, Olaf, Zum Recht der Betriebsvereinbarung, RdA 1950, S. 338.

Rech, Heribert, Die *Nachwirkung* freiwilliger Betriebsvereinbarungen, Bonn 1997.

Reich, Andreas/ Reich Bernhard/Reich, Christine, Betriebsverfassungsgesetz, Kommentar, Bad Honnef, 2003.

RGRK, Das Bürgerliche Gesetzbuch mit besonderer Berücksichtigung der Rechtsprechung des Reichsgerichts und des Bundesgerichtshofs, Kommentar, Band 2, 12. Auflage, Berlin/New York 1976 (zitiert als: *Bearbeiter* in: RGRK).

Richardi, Reinhard, Anmerkung zu BAG vom 10.12.1971, 3 AZR 190/71, SAE 1973, S. 250.

ders., Sozialplan und Konkurs, Düsseldorf 1975.

ders., Betriebsverfassungsgesetz mit Wahlordnung, 9. Auflage, München 2004.

ders. Arbeitsrecht in der Kirche, Staatliches Dienstrecht und kirchliches Arbeitsrecht, 4. Auflage, München 2003.

Rieble, Volker, Die Kontrolle des *Ermessens* der betriebsverfassungsrechtlichen Einigungsstelle, Heidelberg 1990.

ders., Die Kontrolle der Einigungsstelle in Rechtsstreitigkeiten, BB 1991, S. 471.

Röder, Gerhard/Baeck, Ulrich, Interessenausgleich und Sozialplan, 2. Auflage München 1997.

Römer, Gregor, Interessenausgleich und Sozialplan bei *Outsourcing* und Auftragsneuvergabe, Berlin 2001.

Rumpff, Klaus/Boewer, Dietrich, Mitbestimmung in wirtschaftlichen Angelegenheiten und bei der Unternehmens- und Personalplanung, 3. Auflage, Heidelberg 1990.

Sachs, Michael (Hrsg.), Grundgesetz, Kommentar, 3. Auflage, München 2003.

Schaub, Günter, Das Widerrufsrecht in der betrieblichen Altersversorgung; AuR 1990, S. 181.

ders., Änderungskündigung und Kündigungsschutz bei Betriebsvereinbarungen, BB 1990, S. 289.

ders., Arbeitsgerichtsverfahren, Handbuch, 7. Auflage, München 2001.

ders., Arbeitsrechts-Handbuch, 10. Auflage, München 2002.

Schimmel, Roland/Buhlmann, Dirk, Frankfurter Handbuch zum neuen *Schuldrecht*, Neuwied/Kriftel 2002.

Schmidt-Kessel, Martin/Baldus, Christian, Prozessuale Behandlung des Wegfalls der Geschäftsgrundlage nach neuem Recht, NJW 2002, S. 2076.

Schmidt-Räntsch, Jürgen/Maifeld, Jan/Meier-Göring, Anne/Röcken, Matthias, Das neue *Schuldrecht,* Einführung, Texte, Materialien, Köln, 2002.

Schönfeld, Thorleif, Das *Verfahren* vor der Einigungsstelle, Eine Analyse der Verfahrensbehandlung aus juristischer Sicht, Pfaffenweiler 1988.

ders., Die Einigungsstelle - ein Schlichtungsorgan der Betriebsverfassung, AuA 1990, S. 249.

Schwab, Martin/Witt, Carl-Heinz, Einführung in das neue *Schuldrecht,* München 2002.

Smid, Stefan (Hrsg.), Insolvenzordnung (InsO) mit Insolvenzrechtlicher Vergütungsordnung, (InsVV), 2. Auflage, Berlin 2001.

Soergel, Bürgerliches Gesetzbuch mit Einführungsgesetz und Nebengesetzen, Band 2, Schuldrecht I, 12. Auflage, Stuttgart/Berlin/Köln 1990.

Stahlhacke, Eugen/Preis, Ulrich/Vossen, Reinhard, Kündigung und *Kündigungsschutz* im Arbeitsverhältnis, 8. Auflage, München 2002.

Staudinger, J. von, Kommentar zum Bürgerlichen Gesetzbuch mit Einführungsgesetz und Nebengesetzen, Zweites Buch, Recht der Schuldverhältnisse, §§ 255-314, Neubearbeitung Berlin 2001.

Stege, Dieter/Weinspach, F. K./Schiefer, Bernd, Betriebsverfassungsgesetz, Handkommentar für die betriebliche Praxis, 9. Auflage, Köln 2002.

Stein, Ekkehart/Frank, Götz, Staatsrecht, 18. Auflage, Tübingen 2002.

Stein/Jonas, Kommentar zur Zivilprozessordnung, Band 3, §§ 253-299 a, 21. Auflage, Tübingen 1997.

Stern, Klaus, Das *Staatsrecht* der Bundesrepublik Deutschland, Band 1, 2. Auflage München 1984.

Teichmann, Arndt, Strukturveränderungen im Recht der Leistungsstörungen nach dem Regierungsentwurf eines Schuldrechtsmodernisierungsgesetzes, BB 2001, S. 1485.

Thüsing, Gregor, Die Grenzen der Sperrwirkung des § 77 Abs. 3 BetrVG, - Ein Überblick über die aktuelle Diskussion -, ZTR 1996, S. 146.

Travlos-Tzanetatos, Dimitrios, Die *Regelungsbefugnis* der Betriebspartner und ihre Grenzen zum Einzelarbeitsverhältnis, Zugleich ein Beitrag zu der Problematik der Innenschranken der Betriebsautonomie, Berlin 1974.

Umbach, Dieter/Clemens, Thomas, Grundgesetz, Mitarbeiterkommentar und Handbuch, Band 1, Heidelberg 2002.

Vogt, Aloys, *Sozialpläne* in der betrieblichen Praxis, Bedeutung, Voraussetzungen und inhaltliche Gestaltung bei geplanten Betriebsänderungen i. S. der §§ 111-113 BetrVG, Abgrenzung zu Interessen- und Nachteilsausgleich und zu tariflichen Rationalisierungs-Schutzabkommen, 2. Auflage, Köln 1981.

Walker, Wolf-Dietrich, Möglichkeit und Grenzen einer flexibleren Gestaltung von Arbeitsbedingungen, - Das Spannungsverhältnis zwischen Tarifautonomie und Betriebsautonomie, ZfA 1996, S. 353.

Wank, Rolf, Tarifautonomie oder betriebliche Mitbestimmung?, Zur Verteidigung der Zwei-Schranken-Theorie, RdA 1991, S. 129.

Weber, Rolf, Die *Abänderung* von Sozialplänen im Lichte des geltenden Rechts und der Rechtsprechung, Neuwied 1991.

Weber, Ulrich/Ehrich, Christian, *Einigungsstelle*, Eine systematische Darstellung zur Lösung betriebsverfassungsrechtlicher Konflikte, München 1999.

Weiss, Manfred/Weyand, Joachim, Betriebsverfassungsgesetz, 3. Auflage, Baden-Baden 1994.

Wieacker, Franz, Gemeinschaftlicher Irrtum der Vertragspartner und Clausula Rebus sic stantibus, in: Festschrift zum 60. Geburtstag von Walter Wilburg, Graz 1965.

Wiedemann, Herbert, Tarifvertragsgesetz, 6. Auflage, München 1999.

Wieling, Hans, Entwicklung und Dogmatik der Lehre von der Geschäftsgrundlage, Jura 1985, S. 505.

Wilhelm, Jan, Schuldrechtsreform 2001, JZ 2001, S. 861.

Willemsen, Heinz Josef/Tiesler, Ralf-Dietrich, *Interessenausgleich* und Sozialplan in der Insolvenz, Köln 1995.

Wimmer, Klaus (Hrsg.), Frankfurter Kommentar zur Insolvenzordnung, 3. Auflage, Neuwied/Kriftel 2002.

Winderlich, Ute, Sozialplan und Betriebsänderung, BB 1994, S. 2483.

Windscheid, Bernhard, Die Lehre des Römischen Rechts von der *Voraussetzung*, Düsseldorf 1950.

ders., Die Voraussetzung, AcP 78 (1892), S. 161.

Wolff, Andreas, Die *Gestaltungsformen* des Sozialplans; Einzel-, Rahmen-, Dauer-, vorsorglicher und Transfersozialplan und ihr Verhältnis zueinander, Berlin 2003.

Yushkova, Olga; Stolz, Gerald, Der Wegfall der Geschäftsgrundlage vor und nach der Schuldrechtsmodernisierung des Jahres 2001, JA 2003, S. 70.

Zachert, Ulrich, Neue Entwicklungen zur Tarifautonomie und betrieblichen Mitbestimmung, NZA 1988, S. 185.

ders., Krise des Flächentarifvertrages? Herausforderungen für das Tarifrecht, RdA 1996, S. 140.

Zöller, Richard, Zivilprozessordnung, 24. Auflage, Köln 2004.

Zöllner, Wolfgang/Loritz, Karl-Georg, Arbeitsrecht, Ein Studienbuch, 5. Auflage München 1998.

FSC
www.fsc.org
MIX
Papier | Fördert
gute Waldnutzung
FSC® C083411

Kolibri 360 GmbH
Ferdinand-Jühlke-Straße 7
99095 Erfurt, Deutschland
produktsicherheit@kolibri360.de

Druck:
CPI Druckdienstleistungen GmbH
im Auftrag der
Kolibri 360 GmbH
Ferdinand-Jühlke-Str. 7
99095 Erfurt